国家出版基金项目
NATIONAL PUBLICATION FOUNDATION

天津市重点出版扶持项目

U0456068

舆情表达机制
与人民政协协商民主建设

叶国平　著

天津社会科学院出版社

图书在版编目（ＣＩＰ）数据

舆情表达机制与人民政协协商民主建设 / 叶国平著
. -- 天津：天津社会科学院出版社，2025.7
（舆情表达机制建设与协商民主体系构建研究丛书 /
王来华主编）
ISBN 978-7-5563-0693-0

Ⅰ．①舆… Ⅱ．①叶… Ⅲ．①互联网络－舆论－关系
－民主协商－研究－中国 Ⅳ．①D621②G219.2

中国版本图书馆 CIP 数据核字(2020)第 251867 号

舆情表达机制与人民政协协商民主建设
YUQING BIAODA JIZHI YU RENMIN ZHENGXIE XIESHANG MINZHU JIANSHE

出版发行：天津社会科学院出版社
地　　址：天津市南开区迎水道 7 号
邮　　编：300191
电　　话：（022）23360165
印　　刷：北京盛通印刷股份有限公司
开　　本：787 毫米×1092 毫米　　　1/16
印　　张：20.5
字　　数：246 千字
版　　次：2025 年 7 月第 1 版　　2025 年 7 月第 1 次印刷
定　　价：68.00 元

国家社会科学基金特别委托项目

"舆情表达机制建设与协商民主体系构建研究"

（14@ZH032）

序

  由我主持承担的国家社会科学基金特别委托项目"舆情表达机制建设与协商民主体系构建研究"(14@ZH032)于2019年5月顺利结项,并获得了当年国家出版基金资助,可谓双喜临门。目前,项目的主要研究成果(即四部研究专著)已经正式出版,我非常高兴。这个项目的完成是天津社会科学院舆情研究所从1999年10月创立并发展到今天,取得的多项重要学术研究成果之一,是十分突出的创新部分。舆情研究所曾经撰写和出版过国内首部《舆情研究概论》(王来华主编)和《网络舆情研究概论》(刘毅著)。另外,《微博诉求表达与虚拟社会管理》(毕宏音著)一书还获得过天津市哲学社会科学优秀成果一等奖,《舆情支持与舆情危机》(王来华主编)一书获得国家出版基金资助、国家出版基金年度优秀成果项目和天津市优秀图书奖。现在出版的四本专门研究"舆情与协商民主"的著作,也是填补了国内相关研究领域的空白。要强调的是,这几本学术著作的作者都是此研究项目的直接承担者(其中,毕宏音研究员还是本课题子项目负责人之一),他们都是在天津社会科学院茁壮成长起来的学术骨干,他们风华正茂,依靠自己的辛勤努力以及团队成员之间的相互协作,最终完成了项目研究的重任,为处于学术和实践工作前沿的研究作出了很大贡献。借此机会,我向他们表示衷心祝贺和诚挚感谢!

发展社会主义协商民主,是从党的十八大报告首次提出,到十八届三中全会展开具体部署,又到习近平总书记在庆祝中国人民政协成立65周年大会上详细论述,再到党的十九大报告的充分阐释,中国特有的社会主义协商民主逐渐蔚为大观,成为党和政府极力推动的一项战略性任务。2014年,习近平总书记在纪念中国人民政协成立65周年大会上对发展社会主义协商民主作出重要论断,引起了广泛的社会认同。当时一篇刊载在《人民日报》和人民网上的专题报道生动地引用了来自社会各界的评价,非常具有代表性。其中说道:"习近平总书记今天讲得很解渴。""这个讲话是要留在历史上的,它大概标志着带有理想主义色彩的协商民主,进入自觉而深入的实施阶段。""讲话全文9100余字,其中近一半的篇幅在阐述'协商民主'种种,整个讲话提到'协商民主'四个字,计25次。"

党的十九大报告第六部分"健全人民当家作主制度体系,发展社会主义民主政治"中指出,要发挥社会主义协商民主的重要作用。有事好商量,众人的事情由众人商量,是人民民主的真谛。协商民主是实现党的领导的重要方式,是我国社会主义民主政治的特有形式和独特优势。要推动协商民主广泛、多层、制度化发展,统筹推进政党协商、人大协商、政府协商、政协协商、人民团体协商、基层协商以及社会组织协商。加强协商民主制度建设,形成完整的制度程序和参与实践,保证人民在日常政治生活中有广泛、持续、深入参与的权利。这段话里面包含了三个重要论述:一是有事好商量,众人的事情由众人商量,是人民民主的真谛。二是协商民主是实现党的领导的重要方式,是我国社会主义民主政治的特有形式和独特优势。这一点是习近平总书记在2014年庆祝中国人民政治协商会议成立65周年大会上的讲话中强调的,是对协商民主政治定位的高度概括。三是要推动协商民主广泛、多层、制度化发展,加强协商民主制度建设。这里具体指出协商民主制度化建设的任务和要求。从这些重要论述中,既可以深刻认识习近平新时代中国特色社会主义思想,特别是其中关于如何发展社会主义协商民主的重大意义,也可以认识中国社会主义协商民主的重要地位,找到全力推行中国社会主义协商民主的具体实现路径和着力点。

推动社会主义协商民主,又与一个宏大的主题相关,即国家治理体系和治理能力现代化。习近平总书记曾指出:"实行人民民主,保证人民当家作主,要求我们在治国理政时在人民内部各方面进行广泛商量。"我们围绕习近平总书记的重要思想进行思考,可以看到,利益多元化正逐渐成为现代社会的基本特征,治理这样的社会形态,就需要处理好"人民内部各方面"之间的互动关系。协商民主体现了国家和社会治理的理性决策思想,是一种民主的治理形式,因而成为国家治理的重要方式,在政治、经济和社会生活当中,发挥着化解矛盾、促成共识、整合利益和凝聚力量的重要作用。进一步看,从制度设计上讲,选举民主与协商民主的结合,不仅解决了权力来自哪里的问题,还解决了权力如何运行的问题,进而构成了我国民主政治的制度优势。

从党的十八大正式提出发展社会主义协商民主以来,党中央曾多次以政策文件方式提出相关发展要求和任务,充分反映了党的十八大至今,党中央推进协商民主广泛、多层、制度化发展的广度和力度。与此同时社会主义民主政治的发展和国家及社会治理的进步,让越来越多的学者关注协商民主的理论和实践问题研究,并取得了很多重要研究成果,形成了一些重要的学术观点。舆情研究者们也参与其中。

"舆情"是中国传统语境下的一个古老政治词汇,在中国历史上曾经被很多帝王将相所使用。在现代生活中,学者们吸收了民意理论的相关内容,并根据现实需要,把"舆情"一词提升为一个学术概念,围绕这个概念,生成了一个旨在研判和理顺民众与国家、社会管理者之间利益联系的现代学术范畴。针对舆情与协商民主之间的实践关联,经过调查和研究,我们认识到舆情工作是推动社会主义协商民主过程的一个重要环节。这一认识成为研究舆情与协商民主之间理论和实践关系的基本视角。沿着这一思路,我们最初就如何开展好此项研究工作,提出了一些想法。第一,形成舆情表达机制与协商民主体系之间相互联系的分析框架,厘清舆情表达机制建设在协商民主体系中嵌入的必要性与合理性,以实现民众合理利益的合理诉求为线索,把舆情表达机制建设作为推动协商民主发展的可行或可操作之"腿",提出并回答相关概念、关系、原则和模式等问题,阐释清楚中国特色社会主义协商民主广泛、多层、制度化发展中的相关理论和实际问题。第二,提出构建协商民主体系中舆情表达机制的规范模式和具体选择,在国家治理和基层民主这两个主要层面以及涉及国家、社会和人民这三个大方面,探究在各个层次和各种类别的协商民主形式中舆情表达机制建设与协商民主体系构建之间的连结点、操作环节、模式化程序以及法律保障环境等,推行内容和形式多样化的舆情表达机制,最终推动协商民主广泛、多层、制度化发展。第三,说明舆情表达机制嵌入协商民主体系,在党的正确领导下会如何推进健全民主制度、丰富民主形式,在各层次各领域扩大人民有序政治参与,充分发挥中国特色社会主义建设在政治制度上的优越性,并最终有效地推进国家治理体系和治理能力现代化。

最终,本课题的主要成果落实为五部分。第一部分为"舆情研究和政治学两个视角:中国协商民主的独特内涵和具体路径",主要从政治学和舆情研究的双重视角审视我国协商民主发展的内涵和路径,从理论层面解释舆情工作与协商民主相互结合的机制。第二部分为"协商民主的具体发展:对全国多地基层协商主要案例的分析",主要从舆情角度对协商民主的实践情况进行归纳和分析,观察和分析社会基层如何积极促进舆情表达与协商民主融合的具体做法和对策建议。第三部分为"舆情表达机制与人民政协协商民主建设",主要探讨了人民政协协商民主制度中舆情表达机制建设,提出了人民政协发挥协商民主重要渠道作用与其他渠道的衔接,以及在政协工作中推进舆情表达机制建设的实现路径。第四部分为"新媒体网络舆情合理性表达与协商民主体系建构",主要探索网络协商民主与舆情诉求表达、网络协商民主工作机制与网络舆情合理性表达机制之间的关系,探寻包含舆情合理性表达的网络协商民主建设的客观有效和可操作化路径。第五部分为"舆情合理表达机制构建及其对民粹主义的防范"(此部分由夏希原博士承担并很好地完成了相关研究工作),主要论证舆情合理表达机制是实现协商民主的中介、桥梁和基本要素之一,构建舆情合理表达机制,促进协商民主建设,应该汲取一些国家和地区的经验和教训,有效防范民粹主义泛滥及其对协商民主发展过程的侵害。

归纳大家的研究成果,就"舆情与协商民主"之间的相互关系,初步形成了一些比较重要的理论观点。

第一,舆情表达机制应嵌入协商民主体系中。从积极推动中国特色社会主义协商民主的高度,探究舆情工作与协商民主之间的相互关系,是一个比较新颖的研究视角。从舆情工作的发展需要看,协商民主的包容性和规范性既为民众利益诉求表达提供了更多机会，也因为协商民主具有的程序和规范要求，而对舆情表达方式（尤其是各类民众利益诉求）形成了"合理约束"。依靠协商民主工作来推动舆情表达机制建设以及这两者之间的有机结合，既有利于推动舆情表达的有序化、理性化，也丰富了协商民主的实现路径，有助于协商民主广泛、多层、制度化发展。

第二，健全舆情表达机制有利于促进基层协商民主发展。民众的话语权与舆情表达是一对相关概念，话语权需要借助舆情表达方式的健全来具体实现，舆情表达因此成为话语权的主要实现形式。协商民主发展过程中的基层协商，说到底是合法、合理、合情地实现话语权的问题，是多种舆情主体（表现为各类社会人群）能否"我口说我心"并对公共决策产生实质影响的问题。当然，协商内容、协商形式、协商过程、协商技术等其他要素并非不重要，但是，这些要素及其作用需要建立在保障话语权合法、合理、合情实现的基础之上。在社会基层，舆情表达方式常常以十分具体的协商民主方式出现，生动和鲜活，多样化、多层次舆情表达渠道是否畅通，话语权是否真的能够实现，是影响基层社会协商民主开展的涉及推动力量和主要的现实因素。

第三，舆情表达是人民政协履行汇集和转达社情民意工作责任的重要形态之一。作为爱国统一战线组织、中国共产党领导的多党合作和政治协商的重要机构，人民政协自成立之日起，就充分发挥聚合、沟通、表达和协调社会各阶层利益诉求的作用。可以说，人民政协又是我们国家制度性舆情表达机制建设和发挥作用的重要载体。

在协商民主实现过程中，人民政协是社会主义协商民主的重要渠道和专门机构，在推进社会主义协商民主中具有明显的优势，舆情表达也因此与政协工作密切联系起来。在人民政协工作中,不同委员构成的不同工作界别,为构建社会主义协商民主体系提供基础性的组织准备;政协组织和相关人员具有丰富的协商民主经验,担负着政治协商、民主监督、参政议政的主要工作职能,为包含着民众舆情表达在内的协商民主实践活动提供了制度性平台;政协组织和相关人员具有比较成熟的协商议事规则、比较完备的工作体系和工作机制,为协商民主广泛、多层、制度化建设提供了坚实的制度基础;政协组织还荟萃了各个方面的人才或精英,具有突出的智力优势。综合来看,人民政协在推动协商民主工作中组织起来的舆情表达具有广泛的代表性、巨大的包容性和快捷有效的直达性。与此相应的是,通过吸纳传导机制、咨询问政机制、利益表达机制、监督质询机制、协调平衡机制等,舆情表达机制建设和落实也给人民政协担负的几大职能落实提供了更多机会和有力支撑。

第四,网络协商民主是适应我国网络社会发展新要求的新内容和新形式。一方面,网络协商民主的出现和发展与网络社会的迅速发展密切相关,网络协商民主逐渐成为协商民主新的有机组成部分;另一方面,网络协商民主在网络社会中又是一个相对独立存在的工作系统。网络协商民主又是整个中国特色社会主义协商民主建设中的新形式、新样态。从其属性来看,这一新形式(包含了网络舆情的种种诉求表达、对话、讨论等)立足于中国社会主义民主政治发展之中,遵行国家相关法律法规以及道德要求,也是党的群众路线和人民民主在网络时代的具体体现。

第五,完善舆情合理表达机制有利于防范民粹主义。我国协商民主制度发展的关键,在于如何在民众言论表达的通畅性(强调公民话语权的合法保障)和有序性(强调合法依规与讲求自觉自律)之间建立平衡。解决问题的核心点在于,如何做到既推动民众广泛和合理地参与民主政治,又有效地防止民粹主义的发生,特别是保障公权力的合理有效施行。而问题的解决路径之一,则在于探索建立广泛、多层、制度化协商民主过程中的舆情表达机制,探索在舆情表达机制建设中重视对于社情民意的汇集分析和研判,并与决策机制之间建立直接联系通道和协调机制。这是机制设计的重中之重。舆情表达机制建设的需求不仅存在于基层中,也存在于实践协商民主的各个社会方面和社会层面。舆情表达机制可以作为党政决策及时了解舆情的一种工具,在更为宏观的方面,又可以成为协商民主建设中的一种工作保障。在整个社会范围内,由于舆情表达机制使民意的传达有了更为公开透明的渠道,并且确保了协商民主制度的实施,整个舆论氛围也会受到正常引导而向良性方向发展,从而避免民粹主义现象的产生和泛滥。

第六,运用好协商民主倡导的"商量"方法,重视、发现、疏导和引导舆情。从实践的角度看,重视、发现、疏导和引导舆情,其本身既是一项相对独立的工作,也是依靠协商民主加以切实解决好的工作。怎样才能发现、疏导和引导舆情,特别是怎样才能听到老百姓的声音和意愿?习近平总书记指出:"要以人民群众利益为重、以人民群众期盼为念,真诚倾听群众呼声,真实反映群众愿望,真情关心群众疾苦。"通过协商民主,尤其是充分运用其中的"商量"方法,这对发现、疏导舆情问题具有十分重要的理论和实践意义。掌握好习近平总书记多次倡导的"商量"方法,又是重视、发现、疏导和引导舆情的一个"工作法宝"。

依靠"商量"这个好方法,重视、发现、疏导和解决舆情问题,就需要我们把习近平总书记在论述协商民主时经常提出并积极倡导的

"商量"方法真正落在实处,学习好,理解好,运用好,努力做到"多商量,好商量,会商量"。其中,努力学会"会商量"。这个"会"字,体现在发现、疏导和解决舆情问题时,与民众开展相互商量,既要讲究商量的方式方法,还要追求良好的商量结果。"会商量"应该是商量的方式方法与商量的良好结果之间的相互结合与统一,最后归结到不断提升应对和解决舆情问题的工作质量和水平上面。

在本研究课题完成并正式出版之际,我要真诚感谢中宣部舆情信息局,是他们对此项目研究意义的认可和具体支持,为我们开展相关研究工作和最终完成好课题提供了机会!我们还要真诚感谢几位曾经帮助我们正式申请此特别委托项目,并提出过宝贵建议的知名专家学者,他们是:南开大学周恩来政府管理学院教授、博士生导师常健,上海社会科学院段钢研究员和张雪魁研究员,天津市政协研究室原主任张建,福建社会科学院精神文明研究所原所长曲鸿亮研究员(曲老师作为本课题研究顾问,在课题进行当中又给予了我们很多关心和具体指导)。感谢中国政治学会副会长包心鉴教授、南开大学原副校长朱光磊教授、南开大学周恩来政府管理学院杨龙教授、赵万里教授、程同顺教授等知名学者对这个研究项目的关心和悉心指导。还要感谢天津社会科学院关心和支持本课题研究工作的相关领导、舆情研究所内外一直为本课题研究付出辛苦劳动的同事们,感谢为本课题成功申请国家出版基金并努力做好出版工作的我院出版社的同事们,谢谢大家!

在理论与实践两个层面,开展舆情与协商民主相互关系的理论研究和实践探索,是坚持推行中国特色社会主义协商民主这一重大战略任务的一项具体并荣耀的工作。在这个过程中,坚定贯彻落实党对促进社会主义协商民主广泛、多层、制度化的要求和部署,特别

舆情表达机制与人民政协协商民主建设

是认真贯彻落实习近平总书记多次阐释的有关发展社会主义协商民主的重要思想,就需要我们在具体工作中进一步深入发掘,坚持在实践中不断学习,总结新的实践经验,形成新的理论创新认识,并努力把相关研究成果运用到实践之中。

国家社会科学基金特别委托项目"舆情表达机制建设与协商民主体系构建研究"(14@ZH032)首席专家,天津社会科学院舆情研究首席专家、研究员(二级)

王来华

目　录

导论　舆情表达机制融入
协商民主建设的重要意义

　　党的十八大从深化政治体制改革、推进民主政治建设的高度，提出要推进协商民主广泛、多层、制度化发展。党的十九大提出，要加强协商民主制度建设，形成完整的制度程序和参与实践，发挥社会主义协商民主的重要作用。党的十九届四中全会进一步提出，要坚持社会主义协商民主的独特优势，完善人民政协专门协商机构制度，构建程序合理、环节完整的协商民主体系。应该说，改革开放以来，党和政府对发展协商民主的探索更加积极、深入，人民政协的协商功能日益强化，各级政府和组织创新推出的协商机制和形式日益丰富，社会主义协商民主建设取得显著成效。但是也应该看到，我国协商民主的理论与实践还存在较大的差距，特别是协商民主的制度化建设还比较薄弱，实现机制和保障机制不足。鉴于协商民主建设与舆情表达机制建设具有紧密的联系，两者能够相互补充、相互促进，从舆情表达机制建设的视角，探索两者的互动融合，对于推进社会主义协商民主建设具有重要的理论和实践意义。

一、我国舆情表达机制建设的基本状况

改革开放以来,随着社会快速转型和改革向纵深推进,社会结构和社会利益关系发生深刻变革,各种利益矛盾与利益冲突趋于普遍化、经常化。与此同时,民众的主体与利益意识不断增强,社会利益结构趋于复杂多元,舆情热点事件呈现高发频发的态势。民众的诉求表达意愿和行为不断强化,社会利益矛盾调处更为困难,舆情问题也越来越引起各级党委和政府的重视,舆情工作的重要性日益凸显,也使得推进舆情工作的制度化、规范化,推进舆情表达机制建设日益重要和迫切。党的十六大提出要"建立社情民意反映制度,完善深入了解民情、充分反映民意、广泛集中民智、切实珍惜民力的决策机制";党的十六届四中全会进一步要求"建立社会舆情汇集和分析机制,畅通社情民意反映渠道";党的十七大强调,要"真诚倾听群众呼声,真实反映群众愿望";党的十八大提出要"建立健全党和政府主导的维护群众权益机制,畅通和规范群众诉求表达、利益协调、权益保障渠道"等。这些重要论述深刻体现了我们党对舆情的高度重视,为舆情表达机制建设提供了有力的指导,也推动了舆情表达机制的逐步建立和完善。加强舆情信息工作,建立健全舆情表达与疏导机制,成为新时期党和政府的一项重要任务。

舆情表达的过程实际上是舆情呈现的过程,舆情表达机制是指民众在表达意愿的支配下,基于利益、正义或责任的驱动,直接或间接地向政府等权力机构提出政治和经济等方面的利益要求或意见,并试图对其决策或立法等施加影响的行为方式和途径。舆情表达机制是整体舆情机制的逻辑起点,是其他舆情机制实现的前提和基础。从政治运行的体系来说,舆情表达行为既可能按照体系规则,通过制

度化的渠道来进行,也可能脱离现有体系,通过非制度化的甚至暴力的方式来进行,同时又受到民主开放程度和民众的政治素质的影响。从舆情表达的不同性质属性加以分析,舆情表达机制大致可以分为正式表达与非正式表达、直接表达与间接表达、个体表达与集体表达、合法表达与非法表达、言语文字表达与行为表达等类别。所以,从政府的角度出发,应该在拓宽舆情表达渠道、健全舆情表达制度设计的基础上,引导舆情的合法表达、有效表达,防止出现非理性的表达形式。

从舆情表达机制的制度构成来看,一般有代议制制度、政党制度、司法制度以及专门的信访制度等。新闻媒体、社会团体也发挥着越来越重要的舆情表达功能。随着网络运用的日益普及,网络表达的作用日益凸显。多元化的完善的舆情表达机制,是现代民主政治的一个重要标志,在政治稳定、民主决策、社会监督、政治社会化等方面发挥着重要的作用。"改革开放以来,我国在舆情表达的制度安排上不断完善人民代表大会制度、政治协商会议制度以及党的代表大会制度等基本制度架构,不断健全完善司法制度、信访制度等直接的舆情表达途径,不断拓展基层民主、社会团体、新闻媒体、网络表达等多样化的社会表达形式。"①重视和加强舆情表达制度建设,保障公民平等、自由的表达权利,建立更充分、更有制度保障的舆情表达渠道,是全面推进我国民主政治建设的必然要求。

(一)制度性舆情表达机制

我国实行的民主制度,其核心是人民代表大会制度(以下简称

---

① 叶国平:《从民主发展的视角看舆情制度建设的实践价值与发展要求》,《天津社会科学》2013年第6期。

"人大制度")和中国共产党领导的多党合作和政治协商制度(以下简称"政治协商制度""政协制度"),人大制度是我国的根本政治制度,政协制度是我国的基本政治制度,无论是人大代表还是政协委员,都具有广泛的代表性,因而人大、政协是我国最重要的制度性民意机关。中国共产党作为法定的执政党,它代表中国最广大人民的根本利益,因此党的代表大会制度,也是中国特色社会主义的制度之一。在我国,人民代表大会、政治协商会议和党的代表大会,都属于间接性的舆情表达机制,它们以极具权威性的方式发挥着重要的舆情表达作用。另外,司法制度、信访制度也是重要的舆情表达渠道,这两种渠道都属于直接性的舆情表达,也是我国政治体制内设置的制度化的主要舆情表达机制。

1.人大制度舆情表达

人大制度舆情表达方式主要是通过人大立法,人大代表提出议案与建议、批评和意见来反映人民意志,影响政府决策。各级人大代表来源广泛,与群众联系密切,对社情民意感同身受,能够真实全面反映人民群众的意见和要求。人大代表通过提出议案与建议、批评和意见,汇集反映他们所掌握的民情民意,为政府科学、民主决策提供依据。近年来,人大制度反映民情、整合民意的功能不断凸显,人大代表充分发挥代表作用,认真履行法律赋予的职责。全国人大常委会及全国人大各专门委员会、国务院及其有关部委通过认真办理人大代表的建议、批评和意见,解决了一大批与人民群众利益直接关联的现实问题,密切了人大代表与人民群众的关系。各级人民代表大会及其常务委员会,积极探索社情民意反映机制,为人大民主决策、科学决策提供依据,为改进和完善"一府两院"工作建言献策。

2. 政协制度舆情表达

政治协商制度作为我国一项基本的政治制度,其主要职能是政治协商、民主监督、参政议政,而了解和反映舆情是人民政协履行职能的基础。各民主党派和政协委员专注于人民群众普遍关心的问题,在对各类具体问题进行广泛深入调查研究的基础上,通过提案、建议案、调研报告、内参件等多种形式,把人民群众的意愿和要求反映给党和政府,对于保证政府决策的民主化、科学化具有重要意义。近年来,政协提案越来越受到各级党委政府的重视,也越来越成为各级政协委员代表人民群众表达利益诉求、进行政治参与的重要方式。特别是针对政协委员提案,目前普遍实行时间不限、内容不限、人数不限的"三不限制"原则,显著降低了政协委员提案门槛,大大提高了政协委员提案的积极性、针对性,也强化了政协机关舆情表达的功能。

3. 中国共产党全国代表大会制度舆情表达

中国共产党是中国特色社会主义事业的领导核心,中国共产党领导是中国特色社会主义最本质的特征,并写入宪法。中国共产党的代表会议机制承担着更多的舆情表达职能,从而它也常常成为舆情表达的主渠道。由于舆情表达通过各级党的组织渠道能够更顺畅到达决策的中枢,使得各级党组织承担的舆情表达职能越来越突出,而人大、政协等其他舆情表达渠道的作用则相对较弱。"由于党组织的政策输入渠道承载了社会大多数的民意表达,无疑会产生民意表达的拥挤和阻塞,从而导致民意中蕴含的一些合理利益要求可能无法得到满足,从而滋生出矛盾和不满。"①

---

① 陶根苗、杨挺:《公共行政视野下我国民意表达机制的重构》,《理论导刊》2010 年第 11 期。

4.司法制度舆情表达

由于司法执行工作涉及社会生活的方方面面,与广大人民群众的切身利益密切相关,因而加强舆情表达也是扩大司法民主、促进司法公正高效的内在要求。通过加强舆情表达与民意沟通,司法机关可以更加直观地了解人民群众对司法工作的具体意见,人民群众也可以更加有效地监督司法工作,切实实现人民当家作主的权利。通过沟通了解和把握舆情,使舆情成为法律解释和裁判选项的重要来源和依据,将法条和裁判置于整个社会系统中进行解释和考量,做出的判决才能赢得群众的赞同和支持。近年来,我国司法机关普遍注重充分利用互联网、人民来信来访、申诉再审等诸多方式,建立科学、畅通、有效、简便的舆情表达机制,及时掌握民生需求,适时调整司法政策。司法机关通过对舆情的了解,对法律的娴熟应用,行使其判定曲直之责,正确履行职责。

5.信访制度舆情表达

在我国的政治制度体系中,信访是人民代表大会制度之外人民群众行使民主权利的制度之一,是作为公民合法的直接性舆情表达渠道进行安排的。当前,由于我国整体舆情表达机制尚不健全,加之社会各阶层利益诉求意识日益增强,信访制度无疑为社会各阶层尤其是社会弱势群体提供了一条便捷、公平的制度性表达渠道。广大民众通过信访渠道,将其"最关心、最直接、最现实"的利益诉求,直接向政府机构表达,相对便捷地实现了诉求表达的目的。改革开放以来,党和政府在健全信访机制、创新信访方式、强化信访落实等方面做了大量工作,取得显著成效。1995 年 10 月,国务院首次通过颁布《信访条例》的方式,把信访工作纳入行政法规的范畴,这标志着我国的信访工作迈入了法制化、程序化的轨道。2007 年 3 月,中共中央、国务院针对信访工作中出现的一些问题,又下发了《关于进一步加强新时期信访工作的意见》,对信访工作做了进一步的规范。与此同时,各级地方党委政府更加重视信访制度建设,畅通拓展信访渠道,大力推行"网上信访",建立完善信访工作规则和信访信息系统,着力构建起高效便捷地反映民情、体现民意、受理民诉、纾解民困的渠道平台,用制度确保了信访事项及时进入程序,得到及时妥善处理,推动了"畅通、有序、务实、高效"的信访工作新秩序的形成。[①]

(二)社会性舆情表达机制

在我国舆情表达制度体系中,除了人民代表大会制度、人民政协制度、党代会制度以及司法制度、信访制度等这些制度性安排外,党和政府还高度重视各类社会力量的舆情表达功能,其作用与影响也日渐强大,成为我国舆情表达机制的重要组成部分。

1. 基层群众自治的舆情表达

目前,随着我国城乡基层民主政治建设在党的领导下的不断加强,包括农村村民委员会、城市居民委员会和企业职工代表大会在内的基层民主自治体系逐步完善,民众有序参与民主选举、民主决策、民主管理与民主监督的形式日益丰富,政治参与渠道不断增多,基层群众自治水平和民主实现程度不断提高,这些形式和渠道都与舆情表达有机相连,不可分离。基层群众自治是广大群众直接参与与其利益密切相关的基层公共事务管理的一种重要方式,是实现舆情表达的重要路径。舆情来源于基层,来源于日常生活,而群众的整个生活,包括经济、政治、文化等各方面,正是舆情表达的最重要内容。基

---

① 魏武:《改革开放 30 年我国信访工作成就综述》,《新华网》2008 年 12 月 23 日,http://news.xinhuanet.com/newscenter/2008 - 12/23/content_10548884.htm。

层自治就是舆情与基层公共治理的直接衔接,是一种舆情的直接表达形式。

2. 社会团体的舆情表达

社团在现代社会中具有重要的地位与作用,社团组织存在的根本目的,是为了捍卫特殊集团的利益而在政府和社会公众之间架设的"桥梁",是为人民提供参与公共决策和社会发展的渠道,因而社团组织也具有重要的舆情表达功能。社团分布在社会的各个领域与各个层次,具有广泛的代表性。社团所具备的广泛性使之成为一个普遍而有代表性的舆情表达载体,也是非常重要的舆情表达主体之一。社团能够使分散的个体意志整合起来,其表达将会产生更大的影响,有利于推动公共政策的调整。社团表达的存在,也有利于舆情表达形式和渠道更加多样化。社团的舆情表达渠道是对其他渠道的重要补充,同时社团也强化了个体通过以上渠道表达的影响。

3. 新闻媒体舆情表达

新闻媒体是广大人民群众反映意见、表达愿望和想法的十分直接、有效的途径之一。新闻媒体及时宣传党和政府的各项路线、方针、政策,让群众能够心悦诚服地接受并拥护,做到上情下达,是党和政府的喉舌。经过新闻媒体的提炼、整合,可以把人民群众中零碎的、分散的意见,转化为系统的、集中的、理性的指导性意见。新闻媒体把人民群众的意见、愿望和要求及时、准确地反映给党和政府,为党和政府科学决策提供参考,做到下情上达,因而也是人民的代言人。同时,在党和政府的路线、方针、政策执行过程中,新闻媒体还能及时反馈群众的相关反应等新情况、新问题,便于党和政府及时调整完善政策,以更好地满足人民群众的意愿要求。新闻媒体承担的下情上达和信息反馈职责,就是代表人民群众发挥舆情表达的作用。

4.网络通信平台的多元舆情表达

随着网络应用的日益普及,网络技术的快速发展,互联网日益成为民众自由发表意见、表达诉求的广阔话语空间,网络舆情表达越来越经常化、普遍化,越来越成为民众诉求表达的重要途径,影响力日益增强。近些年来,网络舆情表达的方式不断增多,包括BBS、社区论坛、博客、微博、微信等,网络已经成为民众情绪意愿等表达的重要渠道。网络舆情是现实社会的网络空间表达,在一定程度上反映了人们现实的思想观念、价值取向、利益诉求和情感宣泄。由于网络表达信息多元、自由快捷、方式互动、传播广泛、影响力强,具备传统媒体无法比拟的优势,现实社会中各种利益诉求正越来越多地以网络舆情的形式表现出来,各种思想冲突、价值博弈、观念碰撞、情绪宣泄也经常性地汇集成网络舆情的洪流。广大网民通过网上论坛发帖、新闻跟帖、微博、微信等形式发表评论,形成强大的舆论压力,影响有关部门的决策和施政,推动着事件的解决。舆情传播技术手段多样化带来舆情表达的多元化,使各种不同意见都能呈现出来,网络舆情调控变得更加复杂。

二、舆情表达机制建设对协商民主建设的促进作用

随着舆情的支持和认同程度越来越成为公共政策科学制定和有效实施的重要依据,为了保证人民当家作主的各项民主权利在更广泛领域和更现实层面得到体现,亟须加强舆情表达机制建设和推进协商民主制度化建设。体现协商民主深厚内涵的舆情表达机制建设,既是体现和保障人民协商民主权利的必然选择,也是新时期发展社会主义协商民主的重要内容。

舆情表达机制与人民政协协商民主建设

（一）舆情表达机制建设是推进协商民主发展的内在要求

加强舆情表达机制建设，有助于规范政府权力运行，推动协商共识形成，实现政府公共决策科学化和民主化，它不仅是我国协商民主建设的重要内容，而且是推进我国社会主义法治体制改革的迫切要求。

1. 加强舆情表达机制建设是规范现代政府权力运行的迫切需要

在民主政治条件下，政府权力必须以关注社会需求和民意诉求为起点，以保障公民权利为基础。民主政治的一个基本特征就是权力的制约、监督，这也是推进协商民主的本质要求。公共政策的形成和执行，都少不了协商机制。没有对政府权力的制约监督，广泛、平等的协商行为难以开展，协商成果的落实也缺乏保障。政治体系内部的制衡机制以及来自政治体制外的民众与社会的制约机制，是实现对公共权力制约的两种主要途径，而建立和完善舆情表达机制就是通过构建机制性的渠道，保证各社会群体充分表达他们的利益要求，使政府决策必须充分吸收不同社会利益群体的不同利益需求，使政府的行为符合公共利益，从而实现对公共权力的外部制约。一般来说，公众通过参加选举、申诉、请愿、听证等形式来表达自身的利益诉求，如果缺少相应的舆情表达机制，公众的诉求就无法表达出来，政府在权力运行中就难以对有关利益主体的要求作出积极反应，公共权力就有失控的危险。

2. 加强舆情表达机制建设是实现政府公共决策科学化和民主化的内在要求

推进公共决策科学化、民主化，保障人民的政治参与权利，是发展协商民主的核心目标，而舆情表达机制是民众参与并影响政府决策的重要途径。政府公共政策的制定调整，归根到底是为了协调和平衡公众利益和要求,这就要求政府必须广泛听取民众意见,这是科学民主决策的特征与重要前提。舆情表达机制建设的目的和价值在于通过完善制度渠道和法定程序,使政府的决策过程成为公众表达意见诉求的过程,使政府的决策过程成为广泛吸纳和回应公众意见诉求的过程,从而提高决策的民主化和科学化。舆情表达机制建设有利于加强政府与公众的沟通与互动,缩短民众与决策者之间的距离,减少误解隔阂,增加公众对政策的认同和支持,提升民众对公共政策的认同和支持程度,从而对决策有效实施提供保障。舆情表达机制建设还有利于建立和完善信息反馈系统,认真做好民意反馈工作,时刻进行"追踪决策",形成"决策—执行—反馈—调整"的有效机制,进一步推进公共决策的科学化、民主化。

3. 加强舆情表达机制建设是推动协商共识形成的可靠保证

协商民主要达到"广纳群言,广集民智、增进共识、增强合力"的目的,必须有和谐稳定的社会环境作为保障。利益关系的和谐是社会和谐的基础,如果社会各阶层的利益诉求能够得到有效表达与回应,各种利益矛盾与利益冲突的危险就会大大减少,而对各种利益关系的调处也会相对容易。而健全的舆情表达机制,可以为制定科学的利益协调决策、凝聚社会利益共识、构建和谐的利益格局创造前提,也可以为和谐社会营造良好的舆论环境。实践表明,民众舆情表达宜疏不宜堵,有效的舆情表达是社会稳定的"安全阀",否则将影响社会的和谐稳定。把舆情表达机制建设融入人民有序政治参与过程,纳入社会主义协商民主建设中,正确处理人民群众的舆情表达,健全和完善制度化的舆情表达渠道,形成解决利益冲突的制度化机制,对于维护社会和谐稳定具有重要作用。

（二）舆情表达机制建设是协商民主建设的重要内容

舆情表达机制建设与协商民主制度化具有非常紧密的联系,舆情表达机制建设正在逐步深化,与我国协商民主建设的实践相辅相成,成为我国协商民主制度体系的重要组成部分。在我国社会主义协商民主制度建设发展过程中,舆情表达机制建设是贯穿其中的一条重要线索,两者具有很强的内在一致性。

1.舆情表达机制建设与协商民主建设具有内在统一性

舆情表达机制建设是伴随着我国民主政治的发展而逐步发展的,各项舆情表达机制需要民主制度作为实践平台和保障,同时又对民主政治建设特别是协商民主建设起到有力的推动作用。舆情表达机制建设与协商民主建设两者在功能作用、实现机制、实现途径等方面都具有高度的一致性。协商民主的关键是使公众就共同关心的重大问题广泛发表意见,博征广询、消弭分歧是舆情表达的基本要求;协商民主所建立的民众参与架构和舆情表达机制形成了发展的主要平台和机制;协商民主的精髓是协商与共识,也是舆情表达机制建设最根本的实现途径和目标价值;协商民主要达到"广纳群言,广集民智、增进共识、增强合力"的目的,还是舆情表达机制建设要实现的价值目标。可以说,无论是舆情表达机制建设还是协商民主建设,都体现了对人民主体地位和人民真实意志以及推进人民有序政治参与的重视,体现了我们党坚持"以人民为中心"的发展思想、体现了我们党"立党为公、执政为民"的执政理念,体现了对舆情力量的重视。加强协商民主建设,有利于有效整合社会各阶层利益诉求,形成社会共识,为畅通舆情表达渠道提供制度保障。而加强舆情表达机制建设,有利于推进公众诉求的理性表达,增强公共决策的科学化水平和合理性基础,促进社会关系的和谐稳定,为协商民主建设的发展创造更好的社会舆论环境。

2. 舆情表达机制的完善程度是衡量协商民主制度化水平的重要标准

民意是现代民主制度的基石,以民意为核心的"多数裁定原则"是现代民主制度运行的基础性规则,民主制度的有效运行必须建立在广泛的民意基础之上。而舆情概念在本质意义上就是民意,舆情表达与民意表达在内涵上具有同一性。充分且畅通的舆情表达,使公共政策的制定与公共管理部门的行为具有坚实的民意基础。舆情表达贯穿于民主政治的组织、运行与实现的整个过程,一个国家保障民意表达自由的程度反映了这个国家民主化程度。在我国,民众通过各种渠道,把民意反映在政党的施政纲领和体现在政府的施政行为中,这正是我国发展社会主义协商民主、推进协商民主制度化的目标所在。舆情只有通过顺畅与真实的表达,协商民主才能得以实现和运作。舆情能否得到充分自由的表达,以及舆情表达发生效能的情况,既是民主程度的重要指标,也是协商民主发展的衡量指标。而整个舆情机制建设的核心意义就在于保障舆情充分、有效地表达。可以说,舆情表达的价值是完全融入协商民主价值之中的,舆情表达机制的建设水平,在一定意义上反映着协商民主的发展水平。

3. 舆情调查方法是协商民主的重要方法

协商民主的有效实现,关键在于它的程序性。在协商民主实践中,协商式民意测验是一种重要的方式,是一种基于信息对等和充分协商基础上的舆情调查,而其实质就是舆情调查。在协商式民意测验过程中,组织者通常会通过随机抽样产生参与者,然后共同参与一至三天的协商论坛,一般参与者人数较多,组织规模较大。在召开协商论坛之前,参与者要阅读相关材料,充分了解协商议题的相关背景和信息;参与者通过参加若干次小组讨论和大会讨论,对协商议题形成各自的想法和意愿;在协商前后分别填写民意测量表,通过比较两次测量的差别从而分析协商对参与者偏好的影响。协商民主的关键环节就是协商民意测验其中的程序性是否具有效度,从而决定着意见整合过程的合法性和合理性,也决定着整合结果的科学性。协商民意测验克服了传统民意测验的主要弱点,具有科学抽样意义上的代表性。这种方法一般适用于比较大的规划制定,适用于地方重大决策事项。对于争议较大的问题,该方法也特别有用,因为其严格规范的协商程序可以避免对立看法的偏激化。协商民意测验方法现在正越来越多地运用到我国地方的协商民主实践之中。

(三)舆情表达机制建设是协商民主制度化的实践平台

舆情表达机制的建立完善,从制度机制上保证人民依法实行民主选举、民主决策、民主管理、民主监督,保障了各界群众的知情权、参与权、表达权与监督权,就是为了发展更加广泛、更加充分的人民民主,更好地实现和发展人民的各项民主权利,这在很大限度上体现了我们党所倡导的协商民主的精神实质。舆情表达机制建设,不仅是协商民主制度化建设的重要内容,还是推进协商民主广泛、多层、制度化发展的重要实现途径,而且随着舆情表达机制建设的日益健全完善,将会对我国协商民主制度建设实践起到越来越大的推动和保障作用。

1.舆情表达机制建设巩固了我国协商民主建设的制度基础

舆情表达是公民政治参与的基本形式,全面推进协商民主制度建设,客观上要求保障公民平等、自由的表达权利,建立更充分、更有制度保障的舆情表达渠道,这正是舆情表达制度建设的重要内容。改革开放以来,在舆情表达的制度建设方面,党和政府不断完善人民代表大会制度、中国共产党领导下的多党合作和政治协商制度、司法制度、信访制度等基本制度表达架构,积极拓展基层民主、社会团体、新闻媒体、网络表达等多样化的社会表达方式,增强舆情表达主体的表达意愿和表达能力,鼓励广大人民的有序政治参与,逐渐形成当前舆情表达机制的基本框架。舆情表达机制的不断完善,实现了舆情自由充分表达和民众意见意愿的整合,为人民政治参与提供了丰富的制度渠道,推进了我国协商民主制度化建设。

2. 舆情表达机制建设丰富了我国协商民主建设的制度形式

为了实现公共决策的民主化、科学化,要充分尊重和倾听民众的意见,加强与民众的沟通与互动,在公共决策中有效反映民众诉求。协商民主的过程,就是发扬民主、广开言路、群策群力、集思广益的过程。而舆情表达机制建设有利于加强政府与民众的沟通与互动,协调民众利益和要求,增加民众对政策的认同和支持,提升民众对公共政策的认同和支持程度,从而提高决策的民主化和科学化。因此,舆情表达机制建设是协商民主制度化建设的重要内容和要求。近年来,我国在舆情表达机制建设方面取得了积极成效,舆情汇集分析机制不断完善,听证、公示、咨询、讨论等活动形式广泛应用于各级党委政府重大决策过程,重大事项社会公示制度、社会听证制度和社情民意反映制度等相继建立,重大决策的专家咨询制、论证制和责任制广泛实施,公共决策机制的科学化、民主化水平显著提高。这些舆情表达、汇集和分析机制,对于广泛了解民情、掌握民意、凝聚民心,对于拓展协商民主的制度形式,对于提高决策民主化、科学化水平,都具有十分重要的意义。

3. 舆情表达机制建设成为增强人民政治参与和民主协商的强大动力

协商民主指的是通过协商主体自由平等地共同协商参与决策，求同存异，合作、参与、协商，以最大限度包容和吸纳各种利益诉求。而舆情表达的回应机制是指民众通过各种方式表达意见和要求，引起政府的重视并在相应的公共决策得到体现。舆情表达的回应机制建设实质上是政府由"为民决策"向"让民决策"转化和政府与民众之间"共同决策"的过程，是一种国家权力向社会回归的体现，这一过程是实现人民政治参与的过程，是协商民主所要求的合作、参与、协商的过程。可见，加强舆情表达的回应机制建设，对于增强人民政治参与、民主协商，具有重要的推动作用。改革开放以来，我国政府不断重视和加强重大决策听证制度、政务公开与决策公示制、政府决策承诺制、政府决策复决权制度、政府决策责任制度等决策机制，在民众与政府之间构筑了更加通畅的合作沟通桥梁，不仅大大提高了协商民主的制度化水平，同时也提高了人民的政治参与意识和参与程度，推动了政府与民众、政府与社会的良性互动。

三、协商民主建设为舆情表达机制建设提供制度保障

党的十八大提出要推进协商民主广泛多层制度化发展，逐步建立健全社会主义协商民主制度的目标任务，并将其作为推进政治发展和政治体制改革的重要组成部分。党的十九大进一步提出"加强协商民主制度建设，形成完整的制度程序和参与实践，保障人民在日常政治生活中有广泛持续深入参与的权利"。推进协商民主的制度化，就是十八届三中全会所强调的，要构建程序合理、环节完整的协

商民主体系。推进协商民主的制度化建设,归根结底,就是要形成一整套规范化、程序化的协商民主制度。健全社会主义协商民主制度,是建立在长期理论探索、政治实践和制度建设的基础之上的,它实际上涵盖了中国共产党领导的多党合作与政治协商制度、各级党委政府与社会和广大民众之间形成的各种协商对话制度以及基层民主协商制度,是从国家制度的层面对协商民主给予了确认,从而使推进协商民主制度建设有了法律和制度的保障。事实上,在我国民主政治建设中,各种具体的协商民主制度形式已渗透于国家和社会政治生活的各个层面,有中国共产党与各民主党派之间就国家治理和社会治理的重大决策进行的政治协商,还有人大的立法协商、各级政府的决策协商以及广大基层社会形式多样的民主协商等。推进协商民主制度化,充分发挥社会主义协商民主重要作用,有利于畅通舆情表达渠道,有效整合社会各阶层利益诉求;有利于健全舆情汇集回应机制,增强公共决策的科学化水平和合法性基础,实现社会共识;有利于支持和保障人民广泛的政治参与,实现民众诉求的理性表达;有利于完善舆论监督和舆情引导机制,更好地代表和实现人民的利益,促进经济社会关系的和谐稳定。

（一）协商民主建设有利于推动舆情表达机制的完善

我国社会主义协商民主建设是在中国共产党领导下多党合作的框架内开展的,社会主义协商民主是实现党的领导的重要方式,是我国社会主义民主政治的特有形式,具有独特优势。党的十九大报告提出,"要推动协商民主广泛、多层、制度化发展,统筹推进政党协商、人大协商、政府协商、政协协商、人民团体协商、基层协商以及社会组织协商"。协商民主的广泛、多层、制度化发展,不仅与我国的人民代表大会制度、政治协商制度、党的代表大会制度以及信访制度等制度性舆情表达架构相辅相成,同时还对这些舆情表达机制的建设与发展起到积极的推动作用。

1. 有助于增强人大制度舆情表达的代表性

人民代表大会制度是一种重要的舆情表达机制,这种机制在代表民意、反映民声、集中民智方面发挥了巨大作用。人民代表大会制度是坚持党的领导、人民当家作主、依法治国有机统一的根本法治制度安排,必须长期坚持、不断完善。推进社会主义协商民主的制度化建设,首先必须明确社会主义协商民主制度建设的主要任务,其中的关键在于从不同的领域、渠道和层级,在已有的制度规范框架内,嵌入协商民主制度建设的理念、规则和要求。要加强社会主义协商民主制度创新实践探索,从实践中寻求理论层面的突破,不断丰富社会主义协商民主发展的内容,从各个领域、各个层次深入推进人民有序政治参与,大力推进社会主义协商民主制度化、规范化、程序化,为实现广纳群言、广集民智、增进共识的目标提供制度保障。在协商民主的实践发展过程中,不断培育人民的政治参与意识,人民政治参与能力必然会不断提高,人大代表联系选民或选举单位的制度不断完善,人大代表与人民的联系会随之加强,人大代表的履职能力也会得到提升,从而推动人大制度舆情表达机制功能的完善。

2. 有助于提高政协制度舆情表达的权威性

人民政协是社会主义协商民主的重要渠道和专门协商机构,是具有中国特色的制度安排。党的十八届三中全会特别指出,人民政协作为社会主义协商民主的重要渠道和专门协商机构,要不断拓展协商内容、丰富协商形式、规范协商程序,把协商民主贯穿于政协履职全过程,推进协商制度化、规范化、程序化,提高协商成效。党的十九大进一步强调:"人民政协工作要聚焦党和国家中心任务,围绕团结和民主两大主题,把协商民主贯穿政治协商、民主监督、参政议政全过程,完善协商议政内容和形式,着力增进共识、促进团结。"随着人民政协在发展协商民主方面的特殊地位,以及人民政协协商民主制度化建设的不断加强,必然会推动人民政协政治协商和民主监督,以及参政议政制度化、规范化、程序化,把政治协商纳入政府决策程序,从而也会提高政协舆情表达的代表性和权威性。

3. 有助于推进党代表大会制度舆情表达的科学性

中国共产党作为领导核心,它的舆情表达功能具有权威地位,各级党组织承担着舆情表达职能。发展社会主义协商民主,其实质就是要促使人民有序参与政治,实现最广泛的政治参与。在中国共产党的领导下,把协商民主和选举民主有机地结合起来,调动各党派、各民族、各团体、各阶层等社会各方面人士的参与积极性,本着合作、参与、协商、包容的精神,在充分、民主、平等、真诚的协商讨论中作出大家都能接受的决策,既反映多数人的普遍愿望,又吸纳少数人的合理主张,凝聚各方力量,集中各界智慧,形成强大合力。这就可以有效避免以往各级党组织在舆情表达方面的局限性,进而推动党组织舆情表达的科学化、合理化。

4. 有助于提升信访制度舆情表达的规范性

信访制度是我国扩大民众直接性舆情表达渠道而设立的一项重要制度安排,它在化解社会矛盾、维护群众合法权益、构建和谐社会方面发挥着独特作用。当前,随着我国经济社会的快速转型和改革向纵深推进,各种矛盾和问题趋于增多,并大量通过信访渠道反映出来,信访制度的舆情表达功能也面临着极大的挑战。主要表现为:一是舆情表达功能的失衡。信访制度最重要的一个职能就是反映社情民意,充当舆情表达的渠道。然而在实际运行中,民众往往更为看重的是权利救济功能意义上的信访,甚至将其当作信访的主要功能和超越其他救济方式的特殊权利,使其原本的反映情况、表达民意、提出建议的功能产生异化。二是舆情表达主体的强意愿、低效能。当前发生信访行为的人员绝大多数是在某些利益分配格局或纠纷中处于弱势地位的群体,而这些弱势地位的群体通常的特征就是具有强烈的表达诉求,却只有有限的表达能力,导致以集体上访、越级上访、群体性事件等为代表的非正常表达行为的高频发生。推进社会主义协商民主广泛多层制度化发展,就是要培育人民有序政治参与的民主精神,引导群众通过理性、合法的途径,以负责任的身份参与国家和社会事务,合理表达利益诉求。协商民主制度的不断完善,必然会畅通信访制度的舆情表达渠道,提升信访的舆情表达功能,促进信访制度的科学化、规范化。

(二)协商民主建设有利于提升舆情表达机制的效率

协商民主只有制度化、程序化才能有效融入政府的决策系统,才能切实保障人民在协商过程中的民主权利。民众舆情表达的一个重要目的就是通过各种方式表达意见和要求,能引起政府的重视,并通过相应的公共决策得到体现或解决。而公共决策如何更好地体现和回应民众的诉求,需要政府尽可能保证民众各种权利诉求间的平衡。这一过程及其所要实现的目标本身就体现着各协商主体间共识的达成以及公共决策对这种共识的吸纳和遵从,体现着协商民主的过程与价值。

当前我国人民有序政治参与渠道日益丰富,对推动公共决策民主化、科学化的作用日益彰显。但是,民众的公共政策参与还存在参与渠道的制度化程度较低,民众诉求与政府回应之间缺乏更有效的衔接,互动平台和机制缺乏等问题,影响了舆情表达机制建设的效

果,主要表现为:

一是民众诉求与政府回应互动的无序性。一方面,民众诉求表达意愿大大增强,诉求表达活动大量涌现,并且往往按照自身的意愿、自己喜欢的方式进行随意表达和诉求。另一方面,政府回应缺乏相应制度或者制度的可及性比较差,导致政府与民众互动的无序化,各类群体性事件频发就是这种无序性互动的主要表现。民众诉求与政府回应互动的无序化会降低政府与民众之间的信任感,不利于常态化的回应机制的建立,而且容易走向极端,对政治民主和社会稳定带来危害。

二是民众诉求与政府回应互动的地区间和阶层间不平衡。各社会阶层和地区间影响力的差异性,必然会直接或间接地导致民众诉求与政府回应互动的阶层之间和地区之间的差异性和不平衡性,导致政府回应呈现阶层性、集团性和地域性差异,而难以充分考虑弱势集团、后发地区的利益,特别是以农民为代表的弱势群体,一定时期内很难对政府形成与其力量对等的影响力,从而使政府回应的公共性发生变化。正如学者孙立平所言:"我们不能不承认的一个事实是,涉及劳动者利益的时候,往往要靠政府和大众媒体来为他们说话,他们自己的声音是很微弱的。"①

三是民众诉求与政府回应互动的深度和效度有限。目前我国政府开放度不够,民众参与政府决策的内容还比较有限,政府满足民众参与要求的程度还不高。政府回应意识薄弱与公民表达意识缺失,是造成我国公共决策中舆情表达与回应不足的主要原因。正是因为

---

① 孙立平:《博弈:断裂社会的利益冲突与和谐》,社会科学文献出版社2006年版,第7页。

政府回应意识的缺失，面对一些突发事件，一些政府职能部门常常反应迟钝或者拖延处理，有的甚至"捂盖子"隐瞒真相，直到面临强大的舆情压力和社会负面影响时才不得不采取措施。此外，信息不对称也抑制了互动的深度和效度。近些年来，尽管我国政府信息公开制度发展很快，但在具体实践过程中，政府信息公开力度不大的问题依然广泛存在，政府信息公开的程度离民众需求还有比较大的差距。这很大限度上影响了民众舆情表达的有效性和准确性，而且会造成民众与政府互动的热情受挫，使政府回应与民众诉求受阻。

我国政治体制改革的一个重要目标就是逐步建立科学、民主的决策机制。公共决策牵涉广大人民群众的切身利益，如何使最广泛的主体参与重大决策的协商，维护好、实现好和发展好最广大人民群众的根本利益，是实现决策科学化和民主化的关键，也是加强舆情表达机制建设的根本要求。公共决策民主化、科学化的过程，就是民众诉求与政府的互动过程，是不同的参与主体施展各种手段进行相互回应而找到平衡的过程。为了有效提高政府的回应能力，需要强化各级地方政府的决策与回应的职能分工，构建不同层级政府回应的责任机制，密切政府与民众的联系，促进政府与民众的互动发展，回应性政府的基础才能建立起来。而社会主义协商民主包含诸多程序性、制度性的保障，具有充分的民意基础和明确的协商原则，广泛听取社会各层面的意见，兼容吸收各方面有价值、可操作的合理意见和建议，充分比较各种建议方案的优势和不足，从而作出最优化的决策，制定出尽可能全面反映各方面合理要求的方针、政策，使之更具合理性和有效性。可以看出，发展协商民主，不仅可以有效提高政府决策的民主化、科学化水平，更能大大提高政府舆情表达机制的效率。

（三）协商民主建设有利于促进舆论监督的法治化

民主政治的基础在于人民积极、有序的政治参与，多元的利益诉求和意见表达是人民政治参与的主要表现。当前，我国社会各种思想观念相互交织、相互影响、相互激荡的态势日益增强，社会生活多样、多元、多变的特征日益凸显，人民政治参与意识和利益诉求表达意识也日益强烈，社会治理任务日益艰巨。舆论监督与民主政治的发展进程一脉相承，是人民群众参政议政、实现民主权利的有效手段，是协商民主发展的必然要求和重要实现形式。协商共识的形成也需要平等、宽松的思想氛围，需要和谐稳定的舆论环境，而营造有利的舆论环境离不开制度化的舆情引导作为保障。因而，加强舆论监督机制建设，是发展协商民主的内在要求。

一方面，我国的舆论监督是一种建设性的舆论监督，舆论监督体系日趋完善，舆论监督总体上是科学的、有序的、依法的，符合新闻舆论监督的客观规律，但目前还面临不少困难，主要表现为：一是制度上的不完善。二是法律上的不完备。三是民众参与舆论监督不充分。目前人们的政治参与的着眼点在于"独善其身"而不是"兼济天下"①。在实际生活中，人们更多关注自己身边的事或涉及自己切身利益的事，对他人他事往往持冷漠态度，这在一定程度上限制了舆论监督的作用发挥。

另一方面，在舆情引导方面，应该说目前我国社会舆情在总体上是积极健康的，社会舆情日益多元化，主流意识形态尽管不断受到各种思潮的挑战，但其仍然在意识形态领域发挥主导和引领作用，这也

---

① 王庸金：《试论建设社会主义政治文明》，《郑州大学学报》（哲学社会科学版）2002 年第 6 期。

显示出舆情引导机制建设的成效。但是,也应看到,目前我国的舆情调控体系还比较薄弱,舆情管理与引导的科学化水平还有待提高,舆情引导机制与整个社会舆情呈现复杂多变的趋势之间还存在一些不适应、不协调的地方等。主要表现在:一是缺乏统一规范的舆情治理体系。各级党委政府的舆情上传和舆情下达机制尽管正在逐步建立健全,但一直以来部门之间缺乏整体上的沟通协调,遇到突发事件时常常出现信息不通畅、舆情处置不当、舆论导向混乱等现象。二是对多元化信息社会的舆情特点认识不足。多元化社会的舆情呈现舆情主体的多元化、舆情传播渠道多元化、舆情内容复杂化和舆情自由度大、难以控制的特点。

目前我国舆情的发展呈现出复杂多变的态势,舆论监督和舆情引导机制尚不健全,舆情引导工作面临许多现实障碍。各种负面、非理性的舆情如果不能有效引导,则有可能成为社会的不稳定因素。为了促进我国各类舆情的良性发展,保障公民平等自由的舆情表达权利,维护社会的和谐与稳定,就有必要加强舆论监督的法治化建设,加强对舆情进行科学有效的管理与引导。

总之,舆情表达与协商民主具有非常紧密的内在联系,在社会主义协商民主理论的形成发展过程中,舆情表达始终是贯穿其中的一条重要线索。协商民主的精髓是协商与共识,这也是舆情形成发展的两个关键环节;协商民主所建立的架构和机制,也正是舆情发展的平台和机制;协商民主的关键是推进人民有序政治参与,博征广询、消除分歧、形成共识,这也是舆情表达、舆情引导的基本内容和要求;协商民主要达到"广纳群言、广集民智、增进共识、增强合力"的目的,这也是整个舆情表达机制建设要实现的目的。可以说,发展社会主义协商民主,加强协商民主制度建设,发挥社会主义协商民主重要作用,体现了我们党坚持"以人为本""立党为公、执政为民"的执政理念,体现了对人民有序政治参与的重视,体现了对人民主体地位和人民真实意志的重视,体现了对舆情重视程度的提升。加强协商民主制度建设,有利于畅通舆情表达渠道,有效整合社会各群体、各阶层的利益诉求,推动社会共识的达成,提升公共决策的民主化、科学化水平,增强公共决策的合法性基础;有利于推动实现社会舆情的理性表达,促进社会关系的和谐稳定,促进社会矛盾纠纷的有效调处;有利于各项公共决策更好地代表和实现人民的利益,也必然会成为进一步推动我们民主政治发展的动力。

第一章　人民政协协商民主的理论架构、实践基础与价值诉求

中国共产党关于人民政协协商民主的观点和思想在十八大以后日渐体系化。马克思主义民主政治理论、人民民主理论、人民政协理论构成人民政协协商民主的理论支撑,而人民政协七十多年的协商实践则为人民政协协商民主的发展提供了实践基础。本章基于参与和监督的视角,探讨分析中国共产党关于人民政协协商民主的理论建构逻辑、实践发展以及价值诉求等内容。

第一节　人民政协协商民主的理论架构

中国共产党基于人民民主理论的"四个民主"框架以及人民政协自身的性质定位,建构起人民政协协商民主的理论架构。人民政协协商民主理论主要是通过拓展参与内涵、强化监督效力,从而实现人民民主理论的创新发展。

一、人民政协的性质定位

人民政协的性质定位决定协商民主的发展方向,中国共产党对人民政协的性质定位经历了一个历史演变过程。人民政协三位一体的性质定位在 2004 年通过的《中国人民政治协商会议章程修正案》中得到最为完整的表述:"中国人民政治协商会议是中国人民爱国统一战线的组织,是中国共产党领导的多党合作和政治协商的重要机构,是我国政治生活中发扬社会主义民主的重要形式。"①人民政协作为"我国政治生活中发扬社会主义民主重要形式",2012 年党的十八大报告做了阐释,即人民政协是社会主义协商民主的重要渠道。中共中央于 2015 年 2 月颁布的《关于加强社会主义协商民主建设的意见》又进一步指出"人民政协是协商民主的重要渠道和专门协商机构"②。这些重要论述,不断丰富和完善了人民政协的性质定位。

1. 人民政协三位一体性质定位的基本内涵

一是统一战线组织的性质定位,1982 年宪法③和 1954 年政协章程④对此做了明确规定和确认。政协作为统一战线组织,首要目标就是团结。政协团结功能发挥得好坏关乎中国革命和建设事业能否顺利发展。

二是中国共产党领导的多党合作和政治协商的重要机构的性质

---

① 政协全国委员会办公厅、中共中央文献研究室编:《人民政协重要文献选编》(下),中央文献出版社、中国文史出版社 2009 年版。

② 《中共中央印发〈关于加强社会主义协商民主建设的意见〉》,《人民日报》2015 年 2 月 10 日。

③ 1982 年宪法首次确认中国人民政治协商会议是有广泛代表性的统一战线组织。

④ 1954 年的《中国人民政治协商会议章程》明确规定,中国人民政治协商会议是人民民主统一战线的组织;同年,政协章程修正案随之确认了中国人民政治协商会议是中国人民爱国统一战线的组织。

定位,1993 年宪法修正案①与 1994 年政协章程②都有明确规定。作为中国政党制度的重要机构,政协具有团结③和民主④两大主题。

三是我国政治生活中发扬社会主义民主的重要形式的性质定位,1982 年宪法⑤,1982 年⑥、2004 年政协章程⑦先后对此予以说明与表述,凸显出民主的主题。正是因为明确了人民政协作为发扬社会主义民主重要形式的性质定位,人民政协协商民主才得以迅速发展。

2. 人民政协性质定位的拓展

人民政协既不是国家机关,也不是社会组织,而是党和国家机关联系政协各界别、委员及人民群众的专门协商机构。这是中国共产党对人民政协作为"发扬社会主义民主的重要形式"这一性质定位的进一步说明。早在中华人民共和国成立初期,毛泽东、周恩来等党的主要领导人在对中国政治制度的整体设计时,就明确指出"我们不搞两院制,人民政协不是国家机关"。当前,作为参政党的八个民主党派及其党员参政的方式主要有两种,即以个体身份在国家机关内工作和凭党员身份参与政治。其中第二种方式所依托的主要机构和平台就是人民政协。各民主党派尽管不能以党派身份进入人大,但是其个体党员可以成为人大代表。我国政党之间的关系是团结与合作

---

① 1993 年的宪法修正案在序言中增加:"中国共产党领导的多党合作和政治协商制度将长期存在和发展"的内容。

② 1994 年政协章程修正案随之确认了中国人民政治协商会议是中国共产党领导的多党合作和政治协商重要机构的定位。

③ 中国共产党与各参政党是团结合作、亲密友党的关系。

④ 中国共产党听取各参政党意见和建议,与各参政党相互监督。

⑤ 1982 年宪法提出"发展社会主义民主,健全社会主义法制"。

⑥ 1982 年政协章程修正案明确规定了人民政协是我国政治生活中发扬社会主义民主的重要形式。

⑦ 2004 年政协章程修正案把这一点和统一战线组织、政党制度重要机构的性质定位放在一起,加以完整表述。

的关系,而非竞争性关系。即使党派之间有分歧,也属于人民内部矛盾,解决方法是协商和说服,基本原则是民主集中制。这是中国共产党的基本工作方法和组织原则。中国共产党正是把握了"团结"和"民主"两大主题,把握了政协作为党和政府决策及决策执行中的重要环节,而不是决策者和执行者的角色定位,推进了政协协商这一具有中国特色的协商民主形式的发展。

二、理论的建构思路

对于民主的理解,中国共产党认为民主既是人民通过选举代表做出决策的过程,也是人民参与国家和社会管理、监督党和国家机关及其工作人员的过程,即包括民主选举、民主决策、民主管理和民主监督的全过程。党在人民民主理论的框架下,在"四个民主"的范围内对人民政协协商民主进行了理论建构。以参与、监督为主要路径的人民政协协商民主,是对人民民主理论的发展与完善,是人民政协各界别及联系的民众,以作为专门协商机构的人民政协为媒介,参与民主决策、民主管理、民主监督的过程。该过程不可或缺,在国家制度建设中,中国共产党通过把人民政协的政治协商纳入决策程序,完善政治协商、参政议政与民主监督的内容与形式,从而发展了人民政协协商民主理论。

思路一:人民政协的参与路径(见图1)。由于人民政协是人民政协协商民主的机构和平台,所以人民政协的发展程度深受协商民主实现程度的影响。《政协全国委员会关于政治协商、民主监督、参政议政的规定》(1994)对政协的三项职能做出了详细阐释,其中,政治协商和参政议政以参与为路径建构了人民政协协商民主的理论体系。政治协商是"对国家和地方的大政方针以及政治、经济、文化和社会生活中的重要问题在决策之前进行协商和就决策执行过程中的重要问题进行协商"①。参政议政是"对政治、经济、文化和社会生活中的重要问题以及人民群众普遍关心的问题,开展调查研究,反映社情民意,进行协商讨论,通过调研报告、提案、建议案或其他形式,向党和国家机关提出意见和建议"②。无论是政治协商还是参政议政都是政协各界别联系民众通过人民政协平台参与决策和管理的过程。具体而言,在参与路径的建构上人民政协协商民主具有以下特点。

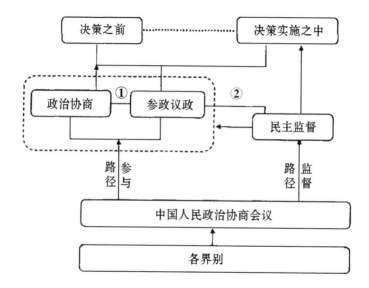

图1 人民政协协商民主理论建构思路示意图

注:①表示由于协商和参政内容、程序以及提案办理协商形式等原因,

政治协商和参政议政两项功能相互联系。

②表示由于在形式方面的相同性,参政议政和民主监督两者相互关联。

---

① 政协全国委员会办公厅、中共中央文献研究室编:《人民政协重要文献选编》(下),中央文献出版社、中国文史出版社 2009 年版。

② 政协全国委员会办公厅、中共中央文献研究室编:《人民政协重要文献选编》(下),中央文献出版社、中国文史出版社 2009 年版。

第一章 人民政协协商民主的理论架构、实践基础与价值诉求

第一，在被纳入决策程序之后，协商就成为政策过程中必不可少的环节。人民政协协商民主的发展离不开中国共产党的领导，人民政协不享有直接决策或是实施决策的权力，是由人民政协的性质定位决定的，各级党委、人大、政府是决策及实施的主体。在协商民主过程中，对于要不要将协商纳入决策程序以及将哪些问题纳入政协协商，党委、人大、政府掌握着主动权。所以说，参与路径是对政协委员而言的，对党委、人大和政府系统来说，在决策之前和决策实施之中就重大问题进行政协协商，是为了促进决策的科学化。当然，由于政协各界别、委员及其联系民众具有知情权、参与权、表达权和监督权，因此在这个过程中并不是消极被动地参与，而是积极参与。

第二，把政治协商纳入决策程序，是人民政协政治协商职能的特殊程序。中国共产党从加强政党制度建设的角度首次提出"将政协协商纳入决策程序"。"中国共产党同各民主党派的协商"与"中国共产党在人民政协同各民主党派和各界代表人士的协商"①是明确的政治协商的两种主要方式。"政治协商纳入决策程序"在《中共中央关于加强人民政协工作的意见》(2006)中被放在"认真搞好人民政协的政治协商"的标题下提出。从这个意义上讲，在人民政协民主协商职能中，将政治协商纳入决策程序专指政治协商程序。

第三，人民政协政治协商与参政议政两项职能是密切联系、相互渗透的。参政议政是政协加强与党委、人大、政府系统工作联系的重要方式，是政协委员履职的重要形式。中共中央2006年5号文件指出，"参政议政指的是通过调研报告、提案、建议案或其他形式，向党

---

① 政协全国委员会办公厅、中共中央文献研究室编：《人民政协重要文献选编》（下），中央文献出版社、中国文史出版社2009年版。

和国家机关提出意见和建议"①。参政议政与政协协商密切联系,具体体现在以下三个方面:一是参政议政和政治协商在提案过程和政协协商程序方面有很大的相似性②;二是具体程序方面,政治协商所协商的某些问题与参政议政过程中产生的提案或建议案可以实现相互转化;三是人民政协为保证及时办理和反馈政协提案而形成的提案办理协商形式把人民政协的参政议政与政治协商两项职能更加紧密地联系起来。

思路二:人民政协的监督路径(见图 1)。各党派、团体以人民政协为平台对国家机关及其工作人员加以监督,是中国共产党和各民主党派相互监督,特别是各民主党派对中国共产党进行监督的体现。从监督内容来看,人民政协的民主监督分为内部监督和外部监督两个方面,前者是对参加政协的各界别和人员执行政协章程和决议情况的监督,履职情况的监督;后者是对国家机关及其工作人员的监督,各民主党派对中国共产党的监督。从监督形式来看,人民政协的民主监督形式主要包括四种:提出建议案、建议或有关报告,委员视察、提案、举报、大会发言、反映社情民意或以其他形式提出批评和建议,参加调查和检查活动,政协委员应邀担任司法机关和政府部门特约监督员。③ 从两者对比的角度看,人民政协民主监督的方式和参政议政的形式在功能上也有着相关性,针对党和国家机关提出意见和

---

① 政协全国委员会办公厅、中共中央文献研究室编:《人民政协重要文献选编》(下),中央文献出版社、中国文史出版社 2009 年版。
② 一项提案的产生需要经过提案主题的确定,开展调查研究,进行协商讨论,形成提案,交由党和国家机关办理等几个过程。政治协商在实践中形成的步骤为:制订全年的协商计划,就协商问题进行调研或材料准备,开展协商讨论形成协商意见,协商成果的运用。
③ 政协全国委员会办公厅、中共中央文献研究室编:《人民政协重要文献选编》(下),中央文献出版社、中国文史出版社 2009 年版。

建议既是参政议政的形式,也是开展民主监督的过程。

政协监督与其他形式的监督相比具有其特殊性,它既有协商民主的特点,也具有人民民主监督的特点。一是,人民政协的民主监督具有协商民主的特点。在2015年全国政协十二届三次会议举办的记者会上,政协委员陈惠丰指出政协的民主监督是经过各种协商讨论以提出意见建议的方式开展的,体现在会议、提案、调研、反映社情民意的工作之中。人民政协通过政协会议、大会发言、举报、提案等形式提出批评建议,通过协商的形式开展监督,体现了协商民主的特点。二是,人民政协的民主监督在社会主义民主监督体系中不可或缺。政协监督不同于权力机关、司法机关和行政机关的监督,也不同于社会监督,是介于两者之间的一种监督形式。政协监督是社会主义监督体系的重要形式之一,通过人民政协这一平台,国家机关与政协委员及其联系民众得以有机连接,贯穿党委和政府行为事前、事中和事后监督的全过程,这为政协委员参与决策、管理创造了条件,提供了平台。

通过对上述思路的分析,可以看出中国共产党的人民政协协商民主理论的基本架构及其形成特点。

第一,以党的领导为基本原则。党的领导是发展社会主义民主政治的基本原则,更是历史与人民的选择。人民政协协商民主立足现有的制度背景和机构体系,其发展必然坚持党的领导的原则。根据党章规定,党的领导主要是政治、思想和组织领导①,其中核心是政治领导,基础是思想领导,保证是组织领导,这三方面缺一不可,构成有机统一体。具体而言,政协委员必须坚持党的政治领导,坚持并贯

---

① 《中国共产党章程汇编》(从一大—十六大),中共中央党校出版社2006年版。

彻执行党的路线方针政策。政协委员坚持党的思想领导,学习党的指导思想、路线方针政策。党的组织领导在人民政协内表现为,中共党委有关部门综合协调政协委员的名单数量和比例,同各推荐方面开展协商,在确保非中共人士占政协委员及政协机关比例合理的基础上,形成建议名单。人民政协协商民主正是在这一原则要求下不断完善发展。

第二,以参与、监督为主要内容。人民政协协商民主从参与、监督的角度丰富并发展了社会主义的民主形式,发展了人民当家作主的时代命题。据以上分析可知,参与和监督这两条路径是与人民政协三项职能即政治协商、民主监督和参政议政相对应的。2015年2月中共中央印发《关于加强社会主义协商民主建设的意见》,界定了社会主义协商民主的内涵,即"协商民主是在中国共产党领导下,人民内部各方面围绕改革发展稳定重大问题和涉及群众切身利益的实际问题,在决策之前和决策实施之中开展广泛协商,努力形成共识的重要民主形式"①。可以看出,人民政协在决策之前和决策实施之中广泛开展的参与、监督工作,实现了政治协商、民主监督和参政议政三项基本职能,与中国共产党关于协商民主的内涵界定高度契合。政治协商职能是人民政协协商民主发展的首要表现。参政议政职能是人民政协于政治协商职能上的发展与延伸。在参政议政中,政协委员无论是提出提案建议还是反映社情民意,都需要开展广泛的调查研究和深入的协商讨论,需要更加注重提案建议办理过程中各种问题的协商解决,才能确保提案建议能够更好地发挥作用,这正体现

---

① 《中共中央印发〈关于加强社会主义协商民主建设的意见〉》,《人民日报》2015年2月10日。

了协商民主的内在要求。民主监督职能是通过政协会议、大会发言、提案、举报等形式提出建议批评，寓协商于监督之中，同样体现协商民主的特点。

第三，以会议协商为基本形式并创新其他形式。上述分析可知，人民政协协商民主在政治协商、民主监督和参政议政的过程中均有所体现。政治协商主要通过会议协商的方式来实现，在民主监督和参政议政的过程中，会议协商也已成为一种基本的工作方式。随着人民政协协商民主的不断发展，其协商民主的实施既有会议协商的基本形式，又有专题协商、提案办理协商、界别协商、对口协商、网络议政、远程协商等新的协商渠道，还有提交提案、建议案、调研报告，这些反映社情民意信息的经常性形式，体现了其注重形式的创新发展。

第四，以制度化、规范化、程序化为基本保证。政治协商、民主监督和参政议政三项职能涉及的部门和人员众多，工作内容和环节错综复杂，实施方式渠道变化多样，因而对人民政协通过长期实践积累的有益经验，以及在发展中探索的新形式、新思路及时总结提炼，并逐步制度化、规范化和程序化，以促进人民政协协商民主的发展，就很有必要。人民政协不是国家机关，却承担着国家机关的系列任务①，但为顺利履行这些任务，弥补领导同志及政协委员自身努力的不足，避免其主观随意性的影响，就必须以"三化"作为其基本保证。

三、理论的主要特征

人民政协的协商民主具有其内在的特征，它是党的领导与民主

---

① 诸如将国家机关与政协委员及其联系群众联系起来的任务，促进决策科学化和民主化的任务，保证人民实现当家作主和维护好、实现好、发展好最广大人民利益的任务等。

协商相结合的协商民主形式;是界别单位与委员个人相结合的协商民主形式;是以团结和民主为两大主题的协商民主形式;是把国家与社会相联结的协商民主形式。

第一,党的领导与民主协商相结合的协商民主形式。坚持党的领导与民主协商相结合是人民政协协商民主的主要特点。党的领导与民主协商能够相互促进。一方面人民政协协商民主的发展离不开中国共产党的实践推动和理论创新,党的领导保证了人民政协协商民主的发展方向;另一方面,党的"从群众中来,到群众中去"①的工作方法以及"事前的协商和反复讨论"的议事精神,为人民政协协商民主注入了内生动力。人民政协在民主协商过程中拥护党的路线、方针、政策,支持社会主义建设和改革事业,维护国家统一和民族团结,正是党的政治领导、思想领导的体现;众多党外人士参与政治协商,参与国家和社会的管理工作,实现其民主权利,也正是党的组织领导的结果,也体现了"我们政府的性格……是跟人民商量办事的""可以叫它是个商量政府"②。

第二,界别特色与委员个人相结合的协商民主形式。人民政协的协商民主是组织与个人相结合的一种协商民主形式。政协委员都是有界别特色的,是按照各民主党派、人民团体,行业以及特邀人士等界别推荐产生的,这区别于人大代表按照区域选举产生的方式,体现了中国民主政治独特的设计模式。政协协商坚持组织和个人相结合的原则,既有利于发挥各界别、党派、团体的作用,又可以充分发挥委员个人的作用。在人民政协协商民主实践中,各党派、团体经常以

①　《毛泽东选集》(第三卷),人民出版社1991年版。
②　习近平:《在庆祝中国人民政治协商会议成立65周年大会上的讲话》,《人民日报》2014年9月22日。

政协界别组织的形式开展工作。比如：提案工作中，常常以各界别、小组或者以联组名义提案，或者以各党派、人民团体的名义提案；视察工作中，政协委员也常常通过不同的形式组织起来，有政协单独组织的委员特邀视察团、委员专题视察团、委员界别视察团等，也有政协与党委、政府的有关部门联合组织视察；调研工作中，政协一般以专门委员会为依托，以议题为纽带，开展专题调研。政协通过界别组织形式开展的协商，具有较强的动员力、凝聚力和社会影响力，有助于对一些较为宏观的问题进行广泛深入地研究。与此同时，政协委员也可以个人名义参与政协的各项工作，既可以就个人关注、思考的问题提出提案，也可以深入联系界别群众，及时了解社情民意。界别组织和委员个人相结合是人民政协协商民主的显著特点。

第三，以团结和民主为两大主题的协商民主形式。团结和民主作为人民政协的两大主题，在人民政协建立之初就有所体现，在2004年修订的《中国人民政治协商会议章程》中首次正式提出。团结是统一战线组织的内在要求。在中国的不同历史阶段，统一战线的性质不同，团结的基础不同，团结的人民主体也会有所差异。团结的根本意义就在于团结一切可以团结的力量投入中国的革命、建设和改革的事业中，推动新中国的建立和发展。从民主的角度而言，团结所要解决的是哪些人享有民主权利的问题。《中华人民共和国宪法》规定中国已经结成"包括全体社会主义劳动者、社会主义事业的建设者、拥护社会主义的爱国者和拥护祖国统一的爱国者的广泛的爱国统一战线"①。可以看出，人民享有民主权利是以团结为前提的，团结与民主具有紧密的联系。事实上，无论是在新民主主义革命时期还是社

---

① 张福森主编：《中华人民共和国宪法概要》，法律出版社2004年版。

会主义建设时期,我们党的领导人曾多次阐述团结与民主的内在关系,只有在争取民主的斗争中求团结,才能真正实现团结,而团结的巩固又进一步促进民主的发展。人民政协作为广泛的爱国统一战线组织,必然以团结和民主为主题。而且,我们党倡导的工作方法要求,如一视同仁、坦白、宽容、让人敢于说话、善于聆听意见、说服教育等,都是协商民主包容、共识的价值诉求。所以,包容、共识是巩固团结的基础,而团结又可以进一步促进协商民主的发展。

第四,将国家和社会相结合的一种协商民主形式。人民政协是社会主义协商民主的专门机构,是将国家机构与各政党、团体及其联系的民众联系起来的平台与机构,这是人民政协的性质定位。可见,人民政协的协商民主形式既不是国家机构的协商民主形式,也不是社会组织的协商民主形式,而是处于国家和社会之间的一种协商民主形式,是将国家机关与社会各界别及群众相结合的协商民主形式。这种形式,可以说是在"政治民主向社会民主回归"的价值导向下,结合中国的实际情况而进行的创新性探索。人民政协这一性质定位具有两个特点:一是,政协系统必须与党委、人大、政府系统结合起来才能发挥作用。人民政协不是国家机关,不直接具有决策、立法或管理的权力,但是人民政协协商民主的发展会对国家机构体系的发展产生影响,通过建立和完善"将政治协商纳入决策程序"等制度和程序,发挥政协在民主决策、民主管理和民主监督中的作用。二是,人民政协将党委、人大、政府系统与政协各界别及委员联系起来。作为专门协商机构,政协协商形式丰富、多样,可以在不同平台和不同层次上对不同问题进行协商;在察民思、聚民意方面政协各界别具有行业性、领域性和专业化、系统化等特点,既可以发挥党派、团体的组织优势,也可以发挥委员的个人优势。人民政协的协商民主形式为政协各界别与委员参与决策和管理、进行民主监督提供了平台,为实现人民当家作主拓展了新的形式和渠道。

第二节 人民政协协商民主的实践发展

中国共产党领导的多党合作和政治协商制度是马克思主义基本原理同中国实际相结合的产物。2006年中共中央颁布的《关于加强人民政协工作的意见》明确指出:"人民通过选举、投票行使权利和人民内部各方面在重大决策之前进行充分协商,尽可能就共同性问题取得一致意见,是我国社会主义民主的两种重要形式。"与西方协商民主理论的发展不同,中国协商民主以共产党领导的多党合作和政治协商制度为基础,在抗日战争时期酝酿与萌芽,在新中国成立后逐步形成,在改革开放后得到进一步巩固和发展。回顾和梳理中国协商民主的理论与实践发展过程,对于厘清西方协商民主与中国协商民主的异同,以及吸取前者可借鉴的合理因素,从而对于正确认识中国的政党制度、推动中国协商民主的建设发展具有重要意义。

一、人民政协协商民主的酝酿与萌芽

坚持统一战线是我们党取得民族民主革命和社会主义建设胜利的一大法宝。抗日战争期间,毛泽东在《中国革命和中国共产党》一文中指出:"中国无产阶级应该懂得:他们自己虽然是一个最有觉悟性和最有组织性的阶级,但是如果单凭自己一个阶级的力量,是不能胜利的。而要胜利,他们就必须在各种不同的情形下,团结一切可能的革命的阶级和阶层,组织革命的统一战线。"①而坚持党对统一战线的领导权是中国统一战线得以发挥作用的根本保证。对于如何在实践中坚持党对统一战线的领导权问题,毛泽东进一步指出,"所谓领导权,不是要一天到晚当作口号去高喊,也不是盛气凌人地去要人家服从我们,而是以党的正确政策和自己的模范工作,说服和教育党外人士,使他们愿意接受我们的建议",同时必须使参加抗日政权的"共产党员在质量上具有优越的条件。只要有了这个条件,就可以保证党的领导权,不必有更多的人数"②。也就是说,共产党掌握统一战线内的领导权必须做到:一有共产党员的先进性,二有党的正确的政策,三有党的模范工作这三个条件,其中共产党员的先进性是关键。

面对抗日战争的复杂环境和抗日民族统一战线内部复杂的矛盾与斗争,为了建立党对统一战线的领导权,中国共产党在根据地的政权建设中,以团结一切可能团结的力量为目的,不断结合具体实际进行创新,提出了"三三制"的政权组织原则,丰富和发展了抗日民族统一战线的内容和形式。中国共产党领导的多党合作的内容是在平等基础上进行政治协商与民主监督。以政治协商调动各方面的积极因素,集中最广大人民的智慧与力量为抗战服务;在民主监督下,帮助共产党纠正工作中的缺点和错误,帮助各民主党派认清国民党的真面目,增进持久抗战的决心和信心。为了更好地推进多党合作和政治协商,中国共产党提出了一系列基本原则:一是涉及全局的大政方针必须经过协商;二是要真协商、事先协商,鼓励讲真话,把意见提出来;三是重大决策要取得多数人的同意才能实行。毛泽东曾经多次

① 《毛泽东选集》(第二卷),人民出版社1991年版。
② 《毛泽东选集》(第二卷),人民出版社1991年版。

告诫全党，"绝不可认为我们有军队和政权在手，一切都要无条件地照我们的决定去做"①。这些原则包含了丰富的协商民主的价值思想。

中国共产党通过自己的行动实践制定的原则，在抗日根据地经过普选，建立了"三三制"政权。早在 1937 年 7 月 11 日，陕甘宁边区就实行了"普遍、直接、平等、无记名投票"方式的民主选举。"三三制"原则是中共关于抗日民族统一战线政权组织成分的一种政治规定。它通过树立起民主政治的样板，即在根据地民主政府和参议会的成员构成中，共产党员占三分之一，非党的左派进步人士占三分之一，中间派占三分之一，从而进一步加强边区和其他敌后抗日根据地政权建设。其他抗日根据地的民主政权中，也都认真贯彻了"三三制"原则。如 1941 年晋察冀抗日根据地临时参议会有议员 134 人，其中共产党员有 46 人，占 34.3%。晋察冀边区行政委员会全体工作人员中，国民党员占十分之三，而共产党员仅占十分之一。② 从为抗战服务、为中华民族的根本利益服务的宗旨出发，对将要提出的重大方针政策，中共主动与民主党派、无党派人士进行协商，虚心听取意见，真诚欢迎来自各方面的批评建议，例如李鼎铭先生提出的"精兵简政"的建议，就得到了中国共产党的采纳，并受到毛泽东同志的高度赞扬。他说："不管什么人，谁向我们指出都行，只要你说得对，我们就改正。你说的办法对人民有好处，我们就照你的办。"③毛泽东指出："国事是国家的公事，不是一党一派的私事。因此，共产党员只有

---

① 《毛泽东选集》（第二卷），人民出版社 1991 年版。

② 黄达强、孙国华主编：《社会主义民主：跨世纪的沉思》，中国人民大学出版社 1993 年版。

③ 《毛泽东选集》（第三卷），人民出版社 1991 年版。

对党外人士实行民主合作的义务,而无排斥别人、垄断一切的权利。"
"共产党的这个同党外人士实行民主合作的原则,是固定不移的,是
永远不变的。"①通过平等的政治协商和批评监督,共产党与各民主党
派和无党派人士之间在政治上增强了相互了解与信任,共产党领导
的多党合作的基础更加扎实。

"三三制"政权建设对以后的政治协商制度的发展产生了深远的
影响,提供了可资借鉴的民主政治模式。它将政治协商民主与投票
协商民主结合起来,通过民主政治实践,体现了共产党领导的多党合
作和政治协商的精神,创造了新民主主义的政治文明模式。"凡满十
八岁的赞成抗日和民主的中国人,不分阶级、民族、男女、信仰、党派、
文化程度,均有选举权和被选举权。抗日统一战线政权的产生,应经
过人民选举。其组织形式,应是民主集中制。"②这种广泛性的参与使
共产党人团结了一切可以团结的力量,为抗日战争的胜利和新民主
主义革命的胜利奠定了基础。它是协商民主推动新民主主义政治文
明建设的典范,"开启了政治协商制度的先河"③。

中国共产党在新民主主义革命阶段的纲领即最低纲领,与各民
主党派反帝爱国和要求民主的政治纲领基本一致,这成为中国共产
党和民主党派团结合作的前提和基础,也是中国共产党领导的多党
合作制度长期存在的基础。革命胜利后,共产党人面临一个无法回
避的重大问题——无产阶级能否与资产阶级共享政权?共产党能否
在政权建设上同民主党派合作?虽然马克思、恩格斯曾提出,为了打
击主要敌人,共产党人必须寻求同其他革命运动者和民主政党的相

---

① 《毛泽东选集》(第三卷),人民出版社 1991 年版。
② 《毛泽东选集》(第二卷),人民出版社 1991 年版。
③ 萧超然主编:《中国政治发展与多党合作制度》,北京大学出版社 1991 年版。

互支持与团结合作。但是,他们并没有为后人提供在革命胜利后,共产党如何处理同其昔日同盟军关系这一问题的现成答案。以毛泽东为代表的中国共产党人,立足于长期的革命战争和根据地政权建设的实践,创造出一套既与中国实际相符合,又可以使国家顺利过渡到社会主义的建国方案。1945年4月,毛泽东在《论联合政府》一文中指出:"俄国的历史形成了俄国的制度。""中国现阶段的历史将形成中国现阶段的制度,在一个长时期中,将产生一个对于我们是完全必要和完全合理同时又区别于俄国制度的特殊形态,即几个民主阶级联盟的新民主主义的国家形态和政权形态。"①所以,在黄炎培质疑共产党能否以及如何走出"其兴也勃焉,其亡也忽焉"的历史周期律时,毛泽东自信地以民主的方式作答,通过让人民监督政府来跳出这个历史的循环。因此,建立多党合作制度,让民主党派监督共产党,成为毛泽东思想逻辑体系的一个必然趋势。

二、人民政治协商制度的奠基与曲折

1948年4月30日,在解放战争全面胜利的前夕,中共中央发出了《纪念"五一"劳动节口号》,号召:"各民主党派,各人民团体,各社会贤达,迅速召集政治协商会议,讨论并实现召集人民代表大会、成立民主联合政府。"该号召迅速赢得各民主党派及无党派人士的热烈支持,他们积极通过各种方式对此予以响应,一致表示"愿在中共领导下,献出绵薄、共策进行,以期中国人民民主革命之迅速成功,独立、自由、平等、幸福的新中国之早日实现"。这表明各民主党派、无党派人士开始公开自觉地接受共产党的领导,标志着各民主党派的

---

① 《毛泽东选集》(第三卷),人民出版社1991年版。

历史进入一个崭新的发展时期。它掀开了中国政党制度与民主政治发展的新篇章,开启了中国共产党与各民主党派、无党派人士团结合作的新征程。在此之后,在共产党的领导下,各民主党派参与创建新政协,为新中国的建立做出了积极的准备工作。多党合作的开创,标志着中国共产党领导的多党合作和政治协商制度的初步形成。

于1949年9月在当时的北平召开的中国人民政治协商会议第一次全体会议,颁布的《中国人民政治协商会议共同纲领》(临时宪法),初步确立了中国共产党领导的多党合作政治协商制度,建立了我国人民民主专政的国家政权,即"中国人民民主专政是中国工人阶级、农民阶级、小资产阶级、民族资产阶级及其他爱国民主分子的人民民主统一战线的政权,而以工农联盟为基础,以工人阶级为领导",且规定中华人民共和国实行人民主权原则,国家政权属于人民;在政体方面作出的规定为:"国家最高政权机关为全国人民代表大会。全国人民代表大会闭会期间,中央人民政府为行使国家政权的最高机关。""在普选的全国人民代表大会召开以前,由中国人民政治协商会议的全体会议执行全国人民代表大会的职权。"①

在人民民主专政的条件下,以毛泽东同志为领导,中国共产党制定了与各民主党派团结合作的总方针和各项政策,包括:确定党对民主党派的总方针;明确各民主党派"新民主主义性质的政党"的性质;以《共同纲领》为基础开展与各民主党派的合作;与民主党派协商议定大政方针;民主党派成员和无党派人士可进入国家政权,可参与人民政协与人民政府工作等,初步形成了多党合作的格局,奠定了社会

---

① 萧超然主编、王桂玲等编写:《中国多党合作与政治协商制度专题资料汇编》,华文出版社1998年版。

主义政治文明的基础。各民主党派及社会各界人士以极大的热情投入恢复国民经济、巩固国家政权、抗美援朝、贯彻过渡时期总路线、实现资本主义工商业的社会主义改造等建国初期的一系列政治活动中。中国共产党与各民主党派团结合作的政治实践，为促进社会主义政治发展、巩固和发展社会主义制度积累了珍贵经验，有利于维持我国的政治稳定、经济发展、社会进步、民族团结，推进建设有中国特色的社会主义事业。

1956 年，随着社会主义三大改造的结束，资本主义私有制被消灭，社会主义公有制经济建立起来，社会主义制度得以确立。在此情况下，毛泽东总结我国多党合作与政治协商制度的历史经验，在"论十大关系"的讲话中分析认为："究竟是一个党好，还是几个党好？现在看来恐怕是几个党好。不但过去如此，而且将来也可以如此，就是长期共存，互相监督。""在我们国内，在抗日反蒋斗争中形成的以民族资产阶级及其知识分子为主的许多民主党派，现在还继续存在。在这一点上，我们和苏联不同。我们有意识地留下民主党派，让他们有发表意见的机会……这对党，对人民，对社会主义比较有利。"[①]同年 9 月，在中共八大政治报告中，毛泽东提出的"长期共存，互相监督"被确立为中共处理与民主党派关系的基本方针。这为中国共产党同各民主党派在社会主义历史阶段长期共存、开展通力合作提供了理论基础，标志着社会主义条件下多党合作制度的进一步确立。

在社会主义建设时期，受反"右"斗争扩大化和"文革"的影响，人民政协的作用受到干扰和限制，最后不得不停止活动。不少政协委员在 1957 年反"右"斗争扩大化中被错划为右派分子，使政协委员参

---

① 《毛泽东文集》（第七卷），人民出版社 1999 年版。

政议政的积极性严重受挫。1958 年,中共中央号召民主党派进行大范围的"自我改造运动",要求民主党派开展思想改造。与过渡时期相比,民主党派参加国家事务的协商、决策和管理作用大幅度减弱,而"作为自我教育、自我改造工具的作用日益加强"[①]。作为各党派协商机关的政治协商会议,参与讨论、商议国家大事的次数大量减少,全国政协常委会会议从 1956 年的 21 次,降到 1957 年的 17 次,1958 年的 2 次,直到 1966 年 8 月,全国政协机关停止办公,政协活动在长达十年里处于停顿状态。此外,从 1966 年 7 月至 1975 年 1 月,全国人大及其常委会也停止了全部活动。"左"的错误不断升级破坏了社会主义的民主政治建设。对民主党派性质的认识与定位发生偏误,各民主党派被视作"在总的方面还是资产阶级性的政党,还没有成为真正为社会主义服务的政治力量"[②]。然而,面对严酷的政治环境,绝大多数民主党派成员始终坚定立场,仍然在政治上坚持共产党的领导,丝毫没有动摇对社会主义的信心,表现出与中国共产党和人民同甘共苦、患难与共的决心,并努力为社会主义建设事业作出了应有的贡献。在政治气候大变化的环境中,他们保持了可贵的政治气节,为新历史时期建立和发展中共与各民主党派间"肝胆相照、荣辱与共"的关系奠定了基础。

---

① 《改造民主党派的工作纲要》,载中国人民解放军国防大学编《中共党史参考资料》1979 年版。

② 萧超然主编、王桂玲等编写:《中国多党合作与政治协商制度专题资料汇编》,华文出版社 1998 年版。

三、党的十一届三中全会后人民政治协商民主的创新与发展

党的十一届三中全会召开后,邓小平同志对毛泽东有关多党合作与政治协商的思想进行了创造性地继承与发展。

首先,开展政治上的拨乱反正,对各民主党派在中国革命与建设事业中的性质、地位与作用加以明确。1978 年后,中国共产党开始全面调整"文革"期间的错误路线,完善社会主义民主,健全社会主义法治。并于召开政协五届一次会议并制定新章程(第二部章程)过程中,重建了政治协商制度。邓小平指出:"我国各民主党派在民主革命中有过光荣的历史,在社会主义改造中也作了重要的贡献。这些都是中国人民所不会忘记的。现在它们都已经成为各自所联系的一部分社会主义劳动者和一部分拥护社会主义的爱国者的政治联盟,都是在中国共产党领导下为社会主义服务的政治力量。""人民政协是发扬人民民主、联系各方面人民群众的一个重要组织。中国的社会主义现代化建设事业,继续需要政协就有关国家的大政方针、政治生活和四个现代化建设中的各项社会经济问题,进行协商、讨论,实行互相监督,发挥对宪法和法律实施的监督作用。我们要广开言路……让各方面的意见、要求、批评和建议充分反映出来,以利于政府集中正确的意见,及时发现和纠正工作中的缺点、错误,把我们的各项事业推向前进。"[①]新的历史条件下,建设和发展社会主义事业,各民主党派的重要地位和作用仍不容忽视。他们联系的大量知识分子、专家、学者实践经验丰富,构成现代化建设不可或缺的力量源泉。

---

① 《邓小平文选》(第二卷),人民出版社 1994 年版。

基于此,政治协商制度进一步规范化和制度化,中国政治协商制度进一步完善。

其次,依据新时期民主党派社会基础的根本变化,彻底否定了"资产阶级政党"的错误论断,对民主党派的性质与社会基础做了科学界定。由于我国的社会阶级状况已彻底发生变化,我国的民主党派"已经成为各自所联系的一部分社会主义劳动者和一部分拥护社会主义的爱国者的政治联盟,都是在中国共产党领导下的为社会主义服务的政治力量"①。

再次,对多党合作与政治协商的基本方针加以继承与完善。把新中国成立初由毛泽东同志提出的"长期共存、互相监督"八字方针补充扩展为"长期共存、互相监督、肝胆相照、荣辱与共"的十六字方针,并在中共十二大政治报告中将十六字方针作为新时期多党合作与政治协商的工作方针,以制度化的形式加以确立。"中国共产党领导的多党合作和政治协商制度"的重要理论概念,在1987年的中共十三大上被正式提出。

上述由邓小平同志做出的系列方针政策、科学论断,为各民主党派发挥作用创造了前所未有的良好环境,为在改革开放时期坚持与完善政治协商制度提供了坚实的理论基础。各民主党派紧紧围绕经济建设这个中心,以高度的爱国热情和政治责任感,积极参与协商讨论国家的大政方针,研究调查改革与建设中遇到的重大问题,并积极向中共中央和政府部门建言献策,由此推动了社会主义民主政治建设进一步向前发展。

十三届四中全会以来,国际国内的情势变化显著。在新的历史

---

① 《邓小平文选》(第二卷),人民出版社1994年版。

条件下,党中央自觉接受马克思主义基本原理与方法的指导,在总结过去历史经验的基础上,结合中国社会主义初级阶段所面临的具体实际,不断进行探索和创新以完善多党合作与政治协商制度,不仅收获了系列理论成果,而且丰富和完善了中国共产党领导的多党合作制度的理论,把多党合作事业推向了一个新的阶段。

1989 年中共中央制定颁布了《中共中央关于坚持和完善中国共产党领导的多党合作和政治协商制度的意见》,通过党的正式、权威文件的形式,对中国共产党领导的多党合作与政治协商制度这一中国特色社会主义政党制度的相关基本问题作了进一步的明确和阐释。该文件充分阐述了我国多党合作的重要性,进一步明确了中国共产党领导的多党合作和政治协商制度是我国一项基本政治制度;明确了民主党派在我国国家政权中的参政党地位;提出了民主党派参政的基本点和履行监督的职责及其发挥作用的诸项制度措施,是新时期建设社会主义政党制度与有中国特色多党合作制度的纲领性文件,标志着中国共产党把这一中国特色的社会主义政党制度的理论与实践,推到了一个新的发展阶段,为多党合作与政治协商提供了方法与法规上的指导,它对指导我国多党合作逐步走向规范化具有里程碑的作用。

该《意见》以党的正式文件的权威形式,明确肯定中国共产党领导的多党合作与政治协商制度是将共产党领导原则与社会主义民主原则相结合的新型社会主义政党制度,是马克思主义政党理论与中国具体实际相结合的产物,是符合中国国情的社会主义政党制度。《意见》一方面强调共产党是领导核心、是执政党,把坚持共产党的领导作为我国多党合作和政治协商制度的根本原则;另一方面,明确各民主党派的社会主义性质和参与执政的地位。即民主党派是各自所联系的一部分社会主义劳动者和一部分社会主义爱国者的联盟,是共产党领导的、通力合作共同致力于社会主义建设的亲密友党,是社会主义的参政党,具有参政议政的法律地位。

同时,政治协商的社会基础不断扩展,社会协商对话制度受到了国家领导人的重视和关注,并提到日程上来。党的十三大认为应提高领导机关的开放程度,使人民及时知晓重大问题并参与讨论,把社会协商对话看作一项决策民主化方面的制度性探索和建议。这在极大限度上扩大了政治协商的群众基础,反映出决策民主化的原则和精神,有利于扩大广大群众参与政治的积极性。

1992年召开的中共十四大,首度把"坚持中国共产党领导的多党合作和政治协商制度"写入党章,并把完善这一政治制度作为建设中国特色社会主义理论的内容之一,作为政治体制改革的主要内容。1993年召开的第八届全国人民代表大会第一次会议,会议通过的宪法修正案明确了"中国共产党领导的多党合作和政治协商制度将长期存在和发展",至此,多党合作与政治协商制度上升为国家意志,获得了政治上、法律上强有力地保证。中共十五大报告在总结改革开放以来经济、政治、文化等各方面主要成就与经验的基础上,制定并提出党的社会主义初级阶段基本纲领。在纲领中的政治部分,报告明确,要将中国共产党领导的多党合作和政治协商制度作为"建设中国特色社会主义政治"的重要内容并加以坚持与完善,不断促进政治协商、参政议政、民主监督的发展并使之制度化和规范化。这是作为执政党的中国共产党基本政治目标和基本政策之一,也是党的基本路线在政党制度上的展开和体现。

2000年,在全国统战工作会议上,党中央提出了一系列新政策、新理论以坚持和完善多党合作制度,阐释了多党合作制的显著特征及其与西方政党制度的根本区别；指出多党合作制度作为我国的政党制度，符合国情；明确了中国政治制度和政党制度的衡量标准与民主党派进步性和广泛性的内涵等，创新了多党合作理论。

2002 年的中共十六大报告，提出要坚持并完善共产党领导的多党合作和政治协商制度，坚持"长期共存、互相监督、肝胆相照、荣辱与共"方针，加强党与民主党派的合作共事以充分发挥我国政党制度的优势，且将"坚持和完善共产党领导的多党合作和政治协商制度"作为政治文明建设、政治体制改革的重要内容及建设中国特色社会主义必须坚持的重要经验，这标志着我国社会主义政党逐步走向制度化、规范化。

党中央系统总结了中国共产党领导的多党合作和政治协商的长期经验后，在 2004 年 3 月召开的十届政协第二次会议上，把"中国共产党领导的多党合作和政治协商制度是我国的一项基本政治制度"写进了《中国人民政治协商会议章程》，为该制度的完善与发展提供了法律和制度上的强力保障。

2005 年 2 月，中共中央发布《中共中央关于进一步加强中国共产党领导的多党合作和政治协商制度的意见》（以下简称《意见》），对中国共产党同民主党派开展合作与协商的经验加以概括总结，明确规定了多党合作和政治协商的方式及途径，并且《意见》把中共与各党派开展合作、协商的几种主要形式以制度形式加以确定：（1）从具体形势出发，针对共同关心的问题，不定期地邀请民主党派主要领导人和无党派人士的代表，通过小范围、高层次的谈心活动来及时沟通思想并征求意见。（2）中共对于拟提出的大政方针问题，中央主要领导人应邀请各民主党派主要领导人和无党派的代表人士，通过民主协商会议开展协商。（3）不定期召开民主党派、无党派人士座谈会，转达重要文件,通报或交流重要情况,讨论协商某些专题或者听取民主党派、无党派人士的政策性建议。

除此以外,有关现代化建设与国家大政方针中的重大问题,《意见》也有所规定,即各民主党派和无党派人士可以向中央提交书面性的政策性建议,也可以与中共中央的相关负责人开展面对面交谈。在多党合作的性质方面,《意见》也作出了相关规定。在当前的社会主义初级阶段,中国共产党领导的多党合作制度即为"共产党领导,多党派合作,共产党执政,多党派参政"。这一对多党合作制度性质的概括,有助于人们正确区分中国的政党制度同其他国家的"一党制"与"多党制"之间的根本区别,有助于人们对中国特色政党制度加深理解,形成高度的认同意识;有助于共产党与民主党派更好地合作。

党的十七大报告再次强调:"支持人民政协围绕团结和民主两大主题履行职能,推进政治协商、民主监督、参政议政制度建设;把政治协商纳入决策程序,完善民主监督机制,提高参政议政实效;加强政协自身建设,发挥协调关系、汇聚力量、建言献策、服务大局的重要作用。"党的十七大牢牢把握坚持中国共产党的领导和发展社会主义民主政治两条主线,努力促进政党关系和谐,巩固中国共产党与各民主党派和无党派人士的团结合作,不断拓展中国特色社会主义民主政治的丰富内涵。

四、十八大以来人民政协协商民主的全面深入发展

十八大以来人民政协步入一个理论和实践的迅速发展期。一方面,中央不断提出诸如"人民政协协商民主是重要渠道""将政治协商纳入决策程序""深入进行专题协商、对口协商、界别协商、提案办理协商"等新提法、新思想,以深化政协协商在内容、形式与程序上的发

展。另一方面,当前中国发展处于一个新的历史起点上,中国共产党对具有全局性的中国公共权力配置问题作出了新规划,在深刻把握现代化发展阶段新特点的基础上,作出了系列新战略部署。在十八大报告首次提出的全面建成小康社会总体目标的要求下,三中全会要求全面深化改革,四中全会强调依法治国的战略部署,习近平总书记紧接着也作出了"四个全面"的整体要求。习近平总书记强调,改革只有进行时,没有完成时,我们在改革前半程的目标,即建立社会主义的基本制度已经完成,改革后半程的目标是对社会主义制度与体系进行完善与发展。正是在中国共产党"四个全面"的整体要求下,人民政协协商民主进入全面深入发展阶段。

（一）明确并阐释了协商民主的概念

2006 年中央 5 号文件提出:"人民通过选举、投票行使权利与人民内部各方面在重大决策之前进行充分协商,尽可能就共同性问题取得一致意见是社会主义民主的两种重要形式。"①然而,第一次明确使用协商民主概念的,是 2007 年国务院新闻办发布的《中国的政党制度》,它指出"选举民主和协商民主相结合,是中国社会主义民主的一大特点"②,并明确规定了协商民主的概念、内容、目标性要求与时间节点。2015 年,中共中央发布的《关于加强社会主义协商民主建设的意见》,更进一步地深化、细化了协商民主的概念与内容,明确协商的内容不仅包含关乎群众切身利益的实际问题,还包括关乎改革发展与稳定的重大问题。

（二）明确界定政协协商的地位

党中央近年来的文件不只对协商民主的概念作出阐释,而且对

---

① 《江泽民论有中国特色社会主义》,中央文献出版社 2002 年版。
② 《中国的政党制度》,《人民日报》2007 年 11 月 16 日,第 15 版。

协商民主作出了理论定位。中央 5 号文件(2006)指出协商民主是社会主义民主的重要形式之一。《中国的政党制度》(2007)指出选举民主同协商民主是相得益彰、共同发展的。党的十八大报告(2012)明确了"人民政协是社会主义协商民主的重要渠道""社会主义协商民主是人民民主的主要形式"①,确定了人民政协与协商民主、协商民主与人民民主之间的关系。习近平在庆祝政协成立 65 周年的讲话(2014)中对人民民主的真谛作出解释:"有事好商量,众人事由众人商量,找到全社会愿意和要求的最大公约数。"②这充分表明协商民主与人民民主本质上的一致性。中央 3 号文件(2015)更深入地指出了社会主义协商民主的理论体系、七种协商渠道及其发展内容和方向,再次对人民政协的社会主义协商民主重要渠道与专门协商机构的性质定位加以明确。③

(三)政治协商纳入决策程序

中央分别于 2005 年和 2006 年出台的两个 5 号文件都明确指出将政协协商纳入决策程序,作为中国决策程序中的重要环节之一。中国共产党在决策前一贯的工作方法是开展协商讨论。在新政协会议筹备期间,周恩来同志就曾指出,会前开展多方的协商与酝酿,再经由会议讨论决定,最后达成共同的协议,是新民主主义议事特点的重要体现。④ 建国初期每逢开展重大运动、决定重大事项,中国共产

---

① 胡锦涛:《坚定不移沿着中国特色社会主义道路前进为全面建成小康社会而奋斗——在中国共产党第十八次全国代表大会上的报告》,人民出版社 2012 年版。

② 习近平:《在庆祝中国人民政治协商会议成立 65 周年大会上的讲话》,《人民日报》2014 年 9 月 22 日,第 2 版。

③ 《中共中央印发〈关于加强社会主义协商民主建设的意见〉》,《人民日报》2015 年 2 月 10 日。

④ 政协全国委员会办公厅、中共中央文献研究室编:《人民政协重要文献选编》(上),中央文献出版社、中国文史出版社 2009 年版。

党都会召开政协会议,就此开展讨论与协商,以听取各界人士意见。人民政协第三届全委会(1959)与全国人民代表大会同期召开,政协委员列席人民代表大会会议,参与对国家大政方针政策、重大事务决策的协商讨论,这是中国"两会制"的开端,也是权力机关决策前进行协商的新创新。改革开放后,在联系各界人民、发扬社会主义民主方面,中国共产党愈加重视政协发挥的作用。政协全国委员会(1989)出台的《关于政治协商、民主监督的暂行规定》指出,一般应在决策之前开展政治协商,"协商既可以由中共中央、全国人大常委会、国务院、各民主党派、各人民团体以及中央党政有关部门提议,也可以由全国政协主席会议建议中央或有关部门将问题提交政协协商"①。《中国人民政治协商会议章程修正案》(1994)明确规定:"政治协商是对国家和地方的大政方针以及政治、经济、文化和社会生活中的重要问题在决策之前进行协商和就决策执行过程中的重要问题进行协商。"②《中共中央关于进一步加强中国共产党领导的多党合作和政治协商制度建设的意见》(2005)指出:"就重大问题在决策前和决策执行中进行协商,是政治协商的重要原则。"强调要"把政治协商纳入决策程序"。"中国共产党同各民主党派的协商"与"中国共产党在人民政协同各民主党派和各界代表人士的协商"是政治协商的两种基本方式。③ 2006 年 2 月,《中共中央关于加强人民政协工作的意见》从人民政协发展的角度,再次对该原则作出阐述。党的十七大报告和十

---

① 政协全国委员会办公厅、中共中央文献研究室编:《人民政协重要文献选编》(中),中央文献出版社、中国文史出版社 2009 年版。

② 政协全国委员会办公厅、中共中央文献研究室编:《人民政协重要文献选编》(中),中央文献出版社、中国文史出版社 2009 年版。

③ 政协全国委员会办公厅、中共中央文献研究室编:《人民政协重要文献选编》(下),中央文献出版社、中国文史出版社 2009 年版。

八大报告进一步强调"把政治协商纳入决策程序",这一提法有利于政协协商的制度化、程序化和规范化发展。

与我国人民代表大会选举制度的日益成熟相比,人民政协的协商工作还存在一定的缺陷和不足,比如,一些地方党委、政府存在协商的主观随意性,决策前主动协商意识不强,以通报代替协商等现象。"将政治协商纳入决策程序"有助于改变人民政协职能作用发挥不够或不能有效发挥的状况,是人民政协协商民主发展的理论创新和实践突破,是对新时期如何发展社会主义民主尤其是在人民政协平台上如何发展协商民主的认识的升华。

第三节　人民政协协商民主的价值诉求

人民政协协商民主理论坚持人民主权和人权的统一,权力和利益的统一,决策科学化和民主化的统一。也就是说,中国共产党的民主理论是人民主权和人权的有机统一。在决策过程当中,党和国家需要将决策的科学化和民主化统一起来。人民政协协商民主正是在上述"三个统一"的价值追求中不断发展和完善。

一、坚持人民主权和人权的统一

在价值诉求方面,人民政协协商民主理论坚持人民主权与人权的统一。在国家与社会二元分化状态下,人民主权和人权是人类社会发展到一定阶段的产物。随着社会的发展与国家的消亡,人民主权将彻底地回归于人民。中国共产党坚持"国家一切权力属于人民"的价值判断,坚持党"领导和支持人民掌握和行使管理国家的权力,实行民主选举、民主决策、民主管理、民主监督,保证人民依法享有广泛的权利和自由,尊重和保护人权"①,从而将人权纳入了人民民主理论框架。在长期的历史实践中,中国共产党不断发展和完善了人民主权的实现形式,将人民主权的实现形式从选举民主拓展到协商民主,让人民广泛享有选举与被选举权、参与权、知情权、表达权、监督权等民主权利。

第一,人民政协协商民主坚持人民主权的原则。其主要体现是:首先,人民政协协商民主理论使人民主权的实现渠道大为拓展。除人民代表大会之外,人民内部还可以通过人民政协参与国家的政治生活。作为社会主义协商民主的重要实践创新,人民政协成为党在革命和建设时期创制的民主成果之一,是对人民主权实现渠道的丰富和发展。其次,人民政协协商民主拓展了人民主权的实现方式。在社会主义民主框架中,选举民主和协商民主有机结合构成了人民当家作主的实现方式。政协委员能够通过专门的协商机构就国家发展中的问题建言献策、共同协商,无疑是对人民主权实现方式的延伸。再次,人民政协协商民主拓展了人民主权的实现领域。人民政协介于国家和社会之间,在社会主义协商民主的七大形式中,人民政协是唯一能够将党委、人大、政府与社会连接起来的协商机构。可见,通过政协协商,能够将人民行使权利的领域从国家机构、基层自治组织扩展到国家与社会之间。

第二,人民政协协商民主在发展中不断完善人民的权利。政协协商通过对人民主权实现渠道、方式和领域的拓展,在很大限度上为人民权利的真实实现创造了条件。通过政协协商提供的渠道,中国

---

① 《十五大以来重要文献选编》(上),人民出版社 2000 年版。

共产党实现了人民当家作主在理论和实践上的融合,从而将人民主权与人权统一起来。平等和自由是协商民主发展的理论基础与价值前提,包括规范层面的要求和描述层面的要求两个层面的含义。平等、自由的权利诉求在人民政协协商民主中首先表现为话语权的使用。话语权包含两个层面的意思,分别是语言表达的权利和话语能够产生的影响力。在第一层面上,话语权是平等的和不加区别的。中国有宪法和相关法律的保障,在人民政协协商民主的实践中,正在逐渐探讨发言形式和程序。从第二个层面讲,中国共产党作为执政党,具有话语权。

党的领导人曾多次论及此问题,强调中国共产党"求同存异、理性包容"的协商民主原则,要具备虚心听取建议批评的心态,端正谦虚谨慎的态度,采取民主的工作作风。可以说,协商民主的发展对党的治理能力提出了更高的要求。与此相应的是,同时,党的治理能力的提升也会进一步推进协商民主的发展。

二、坚持权力和利益的统一

权力和利益相统一构成了人民政协协商民主的价值诉求。目前,中国特色社会主义进入新的发展阶段,各种规章和制度需要进一步的完善和健全。这个过程是渐进的、历史的,而非一蹴而就的。作为最广大人民的根本利益代表,中国共产党就需要协调部门、行业、地区之间的利益关系,协调人民内部各方面的眼前利益与长远利益的关系。正因如此,中国民主的发展要将权力和利益统一起来,即不仅需要考虑人民的权利,还需要考虑人民的利益。作为社会主义协商民主的专门协商机构,人民政协必然要将权力和利益统一起来,以完成反映社会民意和实现人民民主权利的任务。这与人民民主理论将权力与利益的统一作为价值诉求一样，两者具有一致性。[①]

三、实现决策的科学化与民主化的统一

中国共产党代表着最广大人民的根本利益，党的决策最终将通过路线、方针、政策予以体现。"决策是政治过程的关键性阶段，是把有效的政治要求转换成权威性决策的阶段。"决策始终在国家政治生活中起着关键性作用，成功的决策不仅有助于党和国家事业的发展，而且能够促进政治合法性的提升和再生产；失败的决策轻则造成国计民生的损失，影响社会秩序的和谐安定，重则导致党和国家事业受挫。所以，党和国家首先且必须从制度设计层面保障决策的科学化和民主化，从而有效维护和实现最广大人民的根本利益。

促进决策科学化必然是人民政协协商民主发展过程中的价值诉求之一。在人民政协协商民主的实践框架中，决策的科学化和民主化能够有机统一，并在实践过程中不断趋于完善。中国共产党几代领导人对此取得了一致、明确的共识，即人民政协在完成协商建国的使命之后，就成为反映人民利益诉求，给党和国家建言献策，促进决策科学化的专门机构。尤其是"将政治协商纳入决策程序"的表述，更是从中国政策的高度，诠释并定位了人民政协在实现决策科学化中的重要功能。

实现决策的科学化并不容易，需要至少思考如下两个方面的问题：一是科学的决策应该着眼于保障哪些人的利益。二是如何协调各种利益关系，如集体利益和个人利益；长远利益和当前利益；部门利益、地区利益以及行业利益之间的关系，等等。

---

① 具体论述参考第一章的人民民主理论一节，此处不再赘述。

首先,要做到科学决策,必须占有一定数量的符合实际情况的信息材料。协商本身是一种逐渐变得明智的程序。在决策过程当中,决策者既可能面临信息缺乏的问题,也可能遇到信息超载的情况。政协委员在反映社情民意的过程中了解情况、提出问题,并将丰富的一线情况反馈给决策部门,能够有效解决决策过程中信息匮乏的问题。与此相应的是,人民政协汇聚力量、搭建平台,让更多的政策相关者参与到政策制定过程当中,并通过协商研讨对海量信息"去粗取精,去伪存真,由此及彼、由表及里",最终有利于做出科学的决策。

其次,要有科学决策,还要善于利用辩证的思维方法对感性材料进行再加工。在制定公共政策时,决策部门负责人首先要深入一线调研,采集并整理大量的一手信息;其次要通过运用辩证思维方法对所采集的感性资料进行加工、改造、转化,进而将感性认识上升为理性认识;最后,决策者还要对客观事物做出理性认识和判断,最终形成科学决策。协商民主非常重视决策过程中的信息交流,即一方面每位参与者在协商过程中都能够公开交流、自由表达;另一方面,通过协商,参与者彼此可以理性地、包容地倾听并思考不同的观点,运用他们在不同领域积累的知识和能力,对信息去伪存真,达到理性的认识,最终实现决策的科学化。

再次,协商民主提供了一种寻求"最大公约数"的方法,有效整合不同偏好的方式。改革开放以来,随着市场经济得以快速发展,新的社会阶层不断涌现,各种各样的利益诉求日趋多元。不同的利益诉求代表着不同利益群体的偏好,且由于偏好强烈程度的差异,想要实现"帕累托改进"也更加困难,甚至很少能有一项政策让社会全体民众产生同等强度的获得感。在这种情况下,如果仍简单地以票数多少来进行决策,则极有可能掩盖偏好的强度,造成恶劣的后果①。而协商民主的推广,可让更多的政策相关者参与到决策过程当中,人们可以充分表达偏好、综合利益诉求、寻求"最大公约数",最终达成符合共同愿景的公共政策。

---

① 例如,在征地拆迁中,也许有 10 户同意某补偿方案,仅有 2 户反对。在投票表决式的决策中,这个补偿方案将得以通过。但是如果这 2 户的意愿十分强烈,则他们可能采取某种极端手段进行抗议。

第二章　舆情表达与人民政协协商民主运行的关系

　　党的十九大报告充分肯定人民政协在健全社会主义协商民主制度中的重要作用,再次强调人民政协是社会主义协商民主的重要渠道和专门协商机构。人民政协作为我国唯一由界别组成的政治组织,是具有中国特色的制度安排,是了解民情、反映民意、集中民智的重要民主渠道,在反映和解决群众诉求中具有独特的优势。党的十八大报告首次提出健全社会主义协商民主制度的战略任务,对我国协商民主理论与实践的发展起到重大推动作用,人民政协在中国协商民主体系构建发展进程中的重要作用日益凸显,其了解民情、反映民意、集中民智的功能也日益凸显。因此,从舆情表达视角对人民政协的协商民主功能进行深入分析,探讨两者的紧密内在联系,对于推进中国特色协商民主建设具有重要的理论价值和实践意义。

第一节　舆情表达是人民政协履行职能的本质形态

从本质意义上说,民意的表达、整合及实现是民主政治运作的核心要求。人民政协作为爱国统一战线组织、中国共产党领导的多党合作和政治协商的重要机构,自成立之日起,就因其独特的性质和组织结构,统一方方面面代表人士通过政治协商、民主监督、参政议政的制度平台,较好地发挥了沟通、表达和协调社会各阶层、各群体利益诉求的作用,成为我国政治生活中发扬和实现社会主义民主的重要形式。由于人民政协的三大性质,也由于人民政协越来越成为社会各方面利益组织化表达的重要渠道,各级党委政府日益重视倾听来自人民政协的声音,日益重视发挥人民政协作为特殊的民意渠道作用。要强化政协信息舆情汇集和民意表达功能,更好发挥履职"直通车"作用。在新形势下,充分发挥政协舆情表达作用,是发挥政协协商民主作用的重要途径。

一、人民政协是我国制度性舆情表达机制的重要载体

在我国的政治制度设计中,人民政协既有历史渊源,也有特殊的政治考量。与以地域为单位组成的人民代表大会不同,人民政协以界别为单位组成,政协委员来自各党派、团体和各族各界人士,来自民间的方方面面,能够及时感知和传达社会各界的利益诉求,但又具有较高的政治地位和履职权利,可以通过政治协商、民主监督、参政

议政等职能,反映社情民意、集中民智民力,协调社会利益关系,化解社会利益矛盾,成为党和政府密切联系各界别、各阶层群众的重要桥梁。而舆情表达贯穿于政协各项职能之中,使得政协越来越成为一个通畅、快捷的重要舆情表达渠道。

（一）舆情表达是政治协商的重要特征

政治协商是人民政协的重要职能,把政治协商纳入决策程序,在决策之前和决策执行过程中,就国家和地方的重要问题进行协商,是政治协商的重要原则。人民政协的政治协商是中国共产党领导的多党合作的重要内容,是各级党委政府实现决策科学化、民主化的重要保证。当前,舆情表达已成为政治协商的一个重要特征。从政治协商的形式看,不仅有全体会议、常委会、主席会议、专门委员会会议,还有专题协商会议、专题座谈会议以及根据需要召开的其他各类协商会议,可以有效保证各层级、各类别的重要问题都能进入政治协商的范围。从政协委员的构成设计看,政协由界别组成,一个界别就是一条舆情表达渠道,政协各界别利用各种协商会、谈心会、座谈会反映社会问题,表达社会利益诉求,使得政治协商成为各党派、界别、民族、群体的一条体制内表达渠道。从政治协商的程序看,无论是根据各级党委的统一部署还是按照政协章程和有关规定安排的政治协商活动,对于政协报送的意见和建议,相关党委政府及有关部门都要进行认真研究,并及时反馈处理情况,这就从制度上保证了政治协商的地位和作用。从人民政协政治协商的内容、形式和程序可以看出,舆情表达已成为政治协商的当然要素,政治协商的舆情表达功能日益凸显。

（二）舆情表达是民主监督的内在要求

根据政协章程,人民政协具有民主监督的职能,可以通过提出意见、批评、建议的方式,对国家法律法规的实施、重大方针政策的贯彻落实以及各级党政机关的履职情况进行监督。民主监督的主要形式包括:通过政协全体会议、常委会议、主席会议向党委和政府提出建议案,各专门委员会提出专题建议、报告,政协委员通过视察、提案、举报、情况报告或其他形式提出批评和建议等。人民政协的民主监督是一种体制内的监督,是我国社会主义监督体系的重要组成部分,因而这种监督具有较高的权威性。政协的民主监督本质上体现的是人民群众意志的监督,能够从不同层面、不同视角把各方面群众的利益要求和意见建议充分反映出来,有利于各级党委政府及时听到来自不同方面的意见。人民政协民主监督职能的一个显著特征是,寓民主监督于政协的各项经常性工作之中,使委员视察、委员提案、委员专题调研、委员反映社情民意等,都被赋予民主监督的意义和作用。可以说,人民政协履行民主监督职能的过程也是一个舆情表达的过程。

(三)舆情表达是参政议政的有效方式

参政议政是政协履行职能的重要形式,也是社会舆情表达的一个重要渠道。政协各党派团体、各界别针对党政部门重视的现实问题、人民群众普遍关心的问题,组织调查研究,通过提案、建议案、调研报告等形式,向党委政府提出意见和建议,是政协参政议政的主要内容。参政议政是各级党委政府听取意见、改进工作的有效途径,也是政协实现舆情表达的有效途径,是公共决策科学化、民主化的重要保障。在参政议政过程中,提案工作是政协舆情表达的有效方式,近年来,政协提案工作得到各级党委政府的高度重视与支持,社会各方积极参与,关注度越来越高,较好地发挥了反映群众诉求、汇集社情民意的作用。反映社情民意也是政协履行参政议政职能的重要工作之一,更是政协舆情表达的重要方式。人民政协人才聚集、联系广泛、包容各界,通过参加会议、听取情况介绍、座谈走访等多种形式,获取大量的真实的基层信息,并将这些信息加以提炼整理,及时准确地反映到党委和政府有关部门。此外,各级政协还可以选择经济社会发展中具有综合性、全局性、前瞻性的课题,以及人民群众广泛关注的重点难点问题,进行深入调查研究和咨询论证,提出前瞻性与现实性相结合、建设性与可操作性相结合的意见和建议。可以说,政协能够反映社会不同界别、不同阶层、不同群体的愿望和要求,反映的社情民意具有客观全面、真实准确的特点。人民政协通过调研报告、提案、建议案等形式,积极参政议政,反映群众利益诉求,汇集群众建议,是舆情表达的重要渠道。

二、人民政协舆情表达功能的独特优势

人民政协自成立以来就在民意的表达、整合及实现方面发挥着独特的作用。人民政协以界别为单位组成,具有严密完整的组织形态,依据章程发挥政治协商、民主监督、参政议政的职能,具有聚合、沟通、表达和协调社会各阶级的利益诉求的独特优势,已成为利益组织化表达的重要渠道。在当前民众利益诉求日益多元化的情况下,人民政协作为我国政治制度的一部分,应该发挥其在舆情表达方面的政治和社会功能。政协的性质、政协的职能、政协的界别设置和政协委员的特点等要素,决定了政协在舆情表达方面与其他舆情表达渠道相比具有独特的地位。

(一)政协的性质决定了政协舆情表达具有独特地位

改革开放以来,人民政协充分发挥民主党派、界别、委员、专委会的作用,组织委员运用提案、视察、专题调研、反映社情民意等多种形

式,积极向党委、政府反映群众利益诉求和改善民生问题,在上情下达、协调各方、化解矛盾等工作中发挥了独特的作用。人民政协既是中国人民爱国统一战线的组织,也是中国共产党领导的多党合作和政治协商的重要机构,是体现社会主义民主的重要形式。政协的这三大性质决定了它必须把舆情表达作为基本职责。作为爱国统一战线组织,政协具有广泛代表性、强大包容性、有效整合性的优势,可以团结包括各党派、各民族、各阶层、各群体在内的最广大人民群众,充分反映社会各界的意见建议,充分表达社会各方面利益诉求,是党和政府密切联系人民群众的重要桥梁和纽带。作为多党合作和政治协商的重要机构,政协具有舆情表达的重要职能,能够通过协商议政、民主监督、参政议政,提出提案和建议案,反映社情民意等渠道,来反映社会各方面的呼声,表达社会各方面的诉求。作为发扬民主的重要形式,政协是社会主义协商民主的专门机构,具有实现协商民主的有利条件,能够组织推动社会各利益主体就所关心的利益问题进行协商与对话,通过协商民主的形式扩大人民群众的有序政治参与,从而协调不同利益主体的利益冲突,实现社会利益结构的动态平衡。因此,在利益诉求多元化、利益矛盾复杂化的当今社会,人民政协在舆情表达方面的地位是不可替代的。

(二)政协的职能决定了政协舆情表达具有独特作用

政治协商、民主监督、参政议政是人民政协的三项主要职能,也是不可分割的统一体,它们既各有侧重,又辩证统一;既有联系,又有区别。总体上说,这三项职能从内容上说都关注国计民生和经济社会发展的重要问题;从目的上说,都是为了发扬社会主义民主,促进公共决策的科学化、民主化;从形式上说,都是以一定的方式和程序向党政机关提出意见和建议。无论是政治协商、民主监督,还是参政议政,都是需要经过深入联系群众、深入调查研究,广泛听取群众的意见建议,进而将群众的意见和建议汇集起来,向党委、政府反映,向有关部门呼吁,努力促进落实,这些工作都与舆情表达关系密切。舆情表达不仅是政协履行职能的基本内容,也是政协履行职能的客观要求。舆情表达贯穿于政协履行职能的全过程,发挥着其他渠道所不具备的作用。这是因为,政协的地位相对独立和超脱,它既不是政策的制定者,也不是政策的执行者,便于与社会利益主体沟通,客观真实地反映社会利益的诉求。而且,政协通过与具有不同利益需求的利益主体的直接沟通协商,在充分汇集整合各方意见的基础上,向有关部门提出意见和建议,这种实事求是的、负责任的参政议政形式能够更广泛地反映社会利益诉求,有利于党委政府及时了解民情、纾解民怨、顺应民意。此外,政协具有畅通的制度化民意表达渠道,既可减少基层民意向上传递过程中出现的堵塞现象,又可防止敏感民意信息通过媒体公开造成决策被动的情况,确保舆情信息能够及时准确地进入决策层,成为决策的参考依据。

(三)政协界别和委员特点决定了政协舆情表达具有独特优势

界别是政协开展活动的基本单位,政协的界别组成具有广泛性、代表性的特点,包含社会各党派团体、各阶层、行业和领域,基本涵盖了代表不同利益主体的社会结构,发挥着社会各阶层、各群体表达利益要求、协调利益矛盾的重要功能,为社会各界的利益表达提供了制度保障,成为社会各利益群体表达诉求的重要制度平台。目前,政协委员主要由具有一定代表性的社会人士、各行业、各领域的专家学者等构成,与人民群众联系广泛,关系紧密,具有社会代表性强、影响力大的优势。政协委员往往具有较强的社会影响力,由他们代表群众表达意见,更容易被决策者接受,由他们到代表的群众中去组织开展工作,效果会更好。在履职实践过程中,政协充分发挥界别的优势,运用界别讨论、界别发言、界别提案等形式反映不同群体的利益要求,及时向党委、政府表达各界别群众的利益诉求;政协委员不断拓宽联系面、扩大工作面,主动适应经济社会发展的变化,在履职、建言中做到知民情、达民意,自觉维护群众利益;各级政协组织还通过多种方式发挥政协委员的特殊作用,做好社会利益综合和利益表达工作,积极反映群众的热点难点问题,帮助群众解决实际困难,促进社会矛盾纠纷化解,促进社会和谐稳定。

三、人民政协是舆情表达的有效平台

人民政协自诞生以来,一直是我国民意有序表达的一条制度化渠道,是各民主党派和社会团体协商议政、参政建言、表达意愿的重要平台。人民政协的性质地位和作用决定了其民意表达功能的特殊性,人民政协不仅是一个政治参与的平台,更是一个舆情表达的平台。人民政协充分运用人才集聚、联系广泛、包容各界的优势条件,深入了解和汇集整合社会不同阶层、不同群体的愿望和诉求,全面、准确、快捷地向各级党委政府及有关部门提供决策所需要的社情民意信息,促进党政决策民主化、科学化。

(一)人民政协舆情表达具有广泛的代表性

人民政协是我国唯一一个由众多界别组成的全国性政治组织,也是唯一一个可以综合反映众多界别诉求的渠道平台,人民政协最显著的组织特征是界别设置。目前政协共有 34 个界别,包括共产党和八个民主党派、主要社会团体等。这些界别的设置将政治、经济、科学、文化等各方面的力量聚集起来,委员们各自代表他们所联系的界别群众,通过与所联系界别群众的经常性联系,汇集群众的利益诉求,反映他们关注的热点、重点问题,使政协民意表达具有广泛的代表性,在党政部门社会舆情汇集分析中发挥着不可替代的作用。从一定意义上说,了解了政协各界别的意见和诉求,就基本上了解了社会多数人的意见和诉求;掌握了政协各界别的诉求情况,就基本上掌握了整个社会的诉求情况。人民政协为代表着不同意见与意愿和不同利益要求的社会群体提供了一个广泛参与公共决策的制度空间,有利于不同意见的合理碰撞,符合协商民主对于多元平等主体的要求。

(二)人民政协舆情表达具有巨大的包容性

人民政协的舆情表达,是一个表达诉求、反映民意的过程,也是一个交换意见、增进共识的过程,这个过程存在的前提就是民意的差异化、多样化。由于不同的利益主体、不同的利益诉求、不同的认识水平、不同的价值观念,民意反映必然是多种多样的。民意的充分表达是民主政治的内在要求,只有存在不同意见,才有协商的必要。决策机关通过政协舆情表达,主要是想了解社会各界群众有什么不同意见。人民政协作为专门的协商机构,反映主流民意是自身职责,同时充分体现了界别特色。人民政协利用人才荟萃、联系广泛、位置超脱的优势,能够真正地深入基层,深入群众,真诚倾听群众的愿望和要求,在反映民意时可以有效摆脱部门和地方利益的局限性,能够做到"言群众之欲言,言群众所不能言",客观公正地向党委、政府的有关部门反映问题、提出意见建议,具有反映民意的巨大包容性。所以,充分体现界别特色,让多样性的民意充分反映出来,吸取合理成分,不断增强主流民意的包容性,提高反映民意的科学性,才是人民政协舆情表达的特色。

（三）人民政协舆情表达具有科学的引领性

人民政协是我国政治体系中承担民意表达与整合功能的重要制度设计,通过人民政协这个平台能够加强政府与群众的联系,让民众意见更准确、更快捷地进入政府的公共决策视野,使公共决策更好地与老百姓的实际需求对接,使政府工作真正体现群众意愿。作为协商民主专门机构的人民政协,其民意功能的独特作用不是根据"众意"进行决策,而是把协商贯穿于舆情表达的整个过程,注重协商、协调、协作、协同,妥善处理各种利益关系,着力于为民众参与集思广益、搭建平台、畅通渠道,对那些分散的民意进行有效汇集和综合研判,为党委政府科学决策积极协商建言。人民政协智力密集、人才荟萃,委员都是各行各业的精英,还有各领域的专家学者,他们背景不同、专业各异,在建言献策和讨论人民群众普遍关心的热点难点问题时,可以从各自所代表的群体和熟悉的领域提出相关有深度的建议意见,并经过研究讨论归纳整理,从而形成一个更加符合实际、更加切实可行的建议,为党委政府提供专业性、高层次、多角度的决策参考,促进决策更加科学化、民主化。

（四）人民政协舆情表达具有快捷安全的直达性

随着民主政治的发展和公民意识的觉醒,人民群众的政治参与意识逐步增强,表达诉求的愿望越来越强。能不能快速对人民群众的诉求愿望做出反应,是衡量舆情表达渠道畅通的重要指标。人民群众越是关注的、需求越紧迫的,对舆情表达顺畅的要求越高。如果反应不及时、工作迟缓、拖沓应付,人民群众就会寻求别的途径进行表达。人民政协作为国家政治体制的重要组成部分,上达国家高层,下通各界,民意表达的渠道比较畅通。政协委员可通过提案、专题调研报告、社情民意信息等形式,将收集了解到的民情民愿通过政协组织渠道及时传递到决策者的案头,特别是重要的社情民意信息,可通过政协专门渠道安全快捷呈送各级党政主要领导。可以说,政协舆情表达渠道既安全又快捷,可以减少基层民意向上传递的各种中间环节和阻碍因素,确保社情民意及时准确地进入决策层视野,成为决策的参考依据。目前,反映社情民意已经成为人民政协的一项基础性、经常性工作,各级政协组织普遍设立了专门收集反映社情民意信息的机构和信息直报点,社会各方面的愿望诉求能够反映上去,民意民智能够汇聚起来,直达党政领导。政协通过把反映社情民意信息贯穿于政协经常性工作中,反映人民群众的意愿和诉求,创新民意表达形式,进一步拓展民意表达渠道,建立健全舆情表达机制。

第二节　舆情表达是人民政协协商民主功能设计的内在要素

随着我国社会转型和改革开放向深度推进,社会阶层结构发生变迁,社会分化加速,社会主体和利益结构日益多元,社会利益分歧也逐渐扩大,矛盾冲突错综复杂,这些构成了发展中国协商民主的原动力。民主政治本质上就是民意政治,现代民主政治的发展过程,就是鼓励和支持人民群众有序表达民意的过程,是公民政治参与的广度深度不断扩大的过程。人民政协自诞生以来,一直是我国民意有序表达的一条制度化平台。协商民主鼓励决策的相关方积极参与公共协商,平等自由地表达自己的偏好,寻求公共理性,达成最广泛的共识。人民政协作为协商民主的重要渠道和专门机构,具有舆情表达和民意整合的内在要求和重要职责。

一、舆情表达是人民政协协商民主制度设计的内在属性

人民政协作为以众多界别组成为特征的组织,具有很强的包容性和灵活性,既可以协调执政党与各种社会力量之间的政治关系,也可以协调国家政府与其他社会力量之间的利益关系。人民政协的性质和职能与协商民主的精神具有天然的相关性,各种社会意愿可以在其中平等表达,各种利益诉求可以在其中充分商讨。在中国协商民主实践中,人民政协制度有着巨大的制度潜力和明显的优越性,是推进协商民主建设的可靠保障,人民政协是了解民情、反映民意、集中民智的重要民主渠道。

(一)舆情表达是人民政协协商民主的有效载体

党的十九大报告就充分发挥人民政协的协商民主作用专门做了论述,再次强调人民政协是协商民主的重要渠道和专门协商机构。人民政协发挥协商民主重要渠道和专门机构作用的过程,就是通过广泛听取各党派、各民族、各阶层、各团体和社会各界人士的意见和建议,充分表达社会各方面的诉求,密切与群众的联系,使党委、政府的决策能够兼顾各方的利益关系,促进公共决策民主化、科学化的过程。人民政协是反映社情民意、集中民智民力的重要平台,是党和政府密切联系各界别、各阶层群众的重要桥梁,而充分反映民意,密切党群关系是巩固党执政基础的核心,也是人民政协开展协商民主建设的群众基础。可以看出,做好舆情表达,既是人民政协履行职能的内在要求,也是其实现协商民主的有效途径。在我国的民主政治实践中,人民政协发挥协商民主和舆情表达作用具有独特优势,也是党

的群众路线在政治领域的一个重要体现。

人民政协作为民主协商的重要平台,通过有效发挥政治协商、民主监督、参政议政的职能作用,灵活运用全体会议、常委会议、主席会议、协商座谈会等形式进行专题协商,务实开展对口协商、界别协商、提案办理协商,强化民主监督,积极探索网络议政、远程协商,通过丰富多样的活动载体和扎实有序的活动开展,着力构建多层次、高效率、常态化的协商议政格局。在协商活动中,政协注重同各方面人士沟通交流,扩大协商议题的征求范围和协商活动的参加范围,广泛邀请专家学者和界别群众的代表参与,鼓励大家通过政协渠道建言献策,就经济社会发展重大问题以及涉及群众切身利益、人民群众普遍关注的实际问题广泛协商,集中各方面智慧,反映各方面利益诉求,有利于增进共识、优化决策,为全面深化改革寻求"最大公约数",提升决策的民主化、科学化程度。

人民政协作为舆情表达的重要平台,具有联系广泛、渠道畅通、机制规范等明显优势。在履职过程中,政协组织秉承合作、商议、和谐的理念,密切与各界群众的沟通联系,主动了解群众所需所想所盼,加强与党政有关职能部门、各党派团体的对接协调,增强协商的针对性和广泛性。注重扩大委员参与面,统筹安排党派和界别的委员参加,精心设计组织政协履职活动,更多倾听基层委员的心声,充分尊重和保障每一位委员的话语权。注重开门协商、开放协商,根据不同议题吸收专家学者参与政协调研协商,邀请相关群众代表列席政协协商会议,通过情况介绍、发言、讨论、提问、解答等多种形式,加强协商互动和讨论沟通,促进不同思想观点交流交融,努力使协商民主过程真正成为广纳群言、广聚民意的过程,成为统一思想、凝聚共识的过程,成为舆情表达的过程。

（二）舆情表达是人民政协协商民主的目标动力

随着社会的快速转型，社会利益关系纷繁交织，利益矛盾与利益冲突趋于增多，国家与社会治理体系承受着多元化的利益诉求和人民政治参与的压力。如何疏解这些压力，对人民政协协商民主功能的发挥提出了严峻的挑战和更高的要求。人民政协具有广泛团结各种社会力量、广泛代表社会各方面利益的制度优势，加强人民政协民意汇集、制度表达和利益协调方面的职能作用，充分发挥人民政协的舆情表达功能，是时代发展赋予人民政协的重要使命。党的十九大报告指出："有事好商量，众人的事情由众人商量，是人民民主的真谛。"也就是说，在推进人民政协协商民主的过程中，必须充分表达民意，必须充分疏导民意，必须做好舆情表达工作。大力发展人民政协协商民主，能有效保证人民当家作主，具有显著优越性和强大生命力。积极推进人民政协协商民主建设，可以广泛畅通各种利益诉求进入决策程序的渠道，广泛形成发现和改正失误、错误的机制，广泛形成人民群众参与各层次管理和治理的机制，广泛凝聚全社会推动改革发展的智慧和力量，广泛达成决策和工作的最大共识。人民政协协商民主过程要把平等、商量、合作、民主精神体现在协商民主各环节，倡导体谅包容、关切宽容、和谐兼容的协商文化，扩大协商范围，保障协商各方的平等话语权，构建协商主体的平等关系，加强协商互动和讨论沟通，促进不同思想观点交流交融，努力实现公民意见的集合和表达，切实代表和维护整个社会的各种利益与价值，努力实现商以求同、协以成事的目的。

（三）舆情表达是人民政协协商民主的重要内容

人民政协在舆情表达上的优越性决定了它应当成为新时期我国汇聚和引领民意的重要力量。人民政协基于其性质和履行职能要求,在汇聚和引领民意方面发挥更大的作用,不仅是我国宪法的规定,而且是进一步发挥政协团结民主功能应当具备的基本职责。重视人民政协协商民主的舆情表达功能,可以有效克服弱势群体在国家治理与社会治理中无法表达、难以参与的弊端,可以有效克服各项政策和工作共识不高、无以落实的弊端。人民政协把坚持团结和民主两大主题贯穿于协商民主的整个过程,无论是协商还是合作都是基于公共利益的价值取向展开的,协商是手段,合作是目的,最终实现共赢,努力使协商民主过程真正成为表达意见、反映民意、凝聚共识的过程,成为舆情表达的过程。对公共性的追求既是人民政协舆情表达的目标导向,也使政协协商契合了社会不同阶层、不同群体利益表达的目标追求,推动不同利益主体通过协商民主方式实现利益诉求。可见,人民政协能够以规范化的协商机制来反映价值偏好,以制度化的运作程序来保障制度体系的正常运作,为实现舆情表达提供了现实路径。在政协协商民主实践中,政协努力营造平等互动、同心聚焦的民主协商氛围,鼓励大家讲管用的话、真实的话、有新意的话,保障协商各方的平等权利;在征集选择协商议题、开展调查研究等活动中,加强沟通互动,广泛听取意见,正确处理人民政协一致性和多样性的关系;在推动协商成果落实方面,政协努力把协商成果转化为提案、建议案或社情民意信息,通过程序化的渠道报送相关部门,并且持续跟踪,确保落地见效。

二、舆情表达嵌入人民政协协商民主的运作机制

人民政协自成立之日起,就与协商民主有着非常紧密的联系。在履行政治协商、民主监督、参政议政三项主要职能的过程中,人民政协综合运用协商、监督、参与、合作等方式,积极开展提案、视察、专

题调研、反映社情民意信息等经常性工作,较好地实现了协商民主的价值目标。人民政协在履行三大职能、推进协商民主的过程中,其舆情表达功能主要通过利益表达、沟通协调、意见整合、政策参与、决策咨询、民主监督、社会疏导等机制来运作,这些机制的有效运行,是人民政协协商民主取得实效的有力支撑。

1. 吸纳传导机制

在当前社会高度分化、利益关系错综复杂的环境下,人民政协充分发挥发扬民主、参与国是、团结合作的平台作用,紧密关注社会各阶层群体的利益结构变化态势,尽可能全面吸纳各种社会力量参与,尤其是注重吸纳新兴群体以及边缘、弱势群体,增强政协协商的人民性、代表性。同时,做好社情民意下情上达、上情下传的双向传导工作,筑牢国家政府系统与各种社会力量之间的信息交流沟通的桥梁与纽带,强化党群政群之间的有机联系。在实际工作中,人民政协注重把舆情表达嵌入协商民主的各个运作环节,抓住关键点,找准切入口,加强互动交流,通过发言、讨论、提问、解答、情况介绍等多种形式,构建协商各方互动交流的浓厚协商氛围。及时梳理意见,汇集成果,协商解决问题的有效对策,通过大会发言、提案、社情民意信息等多种途径推动协商成果转化,切实提高协商成效。

2. 咨询问政机制

咨询问政就是通过人民政协履行议政建言职能,围绕经济社会生活中的重大问题以及涉及人民群众切身利益、人民群众普遍关心的问题,以调研报告、提案、建议案或其他形式向党委政府及有关部门提出意见和建议,为民鼓与呼,推动公共决策民主化、科学化。人民政协作为议政建言的重要机构,汇集了社会各界别和各方面社会力量的代表人物,能够广泛代表不同社会群体的利益,充分反映各界群众的意见、愿望和要求,同时也涵盖了众多专业领域中的精英人物、高端人才,能够深入研究一些重大的深层次的问题,提出有分量、有价值的意见建议。人民群众蕴含的力量是无穷的,很多推进改革的举措、破解难题的对策都来自基层、来自群众。随着政协工作重心的逐步下移,各级政协组织与基层群众的联系更加紧密,从人民群众中汲取的智慧和营养也更加丰富,建言献策的方向、重点和措施也更加符合实际,更加反映群众期盼。因此,建立各级党委政府重大决策、重大举措的咨询问政制度,是人民政协实现参政议政和舆情表达功能的重要机制,有利于推进政府决策的社会共识形成,有利于保障公共决策的顺利有效实施。

3.利益表达机制

社情民意反映和利益诉求表达是人民政协各项工作、各种活动的出发点和落脚点。将不同阶层、不同群体的利益诉求表达出来,及时准确地反映社情民意,是政协组织各项工作的最终目的。随着社会多元化的发展,社会各界越来越重视人民政协的利益表达功能,人民政协也越来越成为民众利益表达的重要平台。人民政协针对社会结构的构成、不同利益群体的需求以及重要的界别组建的各专门委员会机构,以专向定点联系的方式,建立起了稳定规范的社情民意汇集和利益表达机制,以多种方式反映来自不同社会群体代表的声音,并及时向国家权力体系输送,社会各种利益诉求通过政协这种制度性的表达渠道得以汇集并上传,促进了广大群众正当合理利益的决策层制度化传达,以及各利益主体对这些利益的分享,也有效避免了因民意表达渠道不畅而产生的社会力量的非制度表达和参与。

4.监督质询机制

监督质询是人民政协履行民主监督职能的工作内容,建立健全监督质询机制是保障人民政协履职效果的必要条件。对公共权力的监督和约束，"把权力关进笼子里"，防止公权的滥用和对民权的侵害，是加强民主政治建设、保证人民当家作主的基本要求。人民政协的民主监督具有广泛的代表性，是我国社会主义监督体系的重要组成部分，也是实现人民监督权的重要途径。人民政协监督质询所针对的问题大多是人民群众最关心、最直接、最普遍的利益问题，具有深厚的民意基础，通过深入调研、民主评议、提出建议等多种形式，督促相关部门重视并加以解决。发挥好人民政协的监督质询作用，有利于促进党政有关部门和国家机关工作人员改进工作，密切与群众的联系，维护人民的根本利益。健全完善监督质询机制，切实解决群众普遍关心的民生问题，是政协履职与反映民意的最佳结合点，也是扩大政协影响、体现政协协商民主价值的重要途径。

5.协调整合机制

民主协商是人民政协履行职能、推进协商民主的重要内容，这种民主协商不仅是政策性、事务性协商，更是利益的协调与整合。人民政协作为推进协商民主的专门机构，其民主协商不仅是舆情表达的重要方式，也是推进协商民主、协调各种社会利益的关键环节。建立健全人民政协的协调整合机制，也是实现人民政协协商民主功能的有效保障。人民政协的民主协商，既协调国家政治权力层面与体制外社会力量之间的各种政治关系，也要协调体制内外各利益主体以及各种社会力量之间的利益关系。尤其是面对利益冲突增大、利益关系失衡的情况时，人民政协的协调整合作用更为重要。人民政协通过构建协商协调平台，发挥协调整合功能，推动利益冲突各方的沟通协商，共同探讨解决的途径，增进互信和共识，有效避免了利益群体与国家权力体系的直接对峙，较好地缓解了社会利益诉求对国家权力体系的压力,促进了社会的和谐稳定。

总之,随着我国协商民主建设的逐步推进,社会对人民政协舆情表达功能所提出的要求也愈来愈高,人民政协需要大力加强舆情表达机制建设,逐步将人民政协舆情表达工作纳入法制化轨道,加强人民政协舆情表达功能实现路径的制度化、程序化、科学化建构,积极推进中国特色社会主义协商民主制度化发展。

三、舆情表达对人民政协协商民主的作用方式

人民政协在履行政治协商、民主监督、参政议政以及社情民意反映职能过程中,综合采用协商、监督、沟通、交流、合作、整合等协商民主形式,提出建议案、提案、调研报告等来实现履职目标,这些活动实际上都具有舆情表达的性质。可以说,人民政协就是通过各项具体的舆情表达方式来履行职能,开展协商民主工作的。

(一)有助于创新协商形式,探索科学运作模式

目前,各级政协组织积极推进协商民主方式创新,协商内容越来越丰富,协商形式和运作方式越来越多样化,多层次协商机制更加完善。在不断增强全体会议协商的广泛性、常委会议协商的针对性、主席会议协商的深入性的基础上,各级政协更加重视专题协商、对口协商、界别协商、提案办理协商、上下联动协商等活动的协商效果。聚焦党委政府重大决策部署和涉及群众切身利益、广大人民群众普遍关注的热点难点问题,有针对性地开展协商,突出发挥"双月协商""资政会"等的作用,加强深度调研,着力提高协商的实效性。通过积极开展专项视察、选派委员担任执法执纪监督员、推荐委员参加各种咨询会和听证会等形式,通过积极组织委员开展提案督办、重大建设项目和重点民生工程督查等形式,加强对相关部门工作的监督。积

极开展网络协商,逐步推进"互联网+提案+委员"等创新工作模式,加快构建和不断完善提案网络管理系统。认真落实《提案办理协商办法》,深入开展重点提案办理、分类别专题协商,探索提案链式办理协商等形式。

(二)有助于完善协商平台,确保有序高效运行

人民政协重视并积极发挥作为协商民主重要渠道作用,努力探索搭建党政机关与各党派、团体沟通交流的协商议政平台,探索建立党政领导出题,各民主党派领题、带队深入考察调研、提出深度调研报告的机制,不断拓展各民主党派和社会各界人士知情明政、参政议政渠道。人民政协重视并积极发挥作为专门协商机构的作用,充分发挥界别优势,积极探索"专委会+界别"协商机制,将界别活动纳入经常性工作之中,深化以界别为单位、以专题为内容、以对口为纽带、以视察调研为主要形式的"界别活动月"活动,进一步拓展协商平台、丰富委员活动、扩大界别影响。积极运用政协包容各界、联系广泛、位置超脱的有利条件,发动广大委员深入基层、深入群众、深入实际,了解各方面群众的愿望和诉求,客观准确、及时快捷地向党委、政府及有关部门提出意见建议,促进党政机关决策的科学化和民主化,充分发挥参政议政的功能和作用。

(三)有助于增强协商实效,促进成果转化运用

各级政协组织不断完善协商成果采纳、落实和反馈机制,探索将协商成果办理纳入目标管理考核,更加重视加强与党政部门的沟通联系,促进协商成果落地见效。不断完善协商式监督机制,紧紧围绕党委政府的中心工作和重大协商成果落实情况,开展民主监督,推进协商与监督相融合,充分发挥政协协商在民主监督中的重要作用,促进相关工作落实和改善。通过政协网站、微信公众号等新媒体广泛

征集社情民意,加大社情民意征集力度,创新征集载体,为协商议题的甄选和党委政府决策部署提供参考依据。充分利用政协人才荟萃、智力密集的优势,探索建立政协"智库",优选社会行业精英、专家学者和专业性人才,参与协商活动,力争提出具有前瞻性、建设性的意见建议,提升协商建言水平。加强与新闻媒体的合作,开辟政协委员议政专栏、专版和专题节目,利用政协网站开设诸如"政协论坛""委员之声""议政与建言"等栏目,组织委员就人民群众普遍关心的热点、难点、焦点问题展开讨论,提出意见建议,进一步丰富监督形式、拓宽监督渠道、提升监督成效。

第三节　舆情表达机制是人民政协 协商民主有效运行的重要保障

党的十九大再次强调人民政协在社会主义协商民主制度建设中的地位和作用,发挥人民政协舆情表达机制的作用,是推进人民政协协商民主的重要途径。在人民政协协商民主的实现过程中,舆情表达机制能够参与和融入人民政协协商民主过程的各个环节,起到保障、推动作用。人民政协把舆情表达与协商民主紧密结合,把舆情表达机制融入协商民主过程,采用协商的方式汇集民意,表达诉求,求同存异,促进协商民主的理性共识目标的实现,能够有效推动人民政协协商进程和协商民主的发展。

一、体现协商民主的多元表达

舆情表达机制是整个舆情机制的前提和基础,舆情表达是公民有序参与政治的基本形式,舆情的表达程度是衡量社会民主状况的天然标杆。舆情的充分表达不仅是人民的基本民主权利,也是推进我国协商民主的重要前提。要发展协商民主,就要允许人民充分地发表自己的意见,表达自己的诉求。邓小平曾经明确指出:"一个革命政党,就怕听不到人民的声音,最可怕的是鸦雀无声。"①正如有的学者指出:在协商民主体系中,合理的舆情表达机制结构,必须以安排充足通畅的多元化表达渠道为基础,以尊重社会各个群体的表达权利为前提。从一定意义上说,舆情表达机制建设体现了协商民主的多元表达过程,建立健全舆情表达机制,是推进协商民主的重要环节。

(一)舆情表达机制建设是保障公民协商民主权利的内在要求

推进协商民主的关键是实现人民有序政治参与,保障人民表达权利的落实,而表达权的实现是人民民主权利的集中体现,是人民有序政治参与的必然要求。党的十七大把"保障人民的知情权、参与权、表达权、监督权"提高到扩大人民民主、保证人民当家作主的高度,这是我国公民民主权利的一次重要充实,也是人民民主在社会政治活动中的具体体现。美国当代著名政治学家罗伯特·达尔在《论民主》中指出:"'多种信息来源'(即知情权)与'表达意见的自由'(即表达权)是民主政治的两项必要条件。"②知情权是人民最首要的权利,其他民主权利只有建立在知情权的基础上才能真正实现;而表达权的确立是知情权能否有效、参与权能否实施、监督权能否奏效的重要前提,是人民有效行使民主选举、民主决策、民主管理和民主监

---

① 《邓小平选集》(第二卷),人民出版社1994年版。
② [美]罗伯特·达尔:《论民主》,商务印书馆1999年版。

督等权利的基础。随着民众主体意识、参与意识和表达意识的增强，如何保障民众的表达权利和参与权利，越来越成为协商民主有效实施的关键因素。社会主义协商民主是基于人民是权力主体，有权参与国家事务和社会事务的运行和管理过程而提出的，因而保障和实现人民的表达权是推进协商民主的内在要求，舆情表达机制建设是体现和保障人民协商民主权利的必然选择。目前阶段，由于体制内的诉求表达渠道出现障碍或表达效果比较欠缺，致使各种体制外的非理性、情绪化的表达高涨，特别是网络舆情事件频发，对社会和谐稳定和公共行政正常运转带来很大危害，使得完善舆情表达机制，做好舆情疏导应对，成为各级党委政府不能不高度重视的问题。这就需要进一步加强舆情机制建设，进一步健全完善协商民主的各项制度，更好地实现人民当家作主的各项民主权利。伴随着人大、政协、政府、各级党组织、新闻媒体、社会组织等舆情表达渠道的建立健全，舆情表达的主体日益广泛多元，涵盖社会各界、各方面人士。他们以各种制度化的舆情表达途径和机制，整合各群体的利益要求和愿望，充分表达各自所联系或代表的群众的具体利益，使各种利益诉求通过体制内的渠道，顺畅地反映到政府相关部门，从而有效协调各种利益矛盾和利益关系，最大限度地实现最广大人民民主权利。

（二）舆情表达机制建设与协商民主的程序要求高度契合

舆情是不同的多元化的公众意见经过交汇、碰撞、讨论、互动而形成的集合性意见，舆情表达是某种群体性、共识性的意见表达，舆情汇集反映了一定范围多数人的意见，在很大程度上是某种民意的体现。可以看出，舆情表达与汇集分析的过程，本身就包含了讨论协商、相互包容的过程，舆情所包含的意见本身也是某种共识性的意见，"这与协商民主实施过程中各协商主体通过对话讨论、相互协商、偏好转移,最后形成共识的要求具有很大的一致性,或者说,舆情及舆情表达本身就包含了协商民主的精神内涵,体现了协商民主所追求的对话协商与多元整合的目标价值"①。首先,选择确立协商议题需要舆情表达与汇集分析。面临纷繁复杂的社会生活现实,科学选择和合理确立协商议题是有效开展协商民主的重要前提。舆情反映的是民众对一定公共事件事项具有群体性的态度和看法,舆情表达的背后是相关利益主体具有一定范围、一定程度的利益诉求、偏好表现、情感取向等。对一定时间、一定范围内特定主题的舆情信息进行准确收集和客观分析,有助于认清舆情事件所反映的内在的利益诉求,进而对是否确立协商议题和具体确立什么样的协商议题做出科学周密的计划安排。其次,协商民主的具体协商活动需要舆情表达与汇集分析。哈贝马斯阐述了协商民主的两个基本原则:第一,政治决策最好通过广泛的协商来作出,而不是通过金钱或权力。第二,在协商过程中,参与者应该尽可能平等和广泛。分析当前几种较为常见的协商民主方式,比如协商式民意测验、公民陪审团、专题小组、大规模的协商大会等,围绕不同具体协商议题的舆情表达与汇集分析的重要性均有不同程度的展现,协商过程中特定舆情分析研判的具体使用方法,一定程度上反映了各协商民主方法的特点,而不同协商民主方法的适用情形则表明了特定舆情所涉及的范围。最后,达成协商民主结果需要舆情表达与汇集分析。通过与相关利益主体的真实诉求表达和沟通交流,对协商活动过程中的舆情汇集分析研判,获取了相关综合信息,这些舆情研判和信息综合工作为最后阶段达成

①　叶国平:《舆情表达与回应机制视阈下的协商民主建设》,《理论与现代化》2014 年第5期。

协商共识提供了可靠保障。比如决策公示制度,实际上是为了获得更为科学合理的协商结果。在公示之前往往经历了较为充分的协商过程,是协商民主结果最后形成前的再一次的民意征询。如果公示期内的舆情对公示结果持较大的否定性意见,就需要重新研究论证和协商,这一过程同样需要相关舆情汇集分析。总之,舆情表达与汇集分析机制建设能够建构起理性解决政治参与诉求、促进人民有序政治参与的制度化渠道,最大限度地包容和吸纳各种诉求,既反映多数人的普遍愿望,又吸纳少数人的合理主张,从而使个别的、分散的意见通过制度化渠道得到反映和解决。

(三)舆情表达机制建设有利于保障社会成员的平等表达权和参与权

平等参与和平等协商是协商民主的基本原则,一个公正的政治制度设计必须安排一定的舆情表达和政治参与渠道并以兼顾社会各方面的诉求为基本前提。在制度设计上,政府尤其要注意倾听那些表达渠道较少、社会资源匮乏、容易被忽视的群体和地区的利益问题。而由于现行的政治体制的吸纳能力有限,一时难以满足不同利益群体的所有需求,因此民众对政治参与的期望不高、意识不强,进而导致政治参与的形式化、随意化、非制度化成为一种常态。由于民众的文化层次、社会地位以及所拥有的资源禀赋等的差异性,不同的社会群体在利益诉求表达中很难做到平等,这也是当前推进协商民主的一大障碍。可以说,对利益的追求、对权利的追求是当前我国人民政治参与的重要推动力;尽可能表达自己的利益诉求,维护自身合法权益,是当前人民政治参与的核心内容。一旦政治参与渠道不畅,利益诉求无法得到积极回应,势必会向各种非制度化参与、非理性方式表达的渠道挤压,甚至酿成群体性事件。邓小平说:"要让群众能经常表达自己的意见,……使他们有意见就能提,有气就能出,有小民主就不会来大民主。"①建立健全人民有序政治参与的制度化机制和渠道,不断拓展协商民主的深度和广度,拓展和完善基层民主、社会团体、新闻媒体、网络表达等多样化的舆情表达形式和表达机制,鼓励和扩大利益相关者直接参与公共协商,最大限度地反映不同群体的呼声愿望,从各个层次、各个领域为各个社会群体特别是社会弱势群体的利益诉求畅通渠道,引导公众有序合法行使话语权,从而最大限度地确保人们平等期待的表达和平等权利的实现。特别是网络舆情表达的蓬勃发展,为社会弱势群体、草根群体的意见表达创造了更为便捷的平台,提供了更为平等的机会,如何切实保障和有效维护他们平等的表达参与权利,这也是中国社会主义协商民主建设的迫切需要。

（四）舆情表达机制建设有利于培育公民精神,为协商民主发展提供思想基础

在中国,培育公民精神对发展协商民主具有特别重要的意义。由于中国封建传统文化根深蒂固的影响,官本位文化和臣民文化的遗留仍然存在,并且渗透在社会生活的各个方面,渗透在人们的习惯思维之中,很大限度抑制了公民精神和社会公共空间的发育成长。"中国传统文化以社会群体作为价值主体,形成了一种社会本位的价值系统。社会群体被看成是产生一切价值的最终依据……个体的存在和价值,完全是由社会群体派生的。"②网络技术的飞速发展、互联网应用的日益普及以及政治民主化的不断发展,为舆情表达提供了

---

① 《邓小平文选》(第一卷),人民出版社1989年版。

② 杨胜利、李波:《整体主义与个人主义——中西文化价值观比较》,《辽宁工程技术大学学报》2000年第3期。

无限广阔的空间,社会舆论对公共政策的影响力也显著增强,不同社会群体通过对与自身利益相关的公共政策的内容和结果的广泛关注和意见表达,所产生的舆论影响越来越强烈,使得政策制定者无论是政策方案的设计还是政策方案的实施,都不能不考虑公众的意见。这就渐渐改变了社会成员对待政治系统的认知态度和角色关系,社会成员逐渐意识到自己的意见和建议能够被政治系统所回应和采纳,对政治系统的态度从传统文化意义上的顺从角色转变为现代意义上的积极参与角色。在积极的政治参与过程中,民众得到了锻炼和教育,逐渐培养起了对公共事务进行讨论、辩论和批评甚至反对的能力,培养了理性表达自身诉求的意识。民众的舆情表达和政策参与,也是培养公共精神的平台。在民主参与过程中,民众逐渐意识到除遵守法律和服从政府的命令以外,个体还必须对政治系统负有责任和义务,这同时也是民众培养独立的公民精神和公共观念的过程,为协商民主的建设发展提供了思想和智力条件。

二、推动协商民主的平等参与

"从理论意义上说,先进的政治文明必须依托于完善的现代民主政治制度,而与这一制度相配套,就必须有相应的政治运行机制和包括新闻传媒在内的舆论监督机制。"[1]舆论监督的运用是现代民主社会的普遍特征,舆论监督的过程,实际上是人民政治参与的过程,也是民众舆情表达的过程。舆论监督的发展与政治民主化的进程紧密相连,也是发展协商民主的必然诉求和重要实现形式。在传统媒介

---

[1] 徐国源:《论政治文明建设必须发挥新闻传媒的舆论功能》,《科技传播》2010 年第 4 期。

时代,舆论监督受媒介主要限制,影响力有限,也影响了公民参与的积极性。随着互联网的发展与日益普及,网络以其独特的传播性,为民众营造了一个可以自由发表个人意见、平等表达个人诉求的广阔话语空间。我国网民规模和网络参与呈现出持续高速发展的趋势,网络舆情表达越来越成为民众诉求表达最为重要的渠道,网络舆论监督越来越成为民众政治参与最为经常的形式,其影响力日益增强,作用日益凸显。伴随着网络舆论监督的蓬勃发展,舆论监督大大激发了各阶层、各群体政治参与的积极性,成为人民群众参政议政、实现民主权利的有效手段,制度化的舆论监督对协商民主建设起着越来越重要的推动作用。

（一）舆论监督是人民群众行使协商民主权利的重要途径

一般说来,现代社会的人民与代表国家的政府及其工作人员进行沟通或对话,在相当程度上都是通过报刊、广播、电视、网络等传媒,以"公众舆论"的形式进行的,进而达到既传递维护人民权利的心声又监督政府保障人权的目的,实现人民与政府之间良性的互动关系。因而舆论监督说到底是一种政府与公众相互沟通、相互了解的过程,是一种人民的监督,它实际上是动员全社会维护民主权利,保护公共利益,使人民树立对社会的信心。通过舆论监督,可以增加彼此之间的相互信任,消减公众与政府之间的隔阂,有助于政府与公众达成某种共识,并以此作为有关社会政策制定和执行的基础。允许人民利用舆论手段监督一切权力腐败现象,是人民行使当家作主权利的重要体现。通过舆论工具对国家和社会事务进行监督,参与感强,透明性高,有利于调动人民群众参与政治生活的积极性,推进公共决策的科学化和民主化。一个国家社情民意的畅通表达离不开充分、健康的舆论监督,而充分、健康的舆论监督则是一个国家治理体系的包容性和承受力的直接表现。现代民主政治的发展需要舆论的自发性评价与国家的制度性评价的良性互动,公民积极健康的舆论监督过程,就是公民有序政治参与的过程。

(二)网络舆论监督大大推动了民众的政治参与积极性

网络舆论监督,主要是广大人民群众通过网络媒体对政府公权力的运行提出批评、建议等,从而达到对权力的有效监督和制约。当前我国互联网发展迅猛,根据中国互联网络信息中心(CNNIC)2019年8月30日在北京发布第44次《中国互联网络发展状况统计报告》显示,截至2019年6月,中国网民规模达8.54亿,互联网普及率达到61.2%。近年来,网络舆论监督以前所未有的力度进入公众视野。互联网是一个言论自由的平台,人人都可以独立思考,发表自己的观点,平等自由地发表自己的意见,交流彼此的想法,为舆论监督提供了广阔的平台,形成一种重要的舆论压力,使普通群众的监督权利得到充分实现。与其他表达意见的方式相比,网络舆论监督所受限制最小,"门槛"最低,最接近百姓的日常生活,因而也最受公众青睐。正是因为网络参与的便捷性和网络舆情传播的巨大效力,近些年来,网络已经成为民众意愿常态表达的重要形式,在网络中人们表达舆情的方式也不断增多,BBS、社区论坛、博客、微博、微信等,舆情传播技术手段多样化带来舆情表达和舆论监督的多样化和多元化,使各种不同意见都能呈现出来。由于网民身份的隐蔽性,网络信息的真实性、可靠性具有很大的不确定性,网民提供的虚假、片面信息使事件更加扑朔迷离,使得网络监督出现了"网络暴力""以讹传讹"等问题,网络舆情调控显得更加困难,规范网络舆论监督问题亟待解决。网络舆情是现实社会的晴雨表,是人们现实的情绪意愿、认知态度的某种反映。由于网络表达与监督互动性强、自由度高、传播速度快、受众面广,具备传统媒体无法比拟的优势,现实社会中各种利益诉求、情绪宣泄等正越来越多地以网络舆情的形式表现出来,现实生活中各种价值冲突、观念碰撞也经常性地呈现在网络空间,网络舆论监督对于推动民众政治参与的作用也越来越显现。

(三)网络媒体和传统媒体互动,形成巨大的监督声势

互联网的出现,打破了社会精英阶层对传统媒体话语权的垄断,为普通民众提供了一个充分自由表达意见的话语平台,这也使得人民群众第一次真正拥有了自己的话语权。任何一个网民都可以通过网络论坛、网络贴吧、网络聊天室、网络新闻留言、网络互动专区等,把自己的意见建议,把自己所了解的事件真相发布到网络上去。在互联网平台上,广大网民可以互相交流看法、碰撞观点,由此产生了强大的互动性、聚合力,使网民交流的分散意见通过互动和汇集形成舆论。网络媒体还具有信息来源渠道广泛、传播迅捷的优势,各种公众意见、社会心理和社会情绪,可以最快捷地在网上反映出来,也易于引起广大网民的思想碰撞和情感共鸣,形成强大的舆论压力,对公共事务和公权力行使施加有力的监督作用。但从目前来看,我国网络媒体发展的规范性、专业性、权威性仍然有限,再加上成长时间短、受约束力弱、部分网民非理性以及网络媒体工作者总体职业能力不够强等,使得网络舆论监督的权威性不高、公信力较差,舆论反转的事件时有发生,对网络媒体的形象带来很大损害。而传统媒体管理规范,成长积累时间较长,在长期的发展中形成了良好的品牌效应,在广大民众心中树立了较高的权威和威信。网络舆论监督的效果还有赖于传统媒体的及时跟进和有效支持。但由于传统媒体的信息来源渠道单一、交互性较差、公众参与度受限,以及受国家机关制约较多的特性,传统媒体的监督往往存在缺位现象。而网络舆论监督在

传播的广泛性、及时性、互动性等方面的优势正好弥补了传统媒体这种不足。因此,网络舆论监督与传统媒体监督具有较强的互补性,二者共同作用能产生强大的互动效应,形成巨大的监督声势,有助于推动相关问题的解决。近年来发生的一系列网络舆情事件,从舆论的兴起到事件的解决,无不是网络媒体提供线索和产生舆论影响,传统媒体及时跟进,两种媒体共同作用,推动舆论发展,形成强大舆论声势,最终使事件现出原形,得到解决。在舆论监督过程中,网络媒体与传统媒体相互紧密配合,各自发挥自身优势,能形成强大的合力,使得舆论监督发挥出更好的效果。

三、蕴含协商民主的协商合作

协商民主只有程序化才能有效融入政府的决策系统,只有制度化才能切实保障公民在协商过程中的民主权利。公民通过各种方式表达意见和要求,引起政府的重视,目的是能通过相应的公共决策得到体现或解决,这就是舆情表达的回应问题,也是协商共识的形成和协商结果的运用问题。公共政策的执行顺利与否、执行效果怎样,很大限度上取决于公民对政策的认同和支持程度。充分地倾听和尊重公众意见,保持与公众的沟通与互动,及时作好回应,对于保障决策的民主化、科学化具有十分重要的意义。加强舆情表达回应机制建设,增强政府对舆情的回应性,既需要政府对人民群众的诉求能及时回应,也需要政府保证各种权利诉求间的平衡。这一过程及其所要实现的目标本身就体现着各协商主体间共识的达成以及公共决策对这种共识的吸纳和遵从,体现着协商民主的过程与价值,体现着协商民主过程的协商合作精神。因此,加强舆情表达回应机制建设,是我国协商民主发展的必然要求,是构建和谐社会的基础条件,也是政府民主、科学决策过程中不可或缺的环节。

（一）舆情表达机制建设有助于增强政府运行规则的民主化水平

民主是一套制度化、程序化、规范化的治国规则，政府及其运行模式是人们评价和判断一个制度和社会是否具有作为现代政治文明重要趋向的第一窗口和基本依据，政府运行规则的科学化、民主化是公共决策科学化、民主化的制度保障。而公共政策决策的非科学非民主，其直接根源往往在于政府决策内容的主观随意性、政府决策程序的反民主性以及政府决策程序的非制度化和不规范性，对上负责而不对下负责，客观情况、现实民意经常让位于脱离实际的领导主观意志，科层制中的等级意识常常取代真正的民主讨论，多数民意的广泛参与决策让位于上面一个或少数几个领导说了算，民众参与不能得到基本的制度化保障。重视和加强舆情表达机制建设，关注和保障舆情表达与回应机制所蕴含的民主化思维，逐步构建起真正以民为本的合理成熟的政府行政机制，必然会影响和促进政府决策上的科学化、民主化进程；关注和保障舆情表达所蕴含的法治化思维，将政治活动的程序和规则以制度的形式确定下来，使政治活动摆脱随意性和过多的人为影响，必然会促进政府决策的制度化和政府行政的法治化；关注和保障舆情表达与回应机制所蕴含的政治平衡功能，强化公民权利意识的培育，积极推动舆情表达民间社会团体、压力组织的成长，必然会促进政府权力运行的有限性和克制性原则的落实。从政府运行的结果看，舆情表达机制在参与政府行政中所体现的民主、法治和政治平衡价值导向，为公共决策的科学性和政治合法性提供了有力支撑，从而赢得民众的普遍认可和支持。而且，随着政治生活的日益制度化、民主化、法治化、高效化和透明化，民主的现代政府已经无可选择地开始对舆情以及舆情表达机制建设体现出与日俱增的关注。这是传统行政向公共行政转型的重要动力,也必将加速协商民主制度化建设的实践进程。

（二）舆情表达机制建设为协商民主发展创造公正的公共政策环境

随着人民政治参与意识的增强和公共政策对公众利益影响的日益加深,提高公共政策效能成为公共政策制定的重要目标。而如何提高公共政策效能,除公共决策的科学化、决策执行人员的高效化之外,公众对公共决策的认同、参与、支持显得尤为重要。在现阶段,我国人民参与公共政策仍存在许多问题,比如人民主体参与意识缺乏、参与能力有限、参与政策制定渠道不畅通等,这些问题的出现在一定程度上影响了公共政策的执行效率。我国社会主义的本质是人民当家作主,拥有较高的人民主体意识和参与意识是人民对自身地位的尊重和认同,但由于受传统文化的影响,人民的主体意识不可避免地受到局限和影响,如依附性、顺从性、缺乏参与精神等。而市场化转型的加深,推动了利益群体的分化,各种利益群体的情况千差万别,其利益追求和利益表达的方式也不尽相同,各种利益关系和利益矛盾错综复杂。在这种背景下,健全的舆情表达机制必然成为连接各利益群体意志与公共政策的纽带。决策部门通过以舆情表达与回应相衔接的双向互动,逐渐认识到,政策的制定与执行离不开公众的智慧和意见,离不开公众的支持,否则公共政策就会发生目标偏离,甚至导致政策失效。同样,通过交流互动,各利益群体逐渐认识到公共政策的有限性,它很难兼顾各方面的利益,更不可能满足所有的要求。公共政策的目标一旦被无限放大,势必会导致政策变得不连贯且效能低下。而完善的舆情表达与回应机制,有利于将协商民主的原则和机制融入公共政策的制定、执行过程,政策制定者通过舆情机制吸纳公众智慧和意见,并修正完善相关判断,形成最优政策方案。而这种最优方案的形成机制,能够更加有效地解决各个目标群体存在的实际问题,同时提高他们参与公共事务的理性化和关注度,以更加理性的态度进行更广泛的公共讨论,从而增强社会支持公共政策的动力,使得公共政策的执行效能在双重意义上得到提高,从而为协商民主的发展创造了更加公正的社会环境。

（三）舆情表达机制建设有助于巩固公共政策的合法性基础

"一项公共政策是否能够为社会公众接受并在多大程度上得到社会公众的遵从、维护和有效执行,都是由公共政策的合法性所决定的。"[①]公共政策的合法性体现在三个方面,即政策主体的合法性、政策程序的合法性和政策内容的合法性,政策主体只有具有合法性,颁布的政策才能具有合法性,公共政策必须以公众的利益为其价值取向,公共政策行为必须按照法定的方式和步骤来进行,才能赢得公众的认可和支持。公共政策的合法性将影响到政府的合法性,使社会公众达到最大限度的满意是公共政策的最终目标,公共政策的合法与否,是成为一个社会是否能保持长久稳定与秩序的重要影响因素。所以从舆情角度出发,制定出符合社会公众价值取向的公共政策成为公共政策制定过程的最终追求。以舆情表达与回应机制为基础的政府公共政策制定行为,通过协商民主的程序和规则,可以在政府、公共政策与社会公众的互动过程中形成一个良性循环。公众通过"协商民主"参与公共政策的制定,且"制定出的政策在价值上符合社会公认的公平、正义、公共利益的价值标准,同时能够被公众所认可、

---

① 邢彦辉、闵然:《公共政策合法性的民意表达:网络公共舆论与协商民主》,《云梦学刊》2011 年第 4 期。

支持并执行"①。协商民主强调人民是民主体制的参与主体,主张"公共政策必须经由公共协商的过程,在自由、平等的公民之间进行讨论、对话和争辩,在此基础上形成决定,从而让公共政策在实质上符合更多公民的利益,而不只是在表面上体现了公民的意志"②。如果没有程序的规范与制约,政策的制定就有可能使个人意志凌驾于公众的意志之上,进而影响政策内容的合法性。公共政策的对象是公共问题,公共政策的效力来源于公共权力,只有符合公共利益的政策,才能具有实质的合法性。协商民主以公共利益为取向,以人民参与为主体,通过对话和讨论等公共协商方式达成共识,从而赋予决策以正当性和合法性,协商民主所探求的公共决策的合法性正是人民有序参与的主要目的,而这一过程所体现的正是舆情表达与回应机制建设所要实现的目标要求。

四、促进协商民主理性共识目标的实现

当前,人们思想观念和价值取向呈现"独立性、选择性、多变性、差异性"的趋势,各种利益矛盾和利益冲突显现,各种突发性、群体性舆情事件多发频发,舆情引导面临着前所未有的挑战,也更加说明加强舆情引导机制建设的重要性和紧迫性。发展协商民主的目的在于广纳群言、广集民智,增进共识、增强合力,协调关系、汇聚力量、建言献策、服务大局,在协商形成共识的基础上进行公共决策、实现人民民主。而舆情表达的引导机制建设有助于增强党的执政能力,有助于培育具有民主法治意识的合格公民,有助于协商民主程序的完善

---

① 张艳辉:《浅论网络公共领域与公共政策合法性》,《黑龙江教育学院学报》2010 年第 1 期。
② 陈剩勇:《协商民主理论与中国》,《浙江社会科学》2005 年第 1 期。

和协商共识的达成,从而为协商民主建设的顺利推进提供和谐稳定的社会环境。

(一)舆情表达机制具有利益协调和社会和谐功能

加强协商民主建设的目的是为了有效地协调各方面的利益关系和利益矛盾,实现公共利益的协调。而针对当前利益主体多元、利益分化加速、利益冲突加剧的社会现实,要协调化解各种利益关系和各种矛盾,关键一点就是要把舆情表达与引导机制融入利益协调工作之中,建立一种科学的利益协调机制。这种机制能限制政府的权力,有效抑制政府自身利益,加强公众参与,从而提高政府决策的效率和水平;能拓宽信息沟通渠道,完善各利益群体的利益表达机制,保障利益表达的畅通;能接受多元社会结构和多元利益关系的现实,能容纳不同利益主体之间存在的差异和分歧,对相关利益主体的各种行为实现规范与约束,构建完善的政策制定机制,在实现公共利益最大化的同时充分考虑各方的利益,将损失降到最低。总之,舆情表达机制始终贯穿于不同利益主体之间的利益矛盾,通过协商民主的方式构建较为完善的利益协调机制,制定出更符合公共利益的政策,使公共政策更好地反映大多数民众的利益,从而有效地消除分歧和差异,形成共识,促进社会和谐。

(二)舆情表达机制具有价值导向和理念整合功能

一个社会如果没有达成统一的价值标准和理念共识,只有利益博弈,那在政治判断上就会出现混乱,理念整合也就无从实现。舆情表达机制融入协商民主的价值在于能使各社会群体的利益诉求在决策过程和执行过程中得到更好的体现和保障,能使决策更加民主、更加完善、更加科学。舆情表达与引导的过程,既是协商民主广泛多层制度化发展的过程,也是社会成员的各种不同要求、不同愿望,在理性平等对话中得到系统综合反映的过程。协商民主应遵循这样一些共同的价值原则,即协商的主体应当是平等的,协商的态度应当是包容的,协商的方式应当是理性的,协商的过程应当是公开的,这也是舆情表达机制所倡导的价值标准。党的理论路线方针,政府的各项改革政策的出台,只有通过充分协商和舆情引导,才能得到社会多数人的理解和认同,才能转化为公众在价值导向和思维观念上的共识。一方面,通过舆情引导,可以增强公众对公共政策的理解认同,赢得社会广泛的合作与支持,推动政策的顺利执行,从而扩大政治体系的合法性基础;另一方面,舆情引导可以促进公众学习正确的政治信念和价值规范,形成相应的政治理念和行为模式,深化对党的路线、方针政策的信任与拥护,有利于扩大人民的有序政治参与,保障人民当家作主。

(三)舆情表达机制有助于实现社会各方利益诉求的理性包容

民主政治的基础在于人民的有序政治参与,多元的利益表达是人民参与的起点,广泛的政治参与是表达利益诉求、化解社会冲突的有效途径之一。提出意见、表达诉求、参与利益分配博弈的人越多,所产生的制度体系就越公正、越科学,利益矛盾与利益冲突就越能得到化解。人民通过各自所联系的代表人物,通过一定的组织和程序来进行协商民主,能够充分发挥各自的角色主体作用,有效整合社会各个阶层的资源,充分表达意愿,释放人民的政治诉求,使决策更加科学、有效。当前,社会各种思想观念和利益诉求相互交织、相互影响,社会团结和整合的任务日益艰巨。加强舆情表达与引导机制建设,有利于巩固党群、官民之间的信任关系,提高公共政策的效力和社会治理的质量;有利于把社会舆情表达和民众政治参与行为纳入制度化、规范化的轨道,增强利益表达的理性化,消除疑虑、减少分歧、增进共识;有利于最大限度满足不同阶层、不同群体复杂多样的参与要求,搭建人民有序政治参与的平台,拓展的协商民主的广度和深度,维护社会的稳定、团结、和谐。可以说,舆情表达与引导的过程,是社会各阶层群众充分表达利益诉求的过程,是妥善协调处理各种利益关系,形成合理均衡利益格局的过程,也是加强沟通、增进理性、扩大包容、形成共识,促进社会公平正义的过程。

第三章　完善人民政协发挥协商民主重要渠道作用的实践形式

　　党在十八大报告中指出,人民政协是健全发展社会主义协商民主的重要渠道,人民政协作为社会主义协商民主专门机构的重要地位在十八届三中全会得到了进一步确定。人民政协是集统战性、党派性、协商性和民主性于一身的组织,具有政治协商、民主监督和参政议政三大职能,民主协商蕴含在这三大职能之中,人民政协职能的核心就是开展民主协商。人民政协是我国政治体系中一个基本的政治制度安排,充分发挥人民政协作为协商民主重要渠道和专门协商机构的作用,对于推进我国协商民主建设发展具有重要意义。

第一节　人民政协发挥协商民主重要渠道作用的实践探索

　　党的十八大和十八届三中全会明确了"健全社会主义协商民主制度"的改革任务,科学阐明了社会主义协商民主的本质属性、基本原则、主要形式和制度架构。社会主义协商民主制度的不断健全和完善,必将进一步凸显我国社会主义民主政治的特色和优势,推进国家治理体系和治理能力现代化。积极挖掘潜力、激活存量、改革创新,充分发挥人民政协在协商民主中的重要渠道作用,对于实现社会主义协商民主的"广泛、多层、制度化"发展,推动社会主义协商民主制度建设具有重要的理论意义和实践价值。

一、人民政协历来都是开展协商民主的组织和载体

人民政协与协商民主有着天然的联系。作为中国共产党领导下多党合作进行政治协商的重要机构,人民政协是最早组织化、制度化的协商民主渠道。它本质上就是一个实行协商民主的场所、组织和载体。

从人民政协的组织体系来说,人民政协具有最大限度的政治包容性和最为广泛的组织代表性。它包括了执政党在内的 9 个政党、34个界别、70 万政协委员,从地、县级政协到省、全国政协,具有较为健全的人民政协组织体系,已有 3000 多个政协地方组织,有的还建立了乡、镇、街道政协联络处、点、工作站或工作组。各级政协组织都进行了内部界别和工作机构的建设,健全的组织机构和规模庞大的政协委员队伍,促使其在协商民主中发挥更大作用。

从人民政协的工作方式来说,求同存异、民主协商是人民政协的基本工作原则。通过政协各类会议,如全体会议制度、主席会议制度以及秘书长会议制度、常委会议制度、专门委员会会议制度,以及各种形式的论证会、协商座谈会和意见听取会等;通过政协委员、党派团体和专委会的提案;通过政协委员视察、考察和专题调研,了解情况、检查工作、研究问题、议政建言、民主监督、征求意见、反映社情民意、提供决策依据,从而发挥协商民主作用。

舆情表达机制与人民政协协商民主建设

从人民政协的职能来说,政治协商、民主监督和参政议政贯穿于人民政协协商全过程,它是实现协商民主的过程。在决策之前和决策执行过程中对政治、社会、经济和文化生活中的重要问题以及国家和地方大政方针进行协商。对国家宪法、法律和法规的实施进行民主监督。通过建议和批评,对国家机关及其工作人员的工作进行监督。人民政协参政议政是通过开展调查研究,了解问题、反映社情民意、进行协商讨论,通过呈交提案、调研报告等形式,向党和国家机关反映意见建议。

从人民政协的工作主题来说,在政协的一切工作活动中始终贯穿着人民政协团结和民主两大主题,包括程序民主、作风民主和方式民主,融协商、监督、合作、参与于一体。人民政协制度既是对人民民主内涵的极大丰富,又契合于协商民主的理念,体现了协商民主所蕴含的参与、合作、包容精神。人民政协协商的过程,是在发扬民主基础上,寻求共识、增进团结的一个过程。

从人民政协的性质来说,人民政协是国家制度层面的高层次协商组织,是我国的一项基本政治制度。人民政协是一个重要的组织机制和制度力量,在政党、国家和社会中发挥作用。这包括参与中国重大政策制度制定,监督国家权力运行状况,发挥国家政策决定过程中利益表达与综合的作用和影响等。人民政协和人大、中共党委、人民政府共同构成四位一体的政治体制构架,初步形成了党委动议、人大决策、政协协商和政府执行的决策运行机制,人民政协的政治协商是一个必经程序和民主决策的重要环节。虽然协商纳入决策实践是一个不断深化的过程,但这已是理论上的共识性成果,这种理念也逐渐为广大干部群众所接受。

二、人民政协发挥协商民主作用的实践发展

人民政协作为中国人民广泛的爱国统一战线的组织,孕育见证了社会主义协商民主;人民政协作为中国共产党领导的多党合作和政治协商的重要机构,实践发展了社会主义协商民主。从一定意义上说,人民政协的发展历程就是社会主义协商民主的发展过程。

1948 年中共中央发布"五一口号"得到各界人士和各民主党派的响应。1949 年 9 月,中国人民政治协商会议第一届全体会议召开,体现着民主协商精神的中国共产党领导的多党合作和政治协商制度正式建立。中国人民政治协商会议在协商建国中起到决定性作用。在建立之初,人民政协作为"全中国人民民主统一战线组织",是中国共产党和各民主党派合作共事、民主协商和进行民主决策的重要机构。新中国成立后,人民政协代行全国人民代表大会职权,完成了创立新中国的历史使命,直到 1954 年召开全国人民代表大会结束。这个时期协商民主制度得到了较快发展。

1954 年 9 月,全国人民代表大会召开后,人民政协不再代行人大职能,但作为协商机构仍然存在。毛泽东就政协的性质问题明确指出:"人民代表大会是权力机关,有了人大,并不妨碍我们成立政协进行政治协商。""各党派、各民族、各团体的领导人物一起来协商新中国的大事非常重要。"毛泽东的上述论述,正确地解决了全国人民代表大会召开后,人民政协的性质、地位和作用问题,也解决了人民政协与人大、政府之间的关系问题,人民政协的重要地位由此得到确立。当时,一些法律法规需要先经过政协协商讨论,才能够提交给人大审议。1954 年到 1966 年,人民政协持续在我国政治中发挥重要作用,初步形成了我国协商民主和选举民主相辅相成的格局。特别是

政协三届一次会议之后,同时召开全国政协会议和全国人民代表大会,政协委员和人大代表共商国是,并从此形成制度,成为社会主义民主政治制度"重要窗口"。"文革"期间,人民政协的机构和职能被暂停。

1978 年召开全国政协五届一次会议,恢复了人民政协作用,其工作职能得到丰富和发展。1979 年中国改革开放后,邓小平指出:"人民政协是发扬民主、联系各方面群众的一个重要组织。"1980 年他又提出:"人民政协也是我国政治体制中发扬社会主义民主和实行互相监督的重要形式。"这两个结论,从政治协商制度与社会主义民主相结合的角度,保证了人民政协民主形式的重要定位。

1982 年宪法对人民政协在我国政治制度中的性质定位作了规定,提出人民政治协商会议将在国家政治生活和社会生活中发挥重要作用。从 1983 年政协六届一次会议后,政协定期举行全体会议、常委会议和民主协商会,对中央大政方针及重大决策,涉及国计民生重大问题、爱国统一战线重要问题等进行协商。政协协商开始深入政治、经济和社会生活的多个领域,方式方法灵活多样,取得较显著效果。

1989 年 1 月通过了《政协全国委员会关于政治协商、民主监督的暂行规定》,首次细化完成人民政协政治协商主要内容,包括了国家重大方针政策,重要的法律草案,国家领导人人选,各民主党派之间共同性事务等 14 个方面。把全国人大常务委员会,国务院及中央党政有关部门列入协商主体,从而把人民政协的政治协商性质,由统一战线内部协商提升到国家制度层面协商,这是一个巨大突破。《暂行规定》是我国的第一个政协履职的专门性文件,对于规范政治协商的活动,推进政治协商的工作,逐步实现政治协商的经常化、制度化,意义重大。

1995 年 1 月,通过了《政协全国委员会关于政治协商、民主监督、参政议政的规定》,第一次明确规定:"政治协商是对国家和地方的大政方针以及政治、经济、文化和社会生活中的重要问题在决策之前进行协商和就决策执行过程中的重要问题进行协商。"从此,国家政治过程有了人民政协参与的政治协商,人民政协肩负起在国家政治生活中实现民主与集中有机结合的政治使命。

2004 年 3 月政协章程修正案在全国政协十届二次会议上获得通过,章程对人民政协性质表述为:"人民政协是中国人民爱国统一战线组织,是中国共产党领导的多党合作和政治协商的重要机构,是我国政治生活中发扬社会主义民主的重要形式。"2005 年 2 月,《中共中央关于进一步加强中国共产党领导的多党合作和政治协商制度的意见》明确指出:"把政治协商纳入决策程序,就国家和地方的重要问题在决策之前和决策执行过程中进行协商,是政治协商的重要原则。"

2006 年《中共中央关于加强人民政协工作的意见》颁布,指出"人民政协事业是中国特色社会主义事业的重要组成部分,人民政协是我国政治体制的重要组成部分,在我国政治生活中具有不可替代的作用"。《意见》第一次以中央文件的形式确认了选举和协商这两种民主形式。人民通过选举、投票行使权利,在重大决策之前进行充分协商,尽可能就共同性问题取得一致意见,这是我国社会主义民主政治的本质要求,也符合中华民族兼容并蓄的优秀文化传统。2007 年国务院新闻办公室发布《中国的政党制度》白皮书,第一次明确了选举民主和协商民主的概念。2009 年在庆祝中国人民政治协商会议成立 60 周年大会上进一步强调了选举与协商这两种民主形式。

2012 年"协商民主"这个概念在党的十八大报告上被正式使用,

党中央强调："社会主义协商民主是我国人民民主的重要形式。"明确提出："健全社会主义协商民主制度。推进协商民主广泛、多层、制度化发展。"这里，把协商民主从形式提升为制度，是认识的重大发展，它有助于从民主制度层面上确立协商民主的地位。

2013年党的十八届三中全会以全面深化改革为议题，在谋划加强社会主义民主政治制度建设方面，协商民主认识得到进一步发展。会议指出："协商民主是我国社会主义民主政治的特有形式和独特优势，是党的群众路线在政治领域的重要体现。"提出要"构建程序合理、环节完整的协商民主体系"。从而按照规范、多层、制度化发展要求，形成一个覆盖社会各方面的系统架构。

2014年在政协成立65周年的讲话中，习近平总书记首次提出了"人民政协要发挥作为专门协商机构的作用"，指出："要把协商民主贯穿于履行职能的全过程，推进政治协商、民主监督、参政议政制度建设，不断提高人民政协协商民主制度化、规范化、程序化水平，更好协调关系、汇聚力量、建言献策、服务大局。"人民政协以宪法、政协章程和相关政策为依据，集协商、监督、参与、合作于一体，以中国共产党领导的多党合作和政治协商制度为保障，成为社会主义协商民主的重要渠道。

2015年2月中共中央发布《关于加强社会主义协商民主建设的意见》，从七个方面对推进协商民主广泛、多层、制度化发展做出具体部署，初步形成了我国协商民主体系框架。《意见》指出："继续重点加强政党协商、政府协商、政协协商，积极开展人大协商、人民团体协商、基层协商，逐步探索社会组织协商。"要"充分发挥人民政协作为协商民主重要渠道和专门协商机构的作用，坚持团结和民主两大主题，推进政治协商、民主监督、参政议政制度建设，不断提高人民政协协商民主制度化、规范化、程序化水平"。

中华人民共和国成立七十多年来,人民政协在建设社会主义政治文明过程中发挥着重要作用,特别是在协商民主建设方面,人民政协的作用不可替代,成为党和国家十分重要的执政资源。政治协商始终贯穿于政协工作的各个方面,党际协商不断发展,专题协商走向常态,双周协商座谈会主题广泛、内容翔实、成果丰硕。其他如界别协商、对口协商、提案办理协商积极推进。人民政协逐步形成了比较完善的制度体系、工作方法、实践模式和工作网络,成为实现协商民主的重要制度渠道。①

三、人民政协履职过程就是协商民主的过程

协商民主是人民政协的核心内涵,贯穿在人民政协全部工作之中。通过民主协商和沟通讨论,最大限度地达成一致,这体现了协商民主的主要精神。无论是政协的全体会议、常委会议、主席会议或专委会议,还是开展调查研究、视察、提交提案、社情民意或其他履职形式的过程,都具有协商性、建议性,都是协商民主的过程。从制定政治协商规程,科学确定协商议题,有效规范协商程序,切实提高协商质量,到推进成果转化运用,政协组织形成了较为成熟和规范的协商流程,并在其规范化、程序化和制度化建设方面,处于不断探索完善中。

(一)制定政治协商规程

人民政协的首要职能是政治协商,这也是人民政协存在和发展

---

① 北京市政协课题组、沈宝昌、陈煦、张平夫、宗明、郝红专、周清:《人民政协政治协商及其制度化、规范化、程序化建设研究报告》,《中国政协理论研究》2011 年第 3 期。

的重要基础。人民政协政治协商是中国共产党领导的多党合作和政治协商制度中的重要内容,也是中国特色社会主义的民主政治的一个重要制度安排。完善人民政协的政治协商,无论对发展社会主义民主政治,还是对发展人民政协事业,都具有重要意义。

1. 政治协商规程文件出台情况

政治协商是人民政协最早确立的一项主要职能,在 1949 年《人民政协组织法》中就作出明确规定。1982 年,政协章程第三部颁布,重新界定了人民政协政治协商的内涵,指出人民政协"对国家的大政方针和群众生活的重要问题进行政治协商,并通过建议和批评发挥民主监督作用"。规定:"中国人民政治协商会议全国委员会和地方委员会根据中国共产党或民主党派、人民团体的提议,举行由各党派、团体的负责人和各界爱国人士的代表参加的会议,进行协商。"明确中国共产党、民主党派、人民团体,各界爱国人士为协商主体,人民政协政治协商迈出规范化、制度化建设重要一步。

1989 年 1 月《关于政治协商、民主监督的暂行规定》出台,对政治协商的目的、原则、内容、形式、程序、保障措施等内容作了明确规定,细化了协商的主要内容,协商主体范围得到进一步拓宽,把全国人大常委会、国务院和中央党政有关部门也纳入了协商主体的范围。人民政协政治协商的性质,从统一战线内部协商提升到国家制度层面协商,这是一个巨大突破。1989 年 12 月,中共中央颁布《关于坚持和完善中国共产党领导的多党合作和政治协商制度的意见》,正式将中国共产党领导的多党合作及政治协商制度确立为我国的基本政治制度之一。

1993 年 3 月八届全国人民代表大会一次会议通过的《中华人民共和国宪法修正案》,把"中国共产党领导的多党合作和政治协商制度将长期存在和发展"这一条款载入《宪法》，自此，人民政协的政治协商有了宪法保障。

1994 年 3 月全国政协八届二次会议修订政协章程，对政治协商运作基本要求、协商主体和协商内涵作了进一步规范。规定人民政协政治协商是对国家和地方的大政方针以及政治、经济、文化和社会生活中的重要问题在决策之前进行协商和就决策执行过程中的重要问题进行协商。中国人民政治协商会议全国委员会和地方委员会可根据中国共产党、人民代表大会常务委员会、人民政府、民主党派、人民团体的提议，举行由各党派、团体的负责人和各族各界人士的代表参加的会议，进行协商，亦可建议上列单位将有关重要问题提交协商。

1995 年 1 月，中共中央转发了《全国政协关于政治协商、民主监督、参政议政的规定的通知》，对人民政协政治协商目的、原则、内容、形式、程序、保障措施等作了具体规定，人民政协履行政治协商职能更加规范，标志着人民政协政治协商从此步入了规范化、制度化建设新时期。

2005 年中共中央颁发了《关于进一步加强中国共产党领导的多党合作和政治协商制度建设的意见》，对人民政协履行政治协商职能的有关制度要求进行了完善。

2006 年中共中央颁发了《关于加强人民政协工作的意见》，明确规定了人民政协政治协商的重要原则、内容形式和基本程序等要求，对人民政协政治协商工作起到重要推动作用。文件的颁布标志着人民政协在政治协商制度化、规范化建设上迈出了新的重要步伐。

2007 年党的十七大在加强人民政协履职制度化建设方面提出要求，明确提出要"支持人民政协围绕团结和民主两大主题履行职能，推进政治协商、民主监督、参政议政制度建设；把政治协商纳入决策程序,完善民主监督机制,提高参政议政实效"。

随着中央对加强人民政协政治协商建设的一系列制度化文件的出台,各地也开始积极探索和推进人民政协政治协商工作。2009 年以后,一些省区市相继出台了加强人民政协政治协商制度建设方面的政策文件。例如:2009 年 7 月浙江省委颁发了《关于加强和完善人民政协政治协商促进科学民主决策的意见》,11 月江西省委颁发了《关于推进人民政协政治协商制度建设的意见》,2010 年 6 月广东省委颁发了《政治协商规程(试行)》,9 月北京市委颁发了《关于加强人民政协政治协商制度建设的意见》。其他一些省区市也积极研究出台了相关政策文件。这些文件,对人民政协政治协商工作都作出了具体规定,有力推动了人民政协政治协商的制度化、规范化、程序化建设。①

2. 政协协商规程颁布形成的特点

(1)协商原则逐步确立。人民政协在政治协商实践工作中,结合中国国情,逐步确立了协商的各项重要原则。例如,坚持将政治协商纳入决策程序,就国家及地方发生的重要问题,在决策前和决策执行过程中进行协商。有的地方政协还提出了"三在前,三在先"原则,就是重大问题要在党委决策之前协商,在人大通过之前协商,在政府实施之前协商;制定经济和社会发展中长期规划、重要人事安排及关系人民群众的切实利益的重要问题以及制定颁布地方的重大政策与法规,都要先协商再决定。还有的地方逐步总结出了一些协商的原则,比如:坚持党委在人民政协政治协商中的主导作用,坚持民主协商,

---

① 北京市政协课题组沈宝昌、陈煦、张平夫、宗明、郝红专、周清:《人民政协政治协商及其制度化、规范化、程序化建设研究报告》,《中国政协理论研究》2011 年第 3 期。

平等议事,求同存异,增进共识,等等。

（2）协商内容更加细化。在全国政协发布《关于政治协商、民主监督的暂行规定》《关于政治协商、民主监督、参政议政的规定》和中共中央颁布《关于加强人民政协工作的意见》的基础上,人民政协政治协商的内容逐步充实细化,既有党委、政府及有关部门相对固定提交政协协商的事项,也有根据实际工作安排需要提交政协协商的重大事项,还有有关爱国统一战线的重要问题。如政府工作报告、财政预算报告、重要的政府章程、地区城市建设总体规划方案、政府重大建设项目、政协内部重要事务等问题。重要的地方性法规草案,重要的人事安排、党代会报告及决定等,也陆续被一些地方纳入政协协商内容之中。

（3）协商形式不断拓宽。政协协商以会议为主,目前已初步形成了较为稳定的协商工作格局,包括全体会集中协商、常委会议专题协商、主席会议重点协商、秘书长会议内部协商、专门委员会对口协商等。同时,各地还根据实际需要创建了"专题议政""政情交流""议政会"等协商形式,还有视察报告、民意报告、提案、建议等书面协商形式等。

（4）协商程序更加规范。各地在总结协商实践经验的基础上,逐步确立了政治协商的五个基本程序和环节,即提出确定协商议题,安排准备协商活动,组织实施协商活动,整理报送协商成果,处理反馈协商意见。有些地方还细化程序,建立落实协商意见的有效机制,明确每个程序的责任部门、工作职责、工作分工和完成时限,增强了程序设计的科学性,制度执行的约束力和强制性。

（5）制度体系逐步完善。宪法层面明确了人民政协的性质和作用,中国共产党领导下的多党合作和政治协商制度被载入宪法。政协章程对政治协商作为人民政协的首要职能进行了规范的表述,中共中央《意见》,全国政协《规定》都明确规定了政治协商的原则、内容、程序和形式。一些省区市党委结合本地情况还制定了政治协商专项规范性文件,并出台了相关配套措施,政治协商工作制度体系从上至下初步建立。[①]

3.案例:广东省政治协商规程亮点

2010年6月广东省委在广州推出《中共广州市委政治协商规程(试行)》后,在全国率先颁布了《中共广东省委政治协商规程(试行)》,引起社会广泛关注,产生较大影响。

亮点一:协商程序更加明晰。确立了党总揽全局、协调各方原则,明确将政治协商纳入决策程序,重大问题在决策之前及决策过程中要进行协商。丰富了政协民主协商会的形式,在省委同省各民主党派、无党派人士的政治协商层面,探索总结了高层次谈心会、小范围谈心会、专题座谈会、通报会、书面建议等五种协商形式;省委在省政协和省各民主党派及各界代表人士的政治协商层面,总结了省政协全体会议、省政协常务委员会会议、省政协主席会议、省政协专题协商会、省政协党组受省委委托召开的专题座谈会、省政协秘书长会议、省政协专门委员会会议、省政协内部协商会议、书面协商九种协商形式。同时,还明确了每种形式的协商内容、协商范围、协商工作分工、协商意见及建议报送形式等。为加强约束性,广东省首次明确了在每年年初,省委要书面通知到省政协拟确定的政治协商年度计划,明确责任部门及责任人职责、分工环节和时限要求等。

---

① 北京市政协课题组沈宝昌、陈煦、张平夫、宗明、郝红专、周清:《人民政协政治协商及其制度化、规范化、程序化建设研究报告》,《中国政协理论研究》2011年第3期。

亮点二:协商内容细化突破。第一种方式"省委同省各民主党派、无党派人士的政治协商"规定了8项内容:(1)中共广东省代表大会及委员会全体会议的重要文件;(2)重要地方性法规及政府规章制定和修改建议;(3)省政府、省人大常委会、省政协领导班子成员和省法院院长、省检察院的检察长的换届人选建议;(4)本省推动改革开放的重大决策;(5)本省经济社会发展长期规划;(6)事关民生及经济社会发展全局的重大问题;(7)通报重要文件及重要情况并听取意见;(8)其他需要和民主党派、无党派人士协商的重要问题。第二种方式"省委在省政协和省各民主党派及各界代表人士的政治协商"包括10项内容:(1)省委或省政府作出的关于政治、经济、文化、社会及生态文明建设的重要决议、决定和意见;(2)本省的国民经济及社会发展中长期规划;(3)省国民经济和社会发展计划报告、省政府工作报告和财政预决算报告;(4)省法院和省检察院工作报告;(5)重要地方性法规及政府规章制定与修改建议;(6)区域的总体规划及行政区划重大调整;(7)重要人士安排及其他干部任免事项;(8)事关民生及经济社会发展全局的重大问题,政府投资的重大建设项目决策,应对各类重大突发事件及公共危机的应急处置预案;(9)省各党派参加省政协工作的共同性事务,省政协内部重要事务和有关爱国统一战线的其他重要事项;(10)省委、省政府、省人大常委会、省政协和省政协参加单位共同提出的其他政治协商事项。跟以往的政治协商规定文件相比,在上述18项协商内容中,有一半是根据需要首次纳入协商范围的,在协商内容方面实现了较大的创新和突破。

亮点三:成果办理反馈更加完善。为了使协商成果服务决策,更好发挥政治协商的作用,《规程》明确了第一种协商形式中形成的重要协商成果,"要列入省委常委会议或省政府常务会议进行研究,形成采用意见,作为决策的重要依据";规定"省委、省政府督查部门要分别将省委常委会议、省政府常务会议对协商成果的讨论决定,省领导的批办事项纳入督办范围,各承办单位应及时向督查部门和省各民主党派反馈办理有关情况,并于省委常委会议、省政府常务会议结束之日起,三个月内书面向参加协商的省各民主党派、无党派人士反馈办理结果"。对于第二种协商形式的协商成果,包括省政协全体会议情况报告、常务委员会会议建议和情况报告、主席会议纪要、专题协商会建议、专题座谈会情况报告、专门委员会会议纪要等,"一般应在会议结束七个工作日内报省委、省政府,送参加协商的民主党派和各界代表人士"。同时规定,这类协商成果的办理与反馈也要参照第一种协商成果的要求实施。

亮点四:完善协商监督保障机制。《规程》设置了协商内容需提交决策的先决条件。明确规定:"需要进行协商的内容,未经协商的,原则上不准许提交省委决策、省人大及其常委会表决、省政府实施。"要求建立政治协商督办落实机制,提出:"由省委分管统战工作的领导同志牵头,建立政治协商督办落实联席会议制度,召集省委办公厅、省人大常委会办公厅、省政府办公厅、省政协办公厅、省委组织部、省委统战部等部门定期召开会议,研究、沟通和协调政治协商的组织实施、跟进落实、督办反馈等工作,并每年组织上述部门对政治协商的落实情况进行检查。"还首次提出省委要把是否重视政治协商、能否发挥好政治协商的作用,作为检验领导水平和执政能力的一项重要内容,纳入领导班子及领导干部考察考核的重要内容,并明确这项工作"由省委组织部主办,省委统战部协办"。

(二)科学确定协商议题

人民政协协商议题就是需要政协协商讨论的题目,通常是经过选择来确定所要协商的主题或内容：一是协商方向或者范围的确定；二是协商具体内容的确定。选择协商选题主要通过以下途径：一是同级党委、政府和上一级政协组织提出的或从政协上报课题中选定的；二是党委、政府和政协主要领导的联席会共同确定的协商题目；三是政协内部的选题机制，征集的议题来自常务委员会会议和专门委员会会议，还有座谈会、发函等形式。此外，协商议题还可以出自政协委员考察所得，群众关注的议题，或是面向社会公开征集的议题。科学准确的选题是践行协商民主的基础环节，它直接影响着人民政协协商民主的水平和质量。

1. 议题选题程序

（1）题目准备。每年年底，召开由政协委员、界别代表人物和社会各界人士参加的座谈会，还有由党委、政府政策研究机构和科研院所及有关部门参与的座谈会，讨论年度工作重点，确立下一年度政协协商方向。政协组织、政协参加单位和政协委员以此筹措酝酿下一年度协商题目。

（2）题目提出。首先召开党委、政府和政协领导联席会议，讨论下一年的重点协商题目，也包括党委、政府交办的协商题目，之后再召开政协全体会议。在全体会议期间，全体政协委员讨论联席会议确定的重点协商题目，提出意见建议，同时结合本界别关注重点和工作实际提出年度协商题目。

（3）题目整理。在政协全体会议之后一周以内，要汇总协商题目，并邀请相关人员对题目进行论证、筛选，并形成可行性报告，包括初步确定的协商议题的基本情况、可能存在的问题、协商基本方向等内容。提交给主席会议审定后，向党委和政府征求意见。

（4）题目确定。可行性报告要根据征求的意见进行修改，并向各政协参加单位与政协委员公布。召开政协常委会议通过本年度协商计划,并报送同级党委、政府批准。对口协商、界别协商和提案协商的题目分别由各专委会、各界别召集人和提案委员会在征求相关部门和代表意见的基础上,从年度协商计划中选择确定。

2. 议题选题原则

中共中央《关于加强社会主义协商民主建设的意见》对政协协商的主要内容作了阐释,国家的大政方针、地方重要举措以及涉及政治、经济、文化和社会各方面的重要问题,各党派参与政协工作的共同性事务,政协内部的重要事务,以及有关爱国统一战线的其他重要问题等,都可以纳入政协协商的选题范围。人民政协作为协商民主的重要渠道和专门协商机构,可以协商的领域十分广泛。这就要求在议题选题时应把握以下原则:

(1)问题导向、实践导向。人民政协选择协商议题,要关注国内外经济社会发展中反映的突出矛盾和热点问题,科学、客观地选择涉及国计民生战略性、前瞻性议题,把与国家、地方、部门和个人相关的焦点、难点问题,作为协商议政的重要议题,充分体现人民政协在协商民主中的重要渠道作用。

(2)围绕中心、服务大局。选择协商议题必须围绕地区战略发展方向和重大决策制定,包括地区中长期规划、党委年度工作要点和政府主要工作安排进行。积极为党委和政府的科学决策提供支持,体现协商民主的必要性和实效性。

(3)尊重人民、服务人民。把实现好维护好最广大人民的根本利益作为政协建设的出发点和落脚点,充分尊重和保障人民经济、政治、文化和社会等各方面权益,让人民群众充分享受改革发展取得的各方面成果,不断增强协商民主的群众基础和社会基础,促进社会发展和进步。

（4）体现特点、发挥优势。人民政协具有广泛的代表性、巨大的包容性和较强的组织性，在实行协商民主方面有着特殊的优势。因此，要充分考虑人民政协在组织上、制度上、工作方式上的优势，选择人民群众特别关心、党政部门特别重视、能充分发挥政协委员主体作用、政协有优势条件的题目进行协商。

3.协商议题主要内容

从历届政协会议的提案中可以看出协商议题的主要内容。提案是政协委员履职尽责的主要方式，我们这里着重从提案梳理政协协商所关注的领域，并在此基础上探索政协可以进一步拓展的协商领域。①

第一是经济议题。经济议题是改革开放以来历次政协协商的关注重点。从提案的数量和内容来看，政协九届三次会议一年中有关经济建设方面的提案 1502 件，占提案总数的 44.5%，涉及西部大开发战略、促进中西部地区经济发展、农业发展等方面；政协十届三次会议经济建设领域提案达到 1992 件，为提案总数的 44.31%，涉及宏观调控、经济结构调整及增长方式转变、循环经济、节约型社会、"三农"问题、经济体制改革、区域协调发展、非公有制经济发展和安全生产等方面；政协十一届三次会议围绕推动科学发展，委员们提出提案 2200 余件，占提案总数的 41.5%，包括加快转变经济发展方式、加强和改善宏观调控、加快调整经济结构、保持经济平稳健康发展等方面；政协十二届一次会议围绕加强和改善宏观调控、加快产业结构调

---

① 《关于政协十一届三次会议以来提案工作情况的报告》，《中国政协网》，http://www.cppcc.gov.cn/2011/09/15/ARTI1316053143694917.shtml。

整、促进区域经济协调发展、推动城乡发展一体化、加强生态文明建设等方面,提出提案 2628 件,占提案总数的 48.6%。

第二是科教文卫议题。从提案的数量和内容来看,政协九届三次会议有关科教文卫体方面提案 988 件,为提案总数的 29.3%,内容涉及科教兴国战略、文化市场规范、医疗事故处理等;政协十届一次会议有关教科文卫体方面的提案 1017 件,占 28.4%;政协十一届二次会议围绕教育、医药卫生、就业、收入分配、社会保障、居民住房、安全生产等方面问题,共提出提案 1900 余件,占提案总数的 36.4%;政协十二届一次会议围绕教育、卫生、社会保障等民生问题,提出提案 1531 件,占提案总数的 28.3%。

第三是法制建设、统战等话题。从提案的数量和内容来看,政协九届三次会议一年来有关法制建设、社会保障、统战工作等方面的提案 882 件,占提案总数的 26.2%,内容围绕加快社会保障体系建设、中医立法等;政协十届四次会议一年来有关政治、法律和社会保障等方面提案 1259 件,占提案总数的 25.2%,内容围绕"问责"体系的构建、社会治安的治理等;政协十一届二次会议一年来围绕基层民主建设、民族团结和宗教和睦、贯彻落实"一国两制"方针和侨务政策、两岸交流与合作、廉政建设等方面问题,共提出提案 1100 余件,占提案总数的 21.1%;政协十二届一次会议一年来,围绕完善中国特色社会主义法律体系、加强社会治理和廉政建设、促进社会和谐稳定等方面,提出提案 1244 件,占提案总数的 23.0%。

从以上部分全国政协会议的提案数量和内容可以一窥近些年来政协协商关注领域的特征:一是经济议题是关注重点,这与国家以经济建设为中心的大政方针相一致;二是科教文卫、社会保障等方面的提案逐渐增多,这是创新社会管理、共享发展果实的体现;三是有关法律、社会治理等的提案也在增多,这是可喜的现象,呼应了加强政治体制改革的民意,但相比其他内容,这一领域的提案仍是少数。

2017 年全国政协十二届四次会议召开,共提交提案 5769 件。其中经济建设方面,提出提案 1718 件。主要涉及鼓励大型国有企业兼并重组、妥善处理国有商业银行不良贷款资产、金融支持民营企业发展、加快推进“一带—路”建设、全面提升中国制造业竞争力、加快企业技术创新的建议,防范化解金融风险、完善互联网金融准入管理等方面;在生态文明建设方面,提出提案 303 件。主要涉及加强长江经济带生态保护区域合作、推动节能减排、治理大气雾霾、推进燃煤发电清洁化、调整供热能源消费结构、快递业包装减量化、开展湿地保护等方面;在政治建设方面,提出提案 322 件。主要涉及关于制定《行政程序法》的建议、中央编办等加快推进政府职能转变、治理懒政怠政、建立监督举报投诉制度的建议,推进社会主义核心价值观建设的建议、“十三五”促进民族地区和人口较少民族发展、兴边富民行动等规划;在文化建设方面,提出提案 460 件。涉及发挥科技在文化遗产保护中的作用,媒体要带头激活全民科技创新思维,利用筹办冬奥会的历史机遇,推动冰雪运动及产业发展等。在社会建设方面,提出提案 1344 件。涉及做好化解产能过剩过程中人员安置工作、解决好随迁子女入学问题、建立新型社会化养老体系、加快食品安全监管体系建设和专项打击电信网络犯罪问题等。从 2017 年的提案类别可以看到,议题大都围绕现在中心热点问题,生态文明建设和政治建设方面的提案突出于往年,这也切合了当今环保意识增强和政治体制改革诉求热点。

(三)有效规范协商程序

根据《中共中央关于加强人民政协工作意见》和政协章程的规

定,制定协商计划、做好协商准备、开展政治协商、汇总协商成果、协商成果办理与反馈是人民政协政治协商的五个程序。党委研究并确定在政协协商的议题,政协党组安排协商活动,党委和政府和有关部门负责人通报情况和听取意见,政协整理并报送参议各界人士的意见建议,党委和政府及有关部门研究和处理意见和建议,并反馈处理情况。有效规范的协商程序对发挥人民政协的协商民主作用十分重要。

1. 规范政协协商程序的必要性

(1)规范政协协商程序是贯彻落实中央部署要求的迫切需要。党的十八大、十九大均对加强社会主义协商民主制度建设作了部署,对发挥人民政协作为协商民主重要渠道和专门机构作用提出了明确要求。程序建设和机制建设是制度建设的关键环节,健全完善人民政协协商程序和协商机制,既是贯彻落实中央部署要求的内在需要,又是加强人民政协协商民主制度建设的有效举措。

(2)规范政协协商程序是保障人民政协协商民主取得实效的内在要求。作为社会主义民主的两种重要形式,选举民主和协商民主的着力点不同,选举民主重选举结果,协商民主重协商过程,也就是说,选举民主看票数,协商民主看程序。加强协商民主制度建设的关键在于程序和机制建设,没有规范的程序和科学的工作机制作保障,协商民主很难取得应有的协商效果。因此,程序的设计、机制的安排,是协商民主制度建设的关键因素,完善人民政协协商民主程序和工作机制,是保障人民政协协商民主取得实效的必然要求。

(3)规范政协协商程序机制是推进人民政协协商民主深入发展的制度保障。近年来,各地相继出台了一系列规范政协协商的文件规定,人民政协协商民主制度化建设取得积极进展。但是也应看到,一些制度规定操作性不强,难以落到实地。比如协商内容不够规范,协商范围比较模糊,对于哪些应该协商,哪些必须协商,规定得不够明确,造成协商的主观性很明显,想到了就协商,想不到就不协商,协商活动随意性大,常常流于形式。又比如协商流程设计不够科学,党委、政府有关职能部门在协商活动中的职责规定不够明确,对协商成果的办理、运用、反馈也缺少有力的保障机制。因此,完善人民政协协商民主程序和机制,可以有效避免协商活动的主观性问题,使政协协商不至于因领导人的更迭或认识水平不同而改变。

2. 规范协商程序应把握的环节

第一,把握重点,精准选题。精准选题是提升协商工作成效的前提。选题应围绕经济、社会发展中的重大问题,从发挥专委会自身优势、特色及委员的主体作用出发,选择政协协商议题要着眼于党委政府重视、社会各界关注、人民群众期待解决的热点和难点问题,确保协商工作和党政工作同步共振,便于委员知情出力,对经济社会发展起到促进作用。

第二,共同参与,深入调研。深入调研是搞好协商、提高实效的根本,只有搞好协商前的调查研究,才能确保协商有的放矢。一是调研参与面要广。专委会成员、涉及事项的主管部门负责人、界别委员和专家共同参与到调研中,确保话语广泛、建议全面。二是了解情况要深。开始调研活动前,组织党委、政府和相关部门要向调研组通报调研主题相关内容,使调研组成员了解情况,有的放矢。调研活动中,调研组要深入基层、群众,了解实际情况,摸清真实调研主题状况,充分把握第一手材料,搞好专题调研基础工作。三是分析研究问题要透。除了调研组成员的分析研究,必要时根据需要,可以组织相关专业人士进行分析认证,分析存在的现实问题,提出有效办法和措施。四是调研报告要精。安排专业班底撰写,集体进行讨论,反复打磨文稿,力求调研报告准确反映情况、分析透彻、建议具体实用、报告朴实简洁,最终达到协商预期目的。

第三,多方协商,形成共识。召开协商会议是开展协商工作的关键,协商会议的质量直接影响着协商成果的运用。一是确定会议参与范围,可以请政府分管领导、部门负责人、调研组全体成员及有关专业人士、委员代表和群众代表等多方面的人员参加,保证协商会议广开言路、科学民主。二是确定会议程序。会议可以首先由政协委员会负责人报告调研情况,后由调研组成员提出调研过程中的具体问题加以佐证,群众代表表达现实生活中的意见诉求,充分显示了政协协商意见接地气,有理有据。再由部门负责人对调研所提问题进行解释答复,对协商的问题作回应性讲话,统一意见、形成共识。三是调研报告在协商会议的意见基础上进行修改整理,报送政府主要领导签批,交由主管部门具体负责落实。

第四,运用成果,促进落实。协商成果能够促成政府部门改进工作、促进经济社会发展,是开展协商活动的目的。政协所提意见能否被重视、被采纳、被落实一直是政协工作的短板,也是政协需要不断争取党委重视、政府配合,自身也要不断改进完善的重要课题。在政协层面,将协商报告转化为每年例会的议政发言,两会期间,让党委、政府及所属部门的负责人直接听到意见和建议。会后,这些议政发言转化为政协常委会重要建议案,以法定的形式交由政府办理,保证协商成果得到答复落实。为督促落实交办事项,可以进行多次建议案、提案督办活动,同承办单位边办理边协商,增进共识,达成理解,最大限度地促成所提事项的落实。在党委、政府层面,主要领导认真研究签批,明确政府分管领导和政府部门具体负责,使所提事项有领导牵头,有部门办理。领导签批意见和部门办理进度纳入党委、政府重点督办内容,及时跟进了解,督促所提事项的办理落实情况。对办理不力的部门给予通报批评,加以督促整改。要加强反馈办理落实情况。将政府每年向政协委员会报告本年度提案办理情况制度化,政协组织及政协委员能全面了解政协协商意见的办理落实情况,也彰显了党委政府对协商民主工作的重视和支持,使政协协商不流于形式,能够产生实际效果。

3. 案例

湖北广水市政协着力规范政治协商程序不断增强协商民主实效。

为贯彻落实党的十八大精神,推进协商民主制度化、规范化、程序化建设,广水市在湖北省率先出台了《中共广水市委关于加强政协协商民主工作的意见》,在完善政治协商程序上着力进行了探索和实践。

第一,精心确定协商议题。广水通过四个层面确定协商议题。一是动员联络处、活动处委员献题。每年底,他们深入基层群众中,收集掌握群众反映的热点难点问题,作为来年政治协商建议议题上报给市政协。市政协对处组、委员要进行年度量化考核。二是专委会找题。督促各专委会关注对口工作部门的方向重点,在工作部门中找题。三是请市委、市政府出题。市政协的主要负责人及时和市委、市政府主要负责人沟通,征求市委、市政府意见。四是主席会议审题。召开主席会议,协商确定年度主席会议重点协商、常委会专题协商、专委会对口协商与界别协商议题。另外,各个层次的协商议题还被纳入年度工作要点,细化列表,按季度、月度作出安排,按计划实施,防止随意性、临时性、低水平协商。

第二,充分准备协商活动。协商议题确定后,根据协商计划制定实施方案。按照三步工作流程,即学习研究—视察调查—实施商定进行充分准备。一要掌握政策,学习业务。协商前,请相关专业的人士,围绕涉及协商内容的法律政策及专业知识,进行学习辅导。二是开展考察调查,全面掌握情况。协商活动之前,根据协商内容、层级,开展"大兵团调研"或者"小分队视察",搞清协商内容现状和问题。三是联系好协商对象,商定好协商活动。依据协商方案,适时加强和协商对象沟通联系,确定协商会议的地点、时间、议程、参会人员等具体事宜。

第三,组织开好协商会议。一要确定好参会协商对象范围,依据协商内容,邀请分管党政领导和相关单位部门主要负责同志参加协商会议,通报协商议题情况,听取各委员意见。于协商前10个工作日内将协商材料送到协商单位及人员手中,确保其有充足时间进行审查及调查研究,提出高水平协商意见。二要确定中心发言人。让发言者从专业角度建言献策,提高建言立论水平,提升会议质量。同时,实行开门协商,邀请新闻媒体全程报道。

第四,及时报送协商成果。一是建立起协商成果的报送制度。每次会后,参会人员提出的意见建议都会被整理成常委会建议案、协商会纪要等,报送给市委和市政府以及相关单位和人员,促使协商成果向党政决策转化。二是规定协商成果的报送时限。要求在会后7个工作日内,将整理的定案协商成果送达到有关领导、委员,提请相关领导批示,以便尽快转化为改善工作的具体措施。

第五,督办反馈协商意见。政治协商的成果转化,直接显示了政治协商的成效。广水下大力做了三个方面的工作。一是协商成果转化督办机制。市委、市政府把协商成果纳入"大督查"范围,市委组织部及统战部会定期召开联席会议,市政协办公室定期汇总检查协商意见落实情况。二是强化协商成果办理反馈时限。在三个月内承办单位要把协商意见办理结果以书面方式向市政协反馈。市政协要适时加强与相关部门联系,掌握意见落实进度。对委员不满意的和办理不力的问题,要再次视察督办。三是建立协商意见落实的情况通报制度。年底,市政协要汇总所有协商成果转化情况,向市委汇报,增强政治协商的实效性①。

(四)推进成果转化运用

人民政协的参政议政是人民政协的重要职能,通过开展调查研究,反映社情民意,进行协商讨论,以调研报告、提案、建议案或其他形式,向党和国家机关提出意见和建议,是政治协商和民主监督的拓展、延伸与升华。而推进成果转化是人民政协提高参政议政水平、工作取得实效的重要一环。实现调研成果的有效转化在工作实践中还存在一些问题,需要不断寻求解决路径。

1.协商成果转化的制约因素

一是有些调研报告层次不高、深度不够,影响了调研成果的转化。影响调研成果转化的关键在于问题是否符合实际,观点是否准确全面,建议是否可操作。从发现的情况看,有些报告议政题目不准,与党政决策需要不对路,参考价值不大;有些深度不够,可操作性不强,影响成果转化。有些调研过程还存在深入基层、深入群众、深入实际不够的问题,只是从机关到机关,从部门到部门,靠打电话、听汇报、看材料来了解情况,这种调研方式必然会影响调研质量,调研成果也难以有效转化。

二是联合办理协调力度不够。有的调研成果所提问题,需要多

---

① 李建强:《着力规范政治协商程序 不断增强协商民主实效》,《世纪行》2013 年第 8 期。

部门协作办理。实际中存在主办单位和协办单位沟通衔接不够、调研覆盖面不宽、优势挖掘不够等问题。还有很多调研没有针对课题的特点，充分吸收更多有专长、有经验、有造诣的委员、专家学者，只依靠政协机关自身和少数委员的力量，也会影响调研成果质量和调研成果转化，同时也影响了政协委员作用的发挥。

三是转化机制不够完善，成果转化参差不齐。近年来，各级党委和政府部门普遍重视了政协提案、建议案和调研报告。但由于办理和反馈环节上的许多不完善，具体的办理过程和办理结果如何，许多委员不了解，难以达到预期效果。一些政协大会成果没能及时交办，使得一些意见建议难以落地，没能形成参政实效。有的意见虽然被采纳，但实施进度慢、力度小。有的计划实施，但没有具体实施的时间进度表，答复空泛，没有具体措施。这些反映出调研成果反馈机制上的缺陷，势必会影响广大政协委员参政议政的积极性和创造性。

四是承办单位认识观念存在问题。在提案办理过程中，一些提案承办单位对政协委员的提案认识不到位，甚至抱怨，总认为政协委员提案是给他们找麻烦，不能正确对待。对委员提出的意见建议不调查研究，仅局限于答复，使意见和建议不能得到很好运用。

2. 推进成果转化运用的思考

第一，各级党委和政府应高度重视政协调研成果。政协调研成果能否得到有效转化，一个很重要的方面要看党委、政府的重视程度。党委、政府和有关部门对调研报告提出的重要意见和建议，应认真研究、积极采纳。特别是对党委、政府有关领导的批示，应责成有关部门认真研究，抓紧办理，不能敷衍了事。同时，政协机关也应进一步加强与党委、政府有关部门的联系，对于在意见实施过程中出现的新情况和问题，要及时与委员沟通，确保调研成果转化。

第二,加强教育培训,提高政协委员参政议政能力。一定的专业知识、政策水平、研究分析能力是专题调研委员必须具备的综合素质。政协机关应该积极组织委员开展多层次知情调研,开展多层次、多形式的学习培训,提高参政议政和反映社情民意的能力。政协除每年定期组织委员加强基本知识培训外,还应注重结合专题调研课题,有针对性地做好委员的专项培训工作。重点学习有关文件、政策法规和专业知识,请有关部门领导介绍社情民情,或邀请相关专家进行相关知识的专题辅导,帮助委员开阔思路,了解政策要求,做到在专题调研中所提的意见和建议针对性强,能切中要害。

第三,各级政协组织要切实提高调研工作质量。政协调研工作要取得成效、产生影响,引起党政领导、有关部门的关注和重视,最主要的还是取决于调研成果的质量。只有在一些重大问题上,集中精力,做足文章,才能真正参政参到点子上,议政议到关键处。因此,在调查研究的选题上,应紧紧围绕党和政府关注的一些具有综合性、全局性、前瞻性的重大问题和经济社会生活中的突出矛盾选择课题。同时,课题选择要有计划性,每年的调研课题应在年初确定,以便集中统筹和安排。在调研力量的整合上,应针对课题的特点,广泛吸收政协委员和专家学者参与调研,最大限度地发挥政协人才智力优势。

第四,突破成果转化低效性,取得协商问政实效性。协商成果的转化运用是协商问政的价值所在。首先,要及时启动问政程序。要主动加强与党委、政府和相关单位的沟通联系,及时报送相关意见及建议,努力将协商成果向决策部署转化。对一些专项工作,促使相关意见建议直接进入操作层面,努力转化为职能部门的工作措施。其次,要强化跟踪落实措施。要重点完善反馈机制和督办机制,确保对协商成果转化的跟踪落实,取得协商问政实效。政协办公室、研究室及相关专委会要及时跟进协商成果,明确责任人,抓落实,随时掌握办理进度。完善反馈机制。科学设定党委、政府对政协建议案、提案、调研报告、社情民意信息等文件的批复要求和时限要求,用制度或规定形式确定职能部门办理情况的反馈时限和要求。再次,要完善督办机制,建立健全协商绩效考评机制。党委、政府应把部门对落实政协建议、促进协商成果转化情况,作为绩效考评的重要内容,量化考评,加大督查督办工作力度,确保专人跟踪督查并进行情况通报。同时,规定政协要根据办理情况,组织各界代表采取评议、视察监督、"回头看"等形式进行分析评估,推动协商建议的落实。此外,可以借助人大的力量对各部门落实协商民主情况进行联合监督,通过人大监督的法律强制性,增强协商民主的约束力。扩大对专题协商的媒体宣传,办理落实情况的跟踪报道,加强媒体与公众监督,促进协商成果发挥作用。

3. 案例

广安邻水县推进政协协商民主成果转化和运用。

第一,跟踪问效。广邻高速公路邻水收费站堵车十分严重,人民群众诟病多年。县政协通过调查研究,以提案、视察、社情民意等形式积极协商议政。县政协九届三次会议上,多名委员提出《尽快搬迁广邻高速公路邻水收费站彻底解决堵车顽疾的建议》的提案被立案列为重点提案。县委书记在闭幕大会讲话时,评价该提案与县委的思路很合拍。该提案交办后,县交运部门多次跑项目争取资金,得到省交运厅的大力支持,开工迁建。半年后,县政协主席会议对该工程开展了视察,提出了进一步加强"质量、安全、进度"的建议,促进了该工程建设。工程完工通车让邻水人民彻底告别高速公路出口常堵车的情况。

第二，落实反馈。县政协对于送达到县委、县政府的每份常委会通报、主席会报告、调研视察报告、提案、民主评议报告和社情民意信息等，都要求及时反馈办理意见，并在年末听取县政府采纳和落实的专题通报。三年间，县政协常委会多次听取县政府关于提案办理情况的通报，民主评议报告、调研视察报告、社情民意信息中关于建议采纳和落实情况的通报，在制度上确保了协商民主成果的落实。

第三，联合督查。一是县政协结合实际，着力探索协商民主成果转化和运用的联合督查新机制。为推进建议案落实，邻水县政协主席适时与相关党政领导共同开展视察活动，推进实施重点，协商重点，献策解决难点。县城"打车难"曾一度成为邻水群众反映十分强烈的热点问题。2011 年底，县政协九届一次会议把委员提出的《关于采取多种措施缓解城区客运运力不足建议》的提案立案列为建议案交办后，主席会议邀县政府分管副县长一起，对该建议案的办理情况进行了视察，促进了落实。2012 年，新增出租车 32 辆，县城的出租车拥有量达到 114 辆，出租车万人拥有量由过去 4.1 辆提高到了 5.7 辆，在一定程度上缓解了群众"打车难"，受到市民的好评。二是与县政府办联合分解提案办理。每年全委会后，县政协办公室和提案委与县政府办、县委县政府督查办联合提案办理责任部门和单位，并下放政府专项办理文件。提案委还和县委县政府督查办、县政府督查室联合督查提案办理情况，把办理提案的满意度作为对部门考核的重要依据，分值占考核总分 100 分的 1%。提案办理责任部门与单位的答复意见，由主办单位主要负责人初核、县政府分管副县长审核、县长把关审签，并由主办单位与委员协商满意后，才能邮寄答复意见，使提案办理面商率、办复率、委员满意和基本满意率均达 100%。三是和纪检监察部门联合开展民主评议。三年来，县政协常委会对经济、民生和执法等 10 个部门进行了民主测评,当场公布测评结果,促进了工作。2013 年 5 月—10 月,政协常委会采取"组织动员、专题培训、调查走访、集中建言、整改总结"的步骤,对县国土资源局的工作进行了民主评议。该局认真采纳政协建议,立言立行,边评边改。政协常委测评综合满意率达 96.67 %,该局获得县委、县政府绩效考核一等奖。政协协商民主成果的有效转化和运用。

（五）切实提高协商质量

协商质量的提高对于发挥政协协商民主作用意义重大。提升政治协商质量有助于加强社会各界别和人民对决策合法性的认同,从而提高决策质量,促进决策的科学化、民主化;有助于发挥监督作用,对党委、政府执政权实施监督和约束;政协只有加强自身建设,不断提高履职能力,才能有所作为。

1. 政治协商质量还需要提升

（1）政治协商运作机制有待进一步完善。政治协商还缺乏实施细则和具体操作程序,协商在相当程度上受到制约和影响,随意性大,约束力差,"一头热"现象很难避免。不规范、不统一、难操作,整体功能得不到应有的发挥。在实际工作中,政治协商在一些地方还常常流于形式,究其根本原因,在于政治协商缺乏具体法律效力。从制度建设上来说,政治协商制度的大框架已经存在,而且比较科学合理,但是在一些具体操作层面上制度还不是很完善和规范,还存在一些亟待解决的问题,无章可循的现象在政治协商的某些领域、某些方面还不同程度地存在,这样在一定程度上也造成了政治协商虚化的现象。

（2）政协协商内容还有待于进一步全面和公开。《中共中央关于加强人民政协工作的意见》规定:"人民政协政治协商的主要内容是:

国家和地方的大政方针以及政治、经济、文化和社会生活中的重要问题;各党派参加人民政协工作的共同性事务,政协内部的重要事务以及有关爱国统一战线的其他重要问题。"但实际上一些重要方针政策、法规草案、人事安排、重大工程建设和招投标等较少提交政协协商;政协主动要求多些,党政主动协商少些。

(3)协商渠道尚不够畅通。社情民意信息转化为党政领导决策成果的机制还不够健全,挫伤了群众反映社情民意信息的积极性;开展界别和委员小组活动没有形成制度,也没有具体量化,存在着随意性;组织委员参与协商、视察、调研等活动时,只有极少数相关的委员参与,多数委员一年只参加了一次全体委员会议,无法具体考核其工作。这些问题都在各级政协组织中或多或少地存在,导致联系群众不够紧密,弱化了群众对政协组织和委员的积极期待效应。

(4)政治协商与政策目标受众互动有待加强。为保证在协商中的客观公正性,提高协商质量,政协在协商前,须将所协商政策的目标受众的利益诉求吸纳到协商前的议案中,以反映其利益诉求。因为在政策直接利益相关群体缺席的情况下,他们的利益诉求和合法权益有可能得不到正常表达,此种状态下协商出来的公共政策在质量和民主方面都极有可能受到质疑。目前来看,各民主党派与人民团体有限的知情渠道、不对称的政治信息,影响了他们的议事质量。他们中参与协商时也存在提意见少的情况,加之少数人民代表性不强,也极大地影响了议事成效。

2.提高协商质量的几点思考

从政协工作实践看,要提高协商质量,必须加强政治协商法律体系建设,在议题的选择、课题的调研、协商的方式、协商成果的转化等方面下功夫,注重协商、监督、参与、合作协商各个环节,切实提升协商民主的质量与效果。

（1）加强政治协商法律体系建设。虽然多年的实践积累，为人民政协政治协商初步形成了一个大致完整的制度框架。但是"意见""规定"都不是法律，不具有对人民政协外部的协商主体的普遍约束力。在人民政协政治协商活动的具体实施方面，长期以来无法可依，存在着极大的随意性，缺乏法律上的制度保障和相应的评价与监督，如在政治协商的具体范围、内容、程序、方式，都必须有法律层面上具有强制性约束力的可操作性规范。通过立法完善我国多党合作和政治协商政治制度，是新时代人民政协创新和发展的必然结果，也是政治协商的本质要求。

（2）健全有效议题协商机制。在选择协商议题上，政治协商议题的选定是政治协商成功与否的关键和基础，如何为协商选精、选好议题，就必须建立有效议题协商机制。可以设立议题协商的协调小组，也可尝试在政协机关中设立政治协商委员会，专门承担政治协商的日常事务工作，建立议题通报制度。在选题的内容上，要从党委、政府重视、人民群众期盼、政协有能力做好的课题入手，坚持问题导向，精心选准协商课题，不求题目大，求切中要害。一是选择党委、政府正在谋划的重大问题和事项，超前思考，提前介入，增强协商的主动性、预见性和前瞻性，积极为党委、政府科学决策提供参考，体现人民政协作为协商民主的重要渠道作用；二是选择党委、政府正在实施的重大战略，及时跟进、建言献策、凝聚力量，为党委、政府的中心工作提供支持，体现协商民主的实效性和必要性；三是选择人民群众普遍关心关注的热点难点问题，深入基层、倾听民声、反映民意，为党委、政府理顺关系、化解矛盾提供帮助，体现协商民主的群众基础和社会基础。在选题的方式上，专题协商议题可以由党委、政府提出，也可以由政协组织在深入听取意见、充分酝酿的基础上提出,最后由党委决定。对口协商、界别协商、提案办理协商,可以由党政有关部门提出,也可以由政协专委会、界别组提出,并经双方商定开展。无论是何种形式,政协组织应增强工作主动性,做到研究在先,超前沟通,取得支持。

(3)强化对协商问题的调查研究。在研究协商问题上,"人民政协拥有的政治话语权和广泛影响力很大限度上靠所提意见、建议的质量和可行性。靠对复杂问题的正确见解和对工作的预见性"。把要协商的问题搞清楚、研究透,提出解决问题的意见和建议,是提高协商民主实效的关键所在。一要情况明。要组织委员对协商课题开展细致地调查,要深入基层,深入群众,努力掌握客观真实的第一手资料。二要研究深。要组织委员在充分了解问题实际情况的基础上,开展研究论证,"解剖麻雀",搞清问题的来龙去脉。在研究过程中,要汇集各方面的专门人才,集中优势智力资源,从不同角度提出可行的意见和建议,提倡不同观点的交流、交锋,力求取得突破。三要建议实。使提出的对策建议符合客观实际、符合群众意愿,具有可操作性。

(4)进一步完善政协协商方式。目前,政协民主协商的实现形式,主要是开展专题协商、对口协商、界别协商和提案办理协商。这四种协商形式既相互配合,又各有侧重。专题协商是以经济社会发展中的全局性战略性专题性问题为内容,在决策之前和决策执行过程中进行协商,主要是通过常委会议、主席会议等层面完成,能够展现协商的能力和水平,体现协商的广泛性、民主性和科学性。为了体现程序的民主价值,人民政协的协商民主活动应尽可能增强其透明度,如政协全会、常委会议邀请民众代表列席,通过报纸、电视、网络等新闻媒体开办政协在线、界别议政、提案追踪、委员会客厅等栏目，提升社会公众对政协工作的参与度与认同感。

（5）营造宽松和谐协商环境。在营造协商环境上，协商民主需要营造宽松和谐的议政环境，形成既畅所欲言、各抒己见，又理性有度、合法依章的良好协商氛围。一要培育协商意识。从党政部门来说，要认识到协商民主是推动我国民主政治建设的一种重要形式，是促进决策科学化民主化的重要途径，从而增强协商的主动性和自觉性。从政协来说，要充分认识开展协商民主是政协履行职能重要组成部分，是委员履职尽责的重要途径，从而增强协商积极性和创造性。二要开展平等协商。协商主体双方或多方进行平等对话，使各方面的意见能够平等交流讨论，体现广泛团结、包容各界的特点。三要创造宽松和谐的氛围。在协商过程中，应鼓励委员愿讲话、敢讲话、讲真话、讲实话。政协中存在不同意见、不同声音是正常的现象，要提倡热烈而不对立的讨论，开展真诚而不敷衍的交流，鼓励尖锐而不极端的批评。

（6）积极促成协商成果转化。在协商成果转化上，要搞好协商成果的转化，这是开展协商民主的重要环节，也是检验协商实效的一个重要标准。一要及时报送协商成果。每次协商后要形成专题协商报告，报送党委、政府和党政有关部门，供决策时参考，尽可能将协商成果转化为党政决策。二要做好成果转化。要把协商工作和政协提案、反映社情民意信息工作有机结合起来，将协商中发现的问题、委员提出的意见建议转化为提案和社情民意信息，通过反映社情民意、开展提案督办等形式，推动问题的解决和落实。三要建立协商成果反馈机制。一方面，党政部门要将协商成果的落实情况，及时反馈给政协及相关工作机构；另一方面，政协工作机构要与党政部门保持经常性的联系,跟踪督办协商成果的落实情况。同时对一些非涉密的协商议题和协商成果,可通过新闻媒体进行公开,引导社会公众参与评议监督,使协商成果可以得到更好的落实。

3.案例

扬州市提高质量增强实效推进基层政协协商民主发展。

近年来扬州市政协推进协商民主的实践和探索告诉我们,围绕中心、服务大局是基层政协推进协商民主的重要原则,提高质量、增强实效是基层政协推进协商民主的本质要求,积极创新、丰富形式是基层政协推进协商民主的关键所在,加强领导、完善制度是基层政协推进协商民主的有力保障。

第一,围绕中心、服务大局是基层政协推进协商民主的重要原则。基层政协推进协商民主,必须坚持"围绕中心转,服务大局干",这既是政协组织性质、地位、职责所决定的,也是政协协商民主找准切入点、增强影响力的必然要求。近年来,扬州市政协在推进协商民主过程中,始终把围绕中心、服务大局作为选择协商议题的重要原则,作为组织协商活动的重要内容,作为评价协商成效的重要标准。

紧扣全市工作中心和大局开展民主协商,是扬州市政协推进协商民主的鲜明特色。在开展专题协商、对口协商、界别协商、提案办理协商时紧扣中心,初步构建了"四位一体"协商格局,形成了政协协商的合力。在对口协商中,把政协各专委会与政府相关部门紧密挂钩联系,就有关重点议题开展对口协商,实行协商民主的"无缝对接"。如经济科技委员会就推进自主创新议题,与市科技、经信、财政、发改等部门进行对口协商,达成共识,并出台一系列鼓励科技创新体系建设、促进企业自主创新的政策措施。在界别协商中,围绕市委、市政府"促进市区融合发展""建设世界名城"的部署,开展界别活动周活动,组织委员开展协商,通过加强界别协商,凝聚人心,集思广益,汇聚更大力量。在提案办理协商中,确定"推进产业结构调整、优化、升级""强化社区职能,关心弱势群体"等五件为重点协商办理的提案,这些重点协商办理的提案都突出了全市工作中心和民生大事。

第二,提高质量、增强实效是基层政协推进协商民主的本质要求。提高协商质量,增强协商实效,力求协商管用,是推进协商民主的本质要求。新一届扬州市政协认真学习贯彻党的十八大精神,积极引导委员充分认识政协协商的重要意义,认清政协作为协商民主渠道的重要作用。调研是协商的前提和基础,也是协商和落实的过程。在调研工作中,注意结合议题特点确定调研方式。围绕"加快制造业转型升级"协商议题,从企业这一转型升级的主体入手,先后深入三十多家制造业企业,开展面对面的现场调查,向五十多家制造业企业发放问卷,开展有针对性的问卷调查,在掌握第一手资料的基础上,召开十多个相关部门参加座谈会,开展协商性的座谈调查,做到边调查、边分析研究、边解决落实、边统一思想,努力把调研过程转变为协商和解决问题的过程,把协商和解决问题寓于调研之中。

政协协商的成效,最终要体现在意见建议的质量和采纳上。近年来,扬州市政协把提高建言献策的质量作为重中之重,努力使所提建议党委和政府可采纳、可操作、可落实。市委、市政府主要领导先后在《加快我市制造业转型升级》等调研报告和建议案等协商性文件上批示十多次,建议被市政府及有关部门积极采纳、分解落实。这些看得见、摸得着的成果,是对政协协商民主质量和实效的最好诠释。

第三,积极创新、丰富形式是基层政协推进协商民主的关键所在。扬州市政协搭建企业与政府协商新平台,每季度举办一次"委员企业沙龙",组织委员企业和政府部门面对面协商,企业家委员既谈本企业个性问题,也谈行业内、区域内企业的共性矛盾;部门负责人不仅宣讲政策、解疑释惑,还结合实际,指导企业如何运用政策、做大做强。每次"沙龙"活动都成为一次别开生面的专题协商会,委员企业与政府部门之间增进了理解,增强了共识,实现了双赢。

"政协论坛"是扬州市政协开展的参与性广、专业性强、影响力大的协商活动,每年围绕一个主题邀请政协委员、专家学者、机关部门和社会各界人士在调查研究、学习先进的基础上,结合实际撰写论文,为市委、市政府建净言、献良策。2012年"建设世界名城"主题政协论坛,共收到论文120多篇,市委主要负责同志亲临论坛,和与会的200多名政协委员、专家学者和各界人士面对面协商讨论,面对面听取意见,民主氛围十分浓厚,起到了统一思想、增进共识、汇聚力量的积极作用。

扬州市政协积极创新提案办理流程,从过去简单地从提到办转变为现在的"先协商、后办理,再协商、后答复",增加了协商办案程序。在"世界名城建设"提案办理协商会上,提案、提办双方和有关专家齐聚一堂,各抒己见,通过面对面协商,交换意见、促成共识。今年,我们又在充分协商的基础上,积极推行重点提案市长领办、主席督办、提案委指办的新举措,目的就是在更高层面、更深层次推进提案的协商办理。据统计,市政协七届一次会议以来解决和基本解决的提案占提案总数的比重,比六届五次会议提高了3个百分点。

第四,加强领导、完善制度是基层政协推进协商民主的有力保障。中共扬州市委出台了推进政治协商相关实施意见,细化了政治协商的具体内容,建立了政治协商的督办落实机制,解决了为什么协商、协商什么、跟谁协商、什么时候协商、怎么协商、协商以后怎么办等一系列问题,并健全了对政协工作的领导体系和组织网络,从制度和组织层面保证了市政协协商民主的有力有序发展。

扬州市政协积极争取党委的领导,争取政府的支持,争取部门的配合。市政协每年初都将全年常委会议、主席会议、政协论坛、界别活动周的协商议题列入年度工作要点,提请市委以正式文件形式下发,有效提高了政协协商的目的性和严肃性。

本届扬州市政协在完善协商制度规范,特别是提案制度规范方面做了有益地探索和实践,出台了《扬州市政协提案工作制度规范》,对提案的征集、撰写、提出、审查、交办、办理、督办、答复等各个工作环节做了 19 项制度规定。特别是在制度规范中明确了把协商办理作为提高提案办理质量和成效的有力抓手、作为检验和考核提案办理水平的重要标准等相关要求,使协商办理真正贯穿于提案办理的全过程。

第二节　舆情表达嵌入人民政协协商 民主实践的有效形式

经过七十多年的发展,人民政协组织逐步形成了较为完善的制度体系和工作方式,在践行协商民主过程中积累了宝贵经验。实践证明,专题协商、界别协商、对口协商以及提案办理协商方式行之有效,网络协商、远程协商也开始成为实践中拓展的协商形式。这些方式既相互配合,又各有侧重,相辅相成,构成了多领域、多层次的协商格局,使人民政协政治协商可以更好地反映各民主党派团体及各界人士的意见和建议,作为发扬社会主义民主重要形式的这些形式凸显了人民政协在发挥协商民主功能时具有体制、组织和能力上的独特优势。

舆情是执政的"风向标"。政协是舆情最为集中、最具代表性、最有组织性的汇集地。在当代社会发展过程中，人民政协的舆情表达一般是指广大民众在表达意愿的驱使下，通过政协的组织主体和委员个人主体，采取一定的途径、方式和程序，向执政党、人大和政府等权力机构提出政治、经济和社会等方面的利益诉求或综合意见，并试图对其决策或立法等施加影响的政治行为和过程。人民政协实际上是一个资政和舆情表达的机构，舆情表达融入政协资政过程中。人民政协为其各类组织和个体进行有效的资政和表达民意提供了一个制度性、系统性、程序性和常态性的运作平台。

政协舆情与其他舆情通道相比，最大的特点就是界别舆情，即界别代表性。政协的界别具有最广泛的代表性，在人民政协中，各界别代表反映和维护各自利益，不是通过竞争与对立的方式进行，而是广泛、充分地协商讨论。通过提出意见、批评和建议等方式，对法律法规的实施和国家重大方针政策的贯彻执行等情况进行民主监督；通过调查研究、专题视察、咨询论证等途径，了解和反映社会不同阶层、不同群体的愿望和要求；通过政协专题会议、对口协商、界别协商、提案办理协商等形式，就经济社会发展的重大问题进行充分的、民主的、平等的、真诚的协商讨论，从而在有序政治参与中提升公共决策的民主性、科学性和公共性，进而拓展人民有序政治参与的广度与深度，最大限度地实现最广大人民的民主权利。

一、专题协商

（一）专题协商的形式内容

专题协商通常是指通过政协组织提供平台,以会议为主要形式,让政协界别或政协委员就经济社会发展中的某一重要问题,在深入调研基础上,与政府及相关部门负责人直接进行协商议政的形式。在人民政协的平台上,围绕经济社会发展中的重要问题进行专题协商,已成为人民政协在新形势下开展政治协商活动的一种行之有效的形式。近年来,政协专题协商的作用和影响愈来愈大。

从全国政协看,专题协商分为两个方面:第一个方面是专题议政性常委会议和专题协商会。2005年7月第一次政协专题协商会开始进行。第十届全国政协围绕制定"十一五"规划、推进西部大开发、加强文化建设等专题,共召开了五次专题协商会。第十一届全国政协围绕防止经济增长过热和通胀、加快发展方式转变和结构调整、深化文化体制改革、加强和创新社会管理等专题,召开了六次专题协商会。第十二届全国政协按照协商的专题内容,将专题协商会议进一步拓展,不断加大专题议政性常委会议和专题协商会的力度。2013年,全国政协组织召开的大力推进生态文明建设专题议政性常委会议;以积极稳妥推进城镇化,着力提高城镇化质量为主题的专题协商会。全国政协2014年以"发挥市场在资源配置中的决定性作用和更好发挥政府作用""深入落实八项规定精神,以优良的党风政风带动民风社风"为题,召开专题议政性常委会议;以"深化产教融合、校企合作,加快现代职业教育体系建设""构建现代公共文化服务体系"为题,召开专题协商会。专题协商会是全国政协独特、重要且成效显著的履职品牌。

第三章　完善人民政协发挥协商民主重要渠道作用的实践形式

　　第二个方面是双周协商座谈会。2013年10月,新一届全国政协首次举行双周协商座谈会。双周协商座谈会是人民政协的优良传统,最早可以溯源到第一届全国政协的双周座谈会。1950年4月,各民主党派、无党派民主人士联合发起召开双周座谈会,参加人民政协的中国共产党、各民主党派、各人民团体推举的代表及全国政协常委为主体参加。在新形势下,为进一步发挥好人民政协作为协商民主重要渠道的作用,十二届全国政协在继承的基础上有所创新,建立双周协商座谈会制度,通过定期邀请各界别委员主要是民主党派成员、无党派人士座谈交流,听取意见和建议,使双周协商座谈会成为沟通思想、增进共识、协调关系、凝心聚力的协商平台。在会议的议题选择上,双周协商座谈会以"小题目作大文章",坚持研究党和国家的重大关键性课题,研究涉及人民群众根本利益的战略课题,每次会议所提建议突出务实性、可行性、前瞻性。2014年全年双周协商座谈会计划经主席办公会议审议后报中共中央批准,进一步推动专题协商的规范和有序。至2015年7月,双周协商座谈会已经举办了34次,其中2015年围绕"农村土地确权登记和相关法律问题与对策""做好西部农牧区棘球蚴病防治工作""推进长江经济带开发中的湿地保护""推动传统媒体和新兴媒体融合发展""推进京津冀协同发展中的大气污染防治""残疾人权益保障"等已召开10次双周协商座谈会。双周协商座谈会进一步发挥了"人民政协协商民主重要渠道"的作用。历史地看,双周协商座谈会是对1950年4月至1966年7月举行的"双周座谈会"的继承、创新和发展。

　　从地方层面看,主要是专题议政性常委会议和专题协商会。以地方中心工作为协商主题,抓战略性问题。以济南市为例,近些年围绕党政关注、群众关心,特别是涉及多个职能部门协调配合的专项工作开展"1＋1"专题协商,一方面通过专题议政把问题研究深透,一方面通过常委会议充分讨论协商,整合专题议政会意见建议,向党委政府提出高质量的建议案,推动协商成果进入决策程序。

首先,在协商选题上,聚焦在全市年度重点工作。主动与党政主要领导沟通,确定政协调研课题,结合政协智力资源,分解专项课题,作为专题议政会的重要内容。发展实体经济、创建水生态文明市、创新社会管理基层基础工作、建设食品安全城市、省会城市群经济圈发展等专题议政课题都是近几年党代会报告或政府报告提出的重要任务。2014年济南市政协拟定了积极稳妥推进全市城镇化进程和健全城乡养老保障体系两个专题议政会题目,得到市里领导的大力支持。

其次,在协商组织上,坚持专题议政会与政协常委会统筹结合。制定工作要点时,将专题议政会主题与常委会协商议政主题相衔接,"1＋1"同步进行。专题议政会后即召开政协常委会,全体常委深入讨论专题议政会成果,从不同角度提出意见建议,形成建议案报送市委、市政府。市委主要领导对每个建议案都做出详尽批示,转有关部门研究落实,一些意见建议进入重大决策,一些问题得到顺利解决。

从专题议政性常委会议、专题协商会到双周协商座谈会,作为一个完整的过程,专题协商至少有以下四个环节:

第一,议题的设置。选准、选好协商议题是提高人民政协专题协商成效的重要环节。总体上,专题协商的范围几乎可涵盖人民政协咨政的所有内容,即宪法修改和国家重要法律制定,国民经济和社会发展的中长期规划,区域经济协调发展,重大体制改革等战略性、全局性、前瞻性的重大问题。

第二,调研。专题调研是人民政协重要的基础性工作。如"统筹城乡发展,促进形成城乡经济社会发展一体化新格局"成为第七次专题协商议题之后，十一届全国政协相关领导分别带队到地方调研和视察。全国政协经济委员会等多个专门委员会、有关民主党派中央通过开展视察调研、专题座谈等形式，广泛听取各方意见，为专题协商会做了充分准备。

第三，建言与互动。参加专题协商的成员来自不同领域和界别，主动性参与使协商会变成"多言堂"。从11次专题协商会的过程看，基本形成了国务院有关部门负责人讲情况，地方政府负责人谈进展，政协委员和民主党派提意见和建议的格局。谈情况，实事求是；讲问题，毫不回避，各方发言观点鲜明，论述充分，精彩建言层出不穷。尤其是政协委员的建议，有很多不仅具有前瞻性，而且对国家后来的发展起了重要作用。

第四，追踪问政。有效转化协商成果，才能促进党委和政府决策的科学化和民主化，体现专题协商的成效和价值。每次专题协商会结束后，全国政协相关部门都及时启动问政程序，除了及时整理并报送相关意见和建议外，加强与中共中央、国务院及相关部门的联系，根据办理情况，适时组织督办和跟踪视察，进一步促进了意见和建议的落实。专题协商会形成的成果对于推动重大决策的科学化、民主化发挥了重要作用。

专题协商的特点和优势主要体现在：一是协商层次高。从全国政协及各地实践看，专题协商很大一部分是在政协常委会议、主席会议或者由主席主持的座谈会层面进行协商，政协主要领导和各民主党派负责人、有关界别代表人士出席，并邀请中共党委、政府领导及相关部门负责人出席，社会影响面比较大。二是协商议题事关全局。专题协商的议题涉及国家和地方大政方针，大多是选取经济社会发展中具有综合性、战略性、前瞻性的重要问题进行协商。三是形成对话和互动机制。专题协商一事一议、目标明确、议题鲜明、研讨集中，而且面对面平等对话与互动。参加专题协商会的政协委员、民主党派负责人和各界代表人士，与党政领导及相关部门负责人，聚集一堂，畅所欲言，平等协商，促进了对话与互动，提高了协商效果。

（二）典型案例

1.山东东营市通过政协专题协商有力助推了当地生态文明发展①

东营市地处黄河三角洲腹地，是黄河流入大海的地方，也是胜利油田所在地，典型的资源型城市。2009 年 11 月，国务院正式批准实施《黄河三角洲高效生态经济区发展规划》，标志该区域发展已上升为国家战略。创建生态文明城市是该市"十二五"规划的战略目标。为配合市委、市政府中心工作，东营市政协主席会议在确定 2012 年专题调研视察课题时，把生态文明城市建设作为重中之重，开展关于生态林业建设情况的调研，关于高效生态农业示范区建设情况的视察，以及关于创建全国文明城市的专题视察。专题调研和视察主要集中在第二、第三季度，每次都有主席、副主席带队，除深入全市各县区、各企事业单位座谈、考察、暗访外，还分赴福建、上海等地考察、交流，先后有上百位委员参加活动，通过数百次的面对面调研协商，形成了调查报告和建议案。

为强化办理实效，东营市政协通过常委会专题议政，邀请市长到会通报情况并听取意见，民主评议政协调查报告落实情况。同时，调研成果也得到了市委、市政府领导的高度重视，市委书记先后四次在政协调研报告和建议案上批示，称"市政协围绕生态文明城市建设提

---

① 《人民政协报》2013 年 2 月 25 日。

出的一系列意见建议,切中我市目前存在问题,有很大借鉴意义",
"进一步理顺城市管理体制,做到全覆盖精细化是关键"。之后,东营
市政府办公室制定下发了《关于加快林下经济发展的意见》,确定了
该市生态林业发展总体目标:通过政府引导、专业合作社和企业带
动、农民参与,着力建立一批林下种养示范基地,扶持壮大一批专业化
龙头企业和种养大户,计划到2020年,全市新增造林80万亩,森林覆盖
率提高6个百分点。作为东营发展生态文明战略的重要举措,这一目
标的出台表明该市政协的调研成果对党政决策起到了重要参考作用。

2. 岳阳市政协专题协商历史文化名城保护问题效果良好 ①

岳阳市是集名山、名水、名楼、名人、名文于一体的国家历史文化名
城。由于原有几条历史街区保护不力,2013年3月国家住建部和国家
文物局亮起了"黄牌"警告,国字号的历史文化名城面临摘牌之虞。此
事上牵市里决策层,也涉及每一位市民。因此,岳阳市政协决定就历史
文化名城保护问题与市政府有关部门进行一次专题协商。

为了知情明政,保证这次专题协商的质量,岳阳市政协走访了市
文物管理处等业务单位,了解城市历史文化名城街区保护现状和外
地的成功经验,学习有关法规政策,召集特邀文史研究员一起研究制
订专题协商的工作方案,并事前送达有关部门。在视察基础上,市政
协召开座谈会,市名城保护办公室、市规划局介绍名城保护工作的情
况,各位委员踊跃发言,同政府部门面对面地对话,把脉岳阳历史文
化名城保护中的突出问题。由于有充分地调查研究,这次专题协商
就历史文化名城保护问题议到了点子上,说到了关键处,既体现政协
的参政能力,又展示政协的议政形象。会后集中了参加视察调研的

---

① 《人民政协报》2014年4月2日。

政协委员和文史专家的意见建议,形成《岳阳市国家历史文化名城保护工作视察报告》。报告提出了五条具体建议:一是有关部门对名城保护工作要有危机感,要举一反三,在全市上下强化名城保护意识;二是要维护名城保护规划的权威性和严肃性,无论是党政领导和开发建设单位,对规划都要心存敬畏之心;三是加大名城保护工作的执法力度,对于恣意破坏名城保护的人和单位,要依法严惩;四是坚持"保护为主,抢救第一"的方针和"不可改变文物原状"的原则,正确处理保护与发展的关系;五是加大历史文化名城的宣传力度,进一步提高城市美誉度。

由于党政领导的高度重视和有关部门的积极努力,这次专题协商会后,岳阳市历史文化名城保护工作进入了一个新阶段,重点抓了六个方面的整改:一是建立管理机构,强化组织领导,成立了高规格的岳阳市历史文化名城保护工作领导小组,由市长亲任组长,并且印发了《岳阳市历史文化名城保护方案》,落实了各相关部门的职责;二是推进规划编制,完善规划体系;三是建立保护制度,落实保护责任,颁布实施《岳阳市历史文化名城保护管理办法》等三个规范性文件;四是增加资金投入,加大保护力度,确保每年用于名城保护的资金不少于1000万元;五是加强资源调查,促进遗产利用,选定70栋建筑作为第二批历史建筑推荐名单,经专家评审,报政府审定后予以公布;六是强化舆论宣传,扩大名城影响。目前在各方面的努力和支持下,整改工作取得明显成效。

二、对口协商

(一)对口协商的形式内容

人民政协的对口协商,通常是指政协各专门委员会与党政府部门对口联系开展的协商活动,根据政协章程有关规定:"政协各专门委员会组织政协委员和有关人士,与对口联系的党政部门就所联系部门的工作,群众普遍关心的重点、难点和热点问题开展的协商活动。"对口协商基本上是以专题调研、专题视察、专题座谈、专题讨论等形式进行,具有较强的针对性。在政协开展的协商活动中,可以说对口协商形式较灵活、密度最大。因此,搞好政协专委会与对口联系的党政部门的对口协商,保证有质量、有效果,应当注意以下五点。

第一,将政协专委会和党政部门的协商联系加以制度化。建立由政协党组草拟、党委下发给政协专门委员会和党政部门的对口联系制度,确定政协各专委会和党政部门对口联系的对象和方式,使联系工作有章可循。政协专委会处在对口联系工作的主体地位,要根据对口联系制度要求,主动会同所联系的对口单位制定具体的联系实施细则,明确联系工作责任,确定联系工作内容。联系内容应当包括:信息联系,通过双方文件、简报、资料交流,增进相互间的日常工作了解;沟通联系,通过互相邀请参加情况通报会、座谈研讨会、工作会议等形式,对涉及地方经济社会发展全局性的重大问题如有关改革措施、发展规划、重点建设项目等,共同研讨论证,沟通交流,凝聚共识;协作配合联系,双方可根据工作需要,组织联合调研,政府部门开展重大调研活动,可邀请政协专委会参加,政协专委会组织调研、考察等活动时,政府有关部门应积极参与,并给予支持配合。

第二,要科学确立对口协商议题。这是搞好专门委员会对口协商工作,不断提升专门委员会对口协商工作成效的前提。专门委员会要围绕经济社会发展中的重大问题,从发挥专门委员会的自身优势、特色和委员主体作用出发,通过领导点题、对口部门单位出题、委员群众提题、专门委员会立题四种途径,选择党委、政府重视、社会各界关注、人民群众期待解决的热点、难点问题作为对口协商的议题,确保对口协商为党政所需、群众所盼、政协所能,确保对口协商与党政工作共振,便于委员知情出力,促进经济社会科学发展、和谐发展、快速发展。

第三,要确保对口协商质量。专门委员会对口协商的形式主要是会议协商、现场协商、书面协商、联合协商等几种。要确保对口协商的质量,专门委员会确定调研方案时要加强与对口党政部门沟通,通过商前调研方案,采用全面调查、听取通报、现场察看、个别访谈、查阅资料等方法,准确获得真实全面的一手材料,确保建议对策可靠可行,更好地服务于科学决策。

第四,要周密组织商前实地调查。专门委员会要根据商前调研方案,扎实开展商前调研,通过全面调查、现场察看、听取通报、个别访谈、查阅资料等方法,看实况、查真情、听真话、取真经,准确掌握真实全面的第一手材料,确保对口协商时,指出的问题困难实事求是,提出的对策措施可靠可行,更好地服务党政科学决策和推动工作。

第五,要认真落实协商成果。认真撰写协商纪要,报送党委政府和党政有关部门单位,推动协商成果转化与落实;采取多种渠道,公开对口协商过程和结果,引导社会公众参与评议监督,推动对口协商成果转化;加强督办反馈,落实对口协商成果,要跟踪督促落实对口协商成果,定期向党委政府和有关部门通报,使跟踪反馈工作进入制度化、程序化轨道,推动对口协商成果得到更为有效地落实。

(二)典型案例

1.千岛湖流域生态补偿的成功对口协商实践①

去过千岛湖的人们,大都会沉醉于烟波浩渺的美景中不知归路。

---

① 《人民政协报》2014 年 12 月 26 日。

游客们不曾想到,千岛湖入境河流新安江断面曾出现 V 类水质,正是上下游生态补偿机制的建立,让千岛湖重现生机。而在生态补偿机制建立的过程中,全国政协人口资源环境委员会积极开展对口协商发挥了重要作用。

近年来,在浙江和安徽两省经济迅速发展带来的压力下,被誉为国内水质最好湖泊之一的千岛湖入境水质也呈缓慢恶化趋势。特别是在 2010 年 5 月,部分湖面曾出现了蓝藻异常增殖现象,这为千岛湖的生态状况敲响了警钟。2010 年 11 月,全国政协人资环委调研组赴千岛湖进行了专题调研。调研组深入基层了解情况,征求了各方面的意见并得出结论:千岛湖水环境安全形势令人担忧,迫切需要从国家层面采取强有力的政策措施。调研形成了《关于千岛湖水资源保护情况的调研报告》,报告分析了千岛湖水资源现状和面临的形势,并提出了切实可行的政策建议。调研报告得到了中央领导同志的重视和重要批示,指出千岛湖是我国极为难得的优质水资源,加强千岛湖水资源保护意义重大,要避免重蹈先污染后治理的覆辙,浙江、安徽两省要着眼大局,从源头控制污染,走互利共赢之路。报告得到了国家发改委、财政部、环保部、水利部等有关部门高度重视,各部门认真研究了调研报告反映的情况和提出的政策建议。

在全国政协领导和办公厅领导的高度重视下,全国政协人资环委专门组织召开"千岛湖水资源保护对口协商会",安徽、浙江和国家部委相关部门把多年悬而未决的问题摆到了协商会上研究、讨论,最终各方取得了理解,达成了共识,求得了兼顾各方利益的解决办法。

"在全国政协人资环委的积极推动下,国家制定了《千岛湖及新安江上游流域水资源和生态环境保护综合规划》,这标志着新安江流域水资源保护已上升到国家战略层面。该规划是我国第一个真正意义上将流域经济社会发展和生态环境保护综合起来,统筹协调流域上下游发达地区和欠发达地区生态保护和经济发展问题的综合性规划。"时任国家发改委副主任说。

在全国政协的推动下,2011年底,财政部会同生态环境部出台了涉及浙江、安徽两省的新安江流域水环境补偿试点实施方案,国家正式启动千岛湖及新安江流域生态补偿机制试点,千岛湖及新安江上下游协力保护从此掀开新篇章。

千岛湖流域生态补偿的成功协商实践案例还出现在了全国政协十一届五次会议常委会工作报告中。报告指出,全国政协人资环委就千岛湖优质水资源保护开展重点调研和对口协商,推动上下游相关省份和国家有关部委积极跟进,为确立统筹全流域经济社会发展和生态环境保护新机制作出了重要贡献。

2. 柳州市政协对口协商实践与思考①

柳州市委、市政府对政协工作给予高度重视和有力支持,下发有关加强政协工作的重要意见、通知、批(转)文件达二三十件。其中,《关于加强市政府各部门与市政协各专门委员会对口联系的通知》(柳政办〔1998〕70号),明确规定政府各部门要进一步加强与政协各专门委员会的联系,互通情况,互相配合,开展对口协商等具体要求。市政协根据柳政办〔1998〕70号精神也出台了各专门委员会与政府部门对口联系的细则。一直以来,柳州市政协对开展对口联系协商活动十分重视,各专门委员会对口联系活跃,对口协商丰富有效。从对口协商的内容来说,主要以围绕地方经济和社会发展的重大问题、政府部门执行党委政府重大方针政策的落实情况、正在执行决策中遇

---

① 《人民政协报》2014年2月12日。

到的困难和进度情况、群众关心的热点难点问题及社会带有倾向性苗头性问题的情况等；从对口协商的形式来说，主要包括对口走访、课题调研、座谈协商、视察监督、社情民意反映等形式；从对口协商的目的来说，强调了委员参与、咨询、建言的功能，凸显了开展协商议政的作用。近年来，柳州市政协各专委会相继就残疾人社会保障和服务体系的建设、社会养老服务体系建设、规范行政处罚自由裁量权、老旧住宅小区实施物业管理、推进改制企业住宅区水电一户一表改造建设等问题，积极与政府对口部门进行协商建言，推动了政府对这些问题的解决，政府就这些问题相继出台了相关政策举措，如，《关于进一步加快柳州市残疾人事业发展的实施意见》《关于加快柳州市社会养老服务体系建设的实施方案》《柳州市开展老旧住宅区综合整治建立长效管理机制的实施意见》等政策文件，对口协商的成效十分显著。

柳州市政协开展对口协商活动总结的体会有三条。一是有计划。各专委会均制定开展年度课题研究、视察活动、走访活动等计划，确定对口联系协商单位和协商主题。二是有内容。加强与对口单位的联系，阐明对口联系协商的目的要求，并紧紧围绕中心工作，贴近实际选题议政，活动内容丰富。三是有效果。政府部门认真听取并吸纳委员意见建议，有效地促进了部门的工作。

三、界别协商

（一）界别协商的形式内容

"界别"，是人民政协组织的一个特有术语，是人民政协的专用词。2004 年全国政协十届二次会议通过的政协章程修正案将"界别"正式写入政协章程，并用以表述政协组织构成。虽然在人民政协成立之初,并没有"界别"这一表述,而是使用"组成单位"这一概念,但按界别组成是人民政协一成立就具有的一个特点,历届政协都是以界别为原则组织起来的。界别是政协委员履职的基本单位,"界别协商"这一名称的正式提出则以中共十八大的召开为标志,还是一个新生事物。

充分代表和反映社会各方面利益,实现社会各界的有序政治参与,是政协界别设置的根本目的。从第十届全国政协会议章程确定:"全国政协设置34个界别7大类型:一是10个党派界别,包括中共、各民主党派和无党派人士;二是8个团体界别,包括总工会、共青团、妇联、青联等;三是11个以行业为基础划分的社会各界,包括科技、经济、教育、文艺、农业等;四是少数民族界涵盖了各个少数民族;五是按不同宗教信仰设立的宗教界;六是香港与澳门两个特邀人士界;七是其他特别邀请人士界。"

政协界别具备主体功能、纽带功能、履职功能三个主要功能,具有广泛代表性、精英参政性、一定组织性、巨大包容性、合法有序性、平等协商性等特点。

人民政协作为广泛的爱国统一战线组织,具有广泛代表性。人民政协是我国政治架构中唯一一个以界别为单位组成的政治组织。人民政协作为协商机构,其委员由各党派、团体和各族各界代表人士通过协商产生,主要体现人们在利益代表和诉求上的界别区分。这是适合我国国情的民主政治的创造,是我国民主政治的优势所在。政协委员作为政协履行职能的主体,是各个界别的代表,是本界别参与民主政治的代言人;每位政协委员的背后,都有一个庞大的、具备一定影响力和贡献的社会群体。政协委员的界别代表身份,是人民政协具有广泛代表性和巨大包容性的关键所在。界别既是人民政协民意支撑的组织基础,也是了解民情、反映民意的重要渠道。界别履职为民,需切实强化界别民意通道功能。当前,随着经济体制改革的深刻变革、社会结构的深刻变动、利益格局的深刻调整和思想观念的深刻变化,人民群众的利益诉求日益多样化,而与之对应的利益表达渠道还不够多和顺畅。在这种情况下,发挥界别民意通道功能尤为重要。

在界别协商过程中也发现一些问题,例如:"界别设置未能覆盖社会各阶层,不尽合理,一些新的社会阶层如社会福利、社会保障、法律界人士,中介机构从业人员等,在政协界别构成中没有体现,他们在经济社会发展中也起了重要作用;界别划分界限不清,如科技界与科协、经济界与工商联等,都存在人员交叉重叠的问题;界别意识不强,主要表现为:政协组织自身界别意识不强。政协较少以界别为单位或特色来组织活动,界别整体优势发挥不足。界别声音不强,基层政协的界别工作缺乏规范统一的工作制度,界别组织较为松散,凝聚力缺乏,活动也少。界别没能作为意愿表达和群众利益诉求反映的主渠道。例如提案工作,以界别代表身份来反映本界别问题的比较少。"①

要科学合理设置界别,不断深化完善界别协商。一是要把握相对稳定、涵盖全体、适时调整、合理设置原则。保持主要阶层界别稳定性的同时,依据社会结构和经济发展变化,最大限度地将社会新阶层及各方面代表人士吸纳到政协相关界别中。二是充分反映地域特点,适当增加农民界、法律界、企业界、产业工人界、商业和服务业人

---

① 中央党校调研组:《关于社会结构变化和政协界别设置的调研报告》,中国政协传媒网,2016 年 1 月 22 日。

员界和自由职业者等界别。三是适当拆分一些人数较多的界别,合并重叠交叉、性质近似的界别,不断优化界别架构。

要拓宽政协界别活动方式方法。一是突出界别声音。在提案、调研视察、反映舆情民意等参政活动中,鼓励委员就本界别一些问题提出建议意见。努力扩大政协委员和本界别群众的交流渠道,使委员用心了解群众所想所愿,委员参政提出的意见建议才能建立在舆情民意基础之上。二是在政协全会、座谈会、专题议政会、政情交流会等协商会议形式中要突出界别的整体性。界别协商尽可能坚持公开化,吸收部分界别群众代表参与协商。

(二)典型案例

1. 绍兴市政协开展"双进五民"界别履职为民系列工作

近年来,绍兴市政协在各界别中深入开展以"双进五民"为主要内容的界别履职为民系列工作——"双进",就是"请群众走进政协、让委员走进群众",架起政协与群众双向互动的桥梁和平台;"五民",就是做好"反映民意、汇集民智、协调民利、凝聚民心、助解民困"工作,串起服务民生的履职链,努力增进民生福祉。

绍兴市政协积极探索有利于体察民情、反映民意的新载体和新机制。建立界别群众联系机制,引导委员以界别为单位,联系若干家庭、企业、学校、医院、社区、农村和机关,让委员"接地气、强底气、聚人气"。建立界别民情观察网络,整合界别资源,建立25个界别民情联系点,聘请社情民意信息员,鼓励委员开设网上工作室,探索建立民情微信群,及时了解各行各业群众的呼声。健全民意调研、分析和反应机制。在政协全会前,围绕老百姓最关心的民生需求问题,组织各界别开展民情大走访、民意大调研活动。不定期召开民情分析会,健全社情民意报送、汇集、整合、反馈、考核评比等机制。通过这些举措,切实让委员"沉下去",让民意"传上来",既及时将群众的愿望和诉求通过政协途径转达给党委政府,又及时把党委政府的决策和政策传达到界别群众中,使政协真正成为党委政府和老百姓之间的连心桥。市委、市政府领导在市政协报送的 22 期社情民意信息上批示,使许多民意、诉求得到回应、办理。

2. 宜昌市猇亭区政协创新"三点"工作法 展现界别工作新亮点

近几年来,猇亭区政协高度重视政协界别工作,充分发挥 11 个界别 120 名政协委员作用,广泛协商、广纳群言、广集民智,增进共识、增强合力,推进了界别委员有序参与政协工作,促进了界别委员积极履职,提升了政协整体工作水平。

(1)创新"点与点"融合,发挥服务发展优势作用。猇亭区是工业新区,凝聚各方智慧、服务项目建设、助推经济发展是政协工作的重点。区政协充分发挥经济界委员和工商联界委员在经济工作方面的优势,为经济建设建言献策,助推发展。一是项目协调建功。两年时间里,全区有 40 多名经济界、工商联界政协委员活跃在征地拆迁、项目服务一线,服务兴发、宜化、华润热电、纳米材料等 20 多个项目。区政协机关抽调三名政协委员负责项目建设,参与和直接负责拆迁 400多户,征地 3000 多亩。在负责协调兴发集团猇亭园区两个项目的征地拆迁中,得到企业好评。二是课题调研建言。区政协围绕招商引资工作、现代物流业发展、第三产业发展、农村"三资"管理等经济领域课题进行了深入调研。为提高调研质量,区政协组织部分经济界、工商联界政协委员参与课题调研,通过考察、视察、座谈等活动,引起委员的共鸣,更深层次地探讨问题,提出可行性建议,为区委政府决策发挥了积极作用,得到了高度重视和充分肯定。三是发展企业尽力。区经济界、工商联界政协委员中企业业主和企业高管占绝大多数,区政协围绕企业如何做大做强组织开展座谈、视察等活动,了解企业困难,助推企业发展。为解决企业资金瓶颈问题,为企业的发展会诊、为企业的困难建议,给企业提供了新思路、注入了新活力、推动了新发展。

(2)创新"点与线"对接,发挥民生民情服务作用。区政协充分利用界别委员联系广泛、渠道畅通、专业性强等特点,在界别委员中开展"五个一""六到户"、进社区等活动"接地气",访民情、表民意、惠民生、化民怨,成为民意传达的"直通车"。一是广察民情。区政协结合政协委员界别,开展政协委员进网格活动,120名政协委员按界别分别联系社区、居村、重点企业。如文化艺术界委员,安排其联系双桥社区,这里地处城区中心,主要是帮助群众发展广场文体活动,丰富中心区文化生活;医疗卫生界委员联系桐岭社区,区规模最大的医院正在该社区;经济界委员联系云池社区,那里有宜化、舒云纸业等众多企业;农业界委员联系高家村委会,为特色农业的发展贡献智慧和力量。由于界别特长,委员真正融入群众之中,掌握了第一手情况,准确体察了民情民意。二是畅通民意。界别委员的议政建言有专业的深度、社会的广度,既有科学性、又有代表性,在社情民意和提案等方面发挥着独特作用。2012年,区政协共收到提案71件,其中涉及界别委员工作领域提案45件,占大多数,这些提案总的来说问题提得准、看得准、建议操作性强,提升了提案总体水平。如经济界委员《关于做好大园区配套服务工作的提案》、教育界委员《关于与三峡大学合作成立我区教师培训中心的建议》、文化艺术界委员《关于改善猇亭区文化体育设施的建议》等提案,道出了人们的心声,反映了民众的需求,引起了区委政府高度重视,推进了一批民生实事的解决。三是惠及民生。界别委员在政协活动中往往更容易达成共识、更容易统一、更容易联动,凸显活动成效。在区政协 2012 年组织的"联系一个企业、帮扶一个困难户、提交一件提案、撰写一篇调研报告、反映一条社情民意"的"五个一"活动中,工商联界委员郑华等八人联合行动,一次性为八个结对帮扶户送去资金 8000 元及部分慰问物资,解决了困难户的实际问题,扩大了"五个一"活动影响力。2013年,区政协又通过"送十八大精神、送科技、送法律、送医药、送就业岗位、送温暖"的"六到户"活动,促进界别委员积极履职,服务人民,惠及民生。

(3)创新"点与面"交汇,发挥政协界别载体作用。为加强政协日常工作开展和落实,区政协将 120 名委员按所在区域划分成三个街办和区直机关四个政协联络组,组长由街办主任和一名职能局局长担任。同时,按委员工作性质和个人特长将委员划分为 11 个界别。界别工作与联络组工作既有交汇,又有独立,"双轨制"运行强化了界别工作。一是活动开展更聚人心。按区域开展活动,街办等行政部门是牵头单位,同界别委员相对熟悉,同时相比单纯界别而言多了一份约束力,也多了一次同政府部门沟通的机会,委员参加活动的积极性更高。2012 年,各联络组分别组织了通报上半年情况、安排"五个一"活动、征求政协工作意见等多个活动,界别委员积极性高,效果很好。二是交流沟通更加活跃。按区域活动比界别委员在一起有更多话题,交流更加充分。同时由于区域相同,发现的问题、了解到的群众需求、对工作环境的感受也相同,交流起来有共同话题,容易形成共识。界别委员在基层组织面前,更容易讲实话、真话,期望解决问题的欲望更强,交流沟通更直接、更畅通、更活跃。三是界别工作更显突出。界别由于集中了各方精英,开展活动往往容易取得实效,专业性较强的工作,如物流发展对口协商、第三产业发展对口协商、文化产业发展对口协商,医疗卫生事业发展的调研等主要通过界别工作来完成,通过开展界别活动,撰写社情民意和调研报告,使之成为界别协商议政、建言献策的集体成果。同时,在联络组活动中,不同界别的委员融汇在一起,使政协工作更加充满活力并不断增添发展的动力。

四、提案办理协商

（一）提案办理协商形式内容

《全国政协提案工作条例》规定:"提案是政协委员和参加政协的各党派、人民团体以及政协专门委员会,向政协全体会议或者常务委员会会议提出的、经提案审查委员会或者提案委员会审查立案后,交承办单位办理的书面意见和建议。"提案作为人民政协履行职能的重要方式,是实现决策科学化和民主化的一条重要渠道。

简单地说,提案办理协商就是相关组织和个人就提案办理情况进行平等有效地沟通和交流。从狭义上理解,提案办理协商是提案交办后,承办单位在提案办理过程中且未形成提案正式答复前,与提案者就提案办理的有关情况进行的一种沟通和交流。随着我国社会主义民主政治的不断实践和人民政协协商民主的日趋完善,提案工作已经成为一项规章制度较为健全、运行程序完整规范的工作。提案办理协商在提案工作全过程贯穿始终,是承办单位、提案者、政协组织三方面在提案办理前、办理中、办理后进行充分沟通交流,进一步加强理解,形成共识,共同促进相关问题解决的过程。

提案办理协商与人民政协协商民主的其他几种形式相比,具有独特的作用。

第三章　完善人民政协发挥协商民主重要渠道作用的实践形式

1. 提案办理协商内容广泛，拓展了政协协商民主的广度与深度

参加政协的各党派、政协委员、人民团体、和政协各专门委员会，可以党派、团体、个人、联名、界别和专委会的名义，围绕党和政府的大政方针和中心工作以及人民群众普遍关心的热点难点问题，提出提案。这些提案内容涉及政治、经济、科教文卫、统战工作、民族宗教和劳动人事等社会的方方面面。提案几乎囊括了参加政协的社会各界各阶层代表人士的意见和建议，呈现了多层次性，体现了人民政协人才聚集并在参政议政方面充分发挥整体功能的优势。通过办理这些提案，党和政府能够及时广泛地听到来自各界有识之士对经济社会建设和民众生活等方面的重要问题的意见和建议。

2. 提案办理协商方式灵活，使得人民政协的协商民主渠道更加畅通

提案不受时间、活动场所、人力、财力等诸多因素的限制，与政协的其他活动相比，更加简便灵活、准确从容。委员们可以随时通过提交提案的方式把自己的意见建议以最快速度反映到决策机关及有关部门。有关部门通过开会座谈、现场考察、当面回复等多种协商方式，有效解决相关问题。灵活的提案办理协商，使得人民政协的民主渠道更加畅通。

提案工作是政协的一项全局性、基础性和经常性的工作，在人民政协履行政治协商、参政议政、民主监督职能过程中，提案协商是最重要和最直接有效的协商方式，是紧密联系群众的重要体现。政协组织和政协委员通过提案形式提意见和建议，推动各级党委政府科学民主决策，促进经济社会科学发展和谐发展，是政协履行职能的重要方式。党的十八大报告中进一步指出："要深入开展提案办理协商，提高提案办理工作实效。提案办理协商是依据群众普遍诉求，围

绕经济社会发展中的综合性、前瞻性、战略性问题,与相关部门进行的面对面平等交流对话。"提案办理协商工作,不仅能提高提案的质量,还可以在工作中加强沟通协商,调动承办单位的积极性,凝聚力量,理顺关系,推进提案办理工作。

全国政协十二届四次会议以来,各民主党派中央及全国工商联提案质量稳步提升,截至 2017 年 2 月,329 件由各民主党派中央与全国工商联提交的提案已全部办结。其中,有 16.11% 的提案已经解决或采纳,65.65% 的拟解决或拟采纳,18.24% 将用作工作参考。从2017 年两会提交提案内容看,民革中央的提案主要关注'三农'、法治、对台工作等领域。民进中央的提案集中在教育文化领域的占到三分之一,此外还有政治法治、经济、生态建设、科技等方面。民盟中央的提案内容涉及资源生态、教育文化、财税金融等方面。经济类提案占民建中央提交提案的大多数,包括创新驱动战略、供给侧结构性改革、金融改革及民营经济发展等主题。农工党中央的提案环保领域和医药卫生的较多。九三学社中央的提案主要涉及科技教育文化、政治法律、社会民生类问题。致公党中央的提案事关侨海、金融、经济、农业水利、资源环境等多个领域。两岸关系发展和科教民生等是台盟中央关注的提案。全国工商联的提案聚焦民企及经济发展领域,民企的知识产权保护等问题。

做好新时期的政协提案工作,要把握以下几个方面:

首先要把好提案的质量关。提案提出是提案工作的第一环节,提案的质量和水平,直接关系到提案作用的发挥。一件高质量的提案,往往能紧扣党和政府的工作重心,着眼于经济社会发展大局和人民群众普遍关心的热点、难点问题。提高提案质量,一方面需要政协组织通过召开政情通报会、委员协商座谈会、组织委员视察调研等形式,为委员知情明政创造条件;另一方面也需要提案者深入开展调查研究,掌握足够的第一手资料,并在此基础上,去粗取精、去伪存真,提出有见解、有价值的意见和建议。

其次要落实好提案,将提案切实转化为成果。提案办得好不好,关键是看提案所提意见建议是否真正落实,是否解决了人民群众的困难,是否促进了工作的改进,是否解决了经济社会发展中存在的问题。无论提案内容多么重要,调研多么深入,分析多么透彻,所提建议多么可行,如果得不到有效办理,就不能体现出提案应有的价值。提案办理尤其需要协商。政协组织要主动加强与提案承办单位的协商,适时召开提案办理协商会。提案承办单位要主动与提案者和利益相关方进行协商,主动征求提案者的意见,了解群众的诉求,找准需要解决的问题。要深入实地,了解情况,分析原因,努力找到解决问题的办法。要切实把提案办理作为改进工作、服务群众的重要手段,对有条件、能解决的问题要迅速解决,经过努力、创造条件可以解决的要尽快解决,对一时难以解决的问题要逐步加以推进,避免解释多措施少、重答复轻落实等问题,努力做到办一件成一件。

再者,提案的督办要严。督办是推动提案意见建议落实的重要手段。通过督办,能促使承办单位更加主动、更加务实地办理提案。督办贵在严,只有严要求,才能督到实处、办出成效。要不断创新督办方式,通过在委员视察中安排提案督办内容,把提案督办纳入民主监督的重要内容等,加大提案督办力度,促进提案办理落实。要加强督办工作的协商互动,政协组织要搭建好平台,与提案承办单位开展好督办协商,提案承办单位也要定期自查,及时向政协组织通报提案办理进展情况。

最后,要进一步规范提案办理协商程序。一是办理前,承办单位要与提案者面对面协商联系,协商解决问题办法。承办单位接到提案后,主动向委员沟通联系,了解具体要求,征求和听取委员意见和建议,在掌握第一手材料后再召开专题督办协商会议,协商解决问题办法,为提高办理提案质量创造条件。二是办理中,与提案者保持沟通联系,确保问题得到圆满解决。对交办的提案,要规定办理质量和办复时限要求,落实专人负责,选派业务能力强,工作经验丰富的人员作为承办人员,制订详细办理方案。在办理过程中,要保持和提案者沟通,通报办理过程和进度,最后才形成答复意见,并由主要领导审核,切实解决实际问题,由此增强了提案办理工作的实效,扩大了政协提案的社会影响。三是办理后,与提案者协商联系,增强问题办理落实。提案办理结束后,不能简单地满足于文件上的答复,在提案办理落实后,而是要邀请提案者实地察看,征求意见,及时反馈办理落实情况。同时承办单位要召开协商座谈会,邀请提案者和涉及的群众代表参加,面对面协商讨论办理的效果,进一步提高满意率。

(二)典型案例

1. 两会促进海工产业健康发展的提案督办调研得到落实

重点提案督办调研是否深入、协商是否充分,会直接影响督办效果。2014年两会上,民盟中央、农工党中央和部分委员提出了有关促进海工产业健康发展的提案,被列为重点提案。2014年5月,提案委员会主任孙淦带领"发挥市场决定性作用,化解产能过剩,促进海工产业健康发展"重点提案督办调研组奔赴辽宁和江苏两省的葫芦岛、大连、无锡、南通、盐城、镇江等地调研。委员们走访码头、考察企业,与政府部门负责人交流,掌握了大量第一手资料。

船舶和海洋工程装备是我国实施海洋强国战略的基础,然而,委员们了解到,船舶工业产能结构性过剩问题突出、海工装备制造业与世界先进水平差距较大。为此,调研组在调研报告中建议发挥市场机制作用,以结构调整为主线化解造船产能过剩,促进优化转型升级,做好海工产业发展宏观规划引导,大力推进技术研发创新,加大金融支持力度,制定和实施开拓国际国内市场的政策措施。

提案和调研报告建议最终被承办单位充分采纳,人民银行等七部委印发了《金融支持船舶工业加快结构调整促进转型升级的指导意见》,财政部追加了高技术船舶科研经费1.5亿元。2014年8月,全国政协以主席办公会议的形式研究了关于促进海工产业健康发展的重点提案办理工作,负责提案承办的多个国家部委负责人介绍了办理落实情况,进一步提升了督办层次。

2.完善"三先一后",江西政协构建提案协商办理新机制①

江西省政协十届四次会议期间,委员们对城市道路拥堵问题非常关注,提出了30余件提案,被列为会中办案议题。针对南昌市道路拥堵状况,"提""办"双方共商解决大计,共破解决难题,提出近、中、远期三种解决方案。很快,就在实施打通断头路,增设公交专用车道,建设快速车道等方面取得进展,大大缓解了城市道路拥堵压力。

这是江西省政协实行"会中办案"、加强提案协商办理的一个生动实例。省政协在继承中创新发展提案协商办理工作,坚持"会中办案",强化领导督办,完善"三先一后"提案工作机制,推动提案办理工作取得新成效。

利用政协全会平台,将"会中办案"列入大会议题,选取委员提案反映问题比较集中的主题,邀请提案者、办理部门和提案工作机构三方面对面坦诚协商沟通,取得实实在在的办理效果。在江西省政协

---

① 《人民政协报》2013年2月19日。

十一届一次会议上,根据委员们反映较集中的"发展实体经济"相关提案,组织召开了"会中办案"专题协商座谈会。江西省委、省政府分管领导,各位提案人以及省发改委、省工信委、省财政厅等相关部门负责人受邀出席会议,使"提""办"双方在充分协商的基础上,形成共识,消除误解,推动了问题的解决落实。

为高位推动重点提案的办理落实,江西省政协坚持实行领导领衔督办强化提案协商办理。近年来,江西省政协领导共领衔督办重点提案92件,召开提案办理协商座谈会113次,直接推动了一批重点难点问题的解决。如在督办《关于我省新型农村合作医疗制度存在的问题对策》提案时,领衔督办领导带领提案者和办理部门负责人深入县乡村调研,召开了6次不同层次的座谈会。通过协商办理,在省、市、县、乡所有定点医院全面实行新农合"直补",参合农民可"在哪住院,在哪报账,当天出院、当天报账"。与此同时,该省政协还通过跟踪问效增强提案协商办理实效。将选择部分上年度办理的"B"类提案,通过调研、视察、协商座谈等方式,继续协商督办,兑现当年办理承诺。

在总结以往提案办理工作经验的基础上,江西省政协积极构建"三先一后"的提案协商办理工作新机制,即先协商、后办案,先走访、后办案,先调研、后办案。在90多家办理单位中,七成以上的单位采取了"三先一后"办理方式,有的办理单位提出,不协商不办理,不协商不签发。如在办理《加快物流快速发展,推动经济大发展》的提案时,该省结合国家扶持政策,开展现代物流产业调研,积极采纳委员的相关意见,形成了《江西省物流业调整与振兴规划》和《鄱阳湖生态经济区物流基地和口岸建设规划》,将委员的建设性意见上升到政策层面予以推动。通过"三先三后"办理形式,努力实现提案办理工作四个100%,即领导把关率100%、按时办复率100%、与委员协商率

100%,委员满意率100%。

五、网络协商

(一)网络协商的形式内容

在庆祝中国人民政治协商会议成立65周年大会上,习近平总书记提出了"探索网络议政、远程协商"的号召,各政协部门积极拓展社会各界有序参与政协协商渠道,探索网络议政和远程协商等新形式,更加广泛多层地、更加灵活地开展协商。网络议政是社会协商和政协协商的有机结合,是国家机关通过对网络媒介资源的使用和对议程的有效设置,在公众中形成广泛关注并吸引公众主动参与的议题,是提高决策合法性和政府公信力的一种民主执政新形式。当前网络议政的主要方式有:论坛发帖、博客、微博客、网上调查、网络签名、聊天群组、微信等。

网络协商议政具有与其他协商方式不同的特色:

一是创新协商形式,有效扩大政治参与。网络是了解舆情、汇聚民智的一个重要渠道,政协的网络议政为网友们的政治参与提供了一个开放的空间,使广大人民群众能够有序地参与政治讨论,行使参政议政的民主权利。目前各级政协组织均把网络征求民情民意作为履行政协主要职能的重要渠道,作为政协委员联系群众,征询提案的重要来源。每年政协在两会前夕通过网络和媒体向社会广泛征求意见与建议,均收到了很好实效。同时,广大政协委员围绕群众关心的热点、焦点问题,依靠网络平台,及时收集社情民意,了解群众在想什么,有针对性地撰写提案,提出意见建议。

二是拓宽协商渠道,充分发挥委员主体作用。网络议政打破了时间和空间的限制,使政协委员能够更加及时顺畅地履行职能,更便捷地行使政协委员的民主权利。目前,政协组织比较普遍的做法是建立政协网站、微信公共平台、微信群,实现政协政务工作和提案办理信息化,让委员了解领导在干什么,把握参政议政的重点,充分调动和发挥政协委员的主体作用,履行政协委员职责。网络议政使政协委员通过网络建言履行职责,更及时便捷地参与民主协商,更直接地反映社情民意,促进了党政科学民主决策。

三是搭建协商平台,更好地履行民主监督职能。网络议政能够更好、更快、更直接地让党政领导听到、看到政协委员的批评和意见,促进政务公开、透明,有效及时地发现政令执行与贯彻中出现的各种问题。同时,也为委员了解政府的工作提供了便捷的渠道,最迅捷地了解到政府的声音,最深入地了解到政府的工作过程,从而使政策的制定、决策和执行过程更科学化、透明化和合理化。网络议政能使政协委员与政府官员的对话更加直接、顺畅、通达、互动,进一步促进党的廉政建设,充分发挥政协民主监督作用。

第一次由政协组织的在全国引起广泛关注的网络议政是2009年由杭州网和杭州政协网围绕"统筹城乡一体化发展、推进社会主义新农村建设"进行的一场民主议政的网络直播,通过视频和图文直播,305条网友留言互动,达到了收集社情民意、建言献策的预期效果。

2014年以来,多地创新以微信为平台的协商方式。"政协北京市委员会移动议政平台"首次在北京市政协开通了,770名市政协委员有了自己的"委员圈",可以在其中递交提案、互动交流,议政平台被称为线上"召开永不落幕的政协会议"。"基于移动互联网环境议政平台,以70万全国各级政协委员和政协相关几百万高端人群为主要用户,辐射、联接广大移动互联网网友,提供提案征集、民意征询、调查调研、智库咨询、数据检索、舆论引领、线上线下互动等服务,通过互联网手段和平台,协助委员参政议政等履职工作,服务委员(其他高端人群)、政府、行业和普通网友之间的交互交流,协调关系、汇聚力量,见证并推动我国协商民主的广泛多层制度化发展。"①

2017 年,北京政协从多个角度在网络议政和远程协商方面做出了许多有益尝试。北京政协多方位打造新媒体宣传渠道,包括网络直播节目《委员听民意》《政协 e 事厅》、北京政协微信公众号"北京政协"和北京政协官方网站全新改版上线,这些新媒体平台能够向广大民众及时反映政协委员的履职情况,政协委员也可以通过这些平台获得和听取百姓的意见和建议。目前,这些新型的议政方式都取得了显著的效果。

重庆永川区政协面向全体委员开放,开通"永川微政协",成为继永川政协门户网站、微博、QQ 群和短信平台之后,促进与委员联系的又一个信息化新平台。

杭州市政协开设"五水共治民主监督网络议政"专题网页,响应和助推"三级政协联动、万名委员同行、助推五水共治"专项集体性民主监督,共谋治水方略,充分发挥政协协调关系、汇聚力量、建言献策、服务大局的作用,助推党委、政府的决策,在"五水共治"专业问题上积极开展议政建言,提出完善"五水共治"民主监督长效机制的建议。

从全国各地政协组织整体情况来看,政协网络协商和远程议政方面还存在一些问题。一是很多政协网站只是提供信息,并没有成为展开对话协商交流的平台,网络空间中舆情民意展现不够充分。二是民主监督是人民政协的基本功能之一,各级政协组织利用网络

---

① 《北京政协新闻发言人宗朋谈网络议政:搭起委员和百姓沟通的桥梁》,中国政协网,http://cppcc.china.com.cn/2017－01/17/content_40120934.htm。

民主监督力度不够。三是政协委员网络参与度不够,不能引导议题开展有效协商。[1]

实践中还需要不断完善网络议政和远程协商:一要构建网络信息搜集和信息加工处理机制。政协组织可以尝试设立专门的网络民意搜集和研究机构,研究网络舆情,关注经济社会发展的总体态势,搜寻舆情热点,为网络议政找准突破点和立足点。通过开设网络议政专栏的方式,广泛征集民意。同时,需要进行信息甄别加工,剔除无用不良信息,提炼找出需要优先解决或者关注的议题等。二是设置并引领社会议题。利用政协界别专长优势,围绕党和政府工作中心,在网络上定期设置议题讨论,引导网民有序的政治参与;在社会热点问题爆发时,引导议题的发展方向,使社会舆论沿着健康的道路发展。三是充分发挥政协委员个人利用互联网新技术的积极性。在提交提案之前在网上公开征求意见,进行深入调查和研究,就能够有的放矢,也能够使委员们的参政议政活动更接地气,其提出的意见、建议和提案更具有民意基础,更加专业,更加具有针对性。[2]

(二)典型案例

1.上海市闸北区政协网络议政忙"微协商"折射"大智慧"[3]

闸北区政协探索开展了基于政协微信群的"微协商",效果显著。2015年3月20日中午,上海市闸北区政协微信群因一则公告而热闹起来,公告的内容是:"亲,不管你身处何方,不管你正做何事,来吧,

---

① 北京市政协:《人民政协对网络议政和远程协商新形式的探索》,http://www.bjzx.gov.cn/zxqk/zxyj/zxyj201604/2015ktcgxd201604/201705/t20170503_3576.html。

② 北京市政协:《人民政协对网络议政和远程协商新形式的探索》,http://www.bjzx.gov.cn/zxqk/zxyj/zxyj201604/2015ktcgxd201604/201705/t20170503_3576.html。

③ 顾意亮、胡克群:《上海市闸北区政协网络议政忙"微协商"折射"大智慧"》,《人民政协报》2015年4月2日。

请停下脚步,放下工作,拿出手机,参与下午15:00—17:00开始的'闸北政协文化'微协商活动。希望你从现在开始思考,欢迎你届时亮相参与,期待你的重磅智慧! 闸北政协文化,必须由闸北区政协委员说了算,等你哦!"

"微协商"名"微信协商",又名"微言协商",这在闸北区委、区政府以及区政协层面,已经小有名气了。此前,区委交题,区政协仅用24小时就集中委员智慧交出满意答卷,让区委主要领导直呼意外,其"杀手锏"就是运用了"微协商"。

在接到区委要求区政协就"闸北对接上海科创中心定位"问题进行调研协商的任务后,区政协第一时间发动政协委员和机关干部,在"闸北政协微信群"组织了一次主题"微协商"。

从当天晚上至第二天早晨,110多人次参与了微信协商,大家围绕"人才""创新(创意)""转型""孵化""集聚""活力""圆梦"等关键词,集思广益,贡献灵感和智慧。委员们你一言我一语,互相启发,议政热烈:邱允生委员分三次建言"闸北——上海建设全球科创中心要素集聚区、自主创新先发区、创新创业先导区、开放融合发展区"等定位;任新建委员经过一个晚上的深思熟虑,一早提出"闸北——上海建设科技创新中心'创新源'"的思路,并罗列了10大理由;徐剑斌委员在晚上12点以后还在建言……

区政协第二天一早就在微信平台上梳理出相关建议36条,在汇总提炼建言成果的基础上,立即向区委专报,建议闸北对接上海科技创新中心可定位为"科技谷·创新源",下午即得到区委主要领导的批示肯定。协商任务完成前后不到24小时,网络议政效率之高得到了充分肯定。

对此,区政协主席陈永弟认为,《中共中央关于加强社会主义协商民主建设的意见》在进一步完善政协协商中,明确要进一步探索网络议政、远程协商等新形式,因此,区政协探索开展了基于政协微信群的"微协商"。他说:"没想到效果如此显著:一是不受时空限制,不管何时何地,都可参与;二是不用繁文缛节,开门见山,有一说一;三是不为他人左右,可即时点赞补充,可同时发表观点,思想火花随时碰撞升华。"

2. 镇江市政协网络议政听民声接地气①

市政协七届四次会议召开在即,市政协提案委在网络开帖,公开向社会各界征集提案线索,希望委员更好地听民声、集民智,让提案更接地气。为显示诚意,市政协还在帖子上承诺:"哪怕一个点子、一句话或者一个尚未考虑周全的建议,只要你提我就关注,只要有干货我就采用!"

提案线索征集点燃了网民热情。看到政协的表态,众网民告别了以往的"事不关己,高高挂起"的态度,在热情"围观"的同时,"毫不客气"地利用这一新平台建言献策。绝大多数网民提的意见建议理性中肯,涉及领域广泛,其中医疗、食品、环保等民生问题关注度最高。网民"情随事迁"开门见山:"我提一个:食品企业如何实施监管常态化并公布? 提高违法成本,维护消费者权益?""石城人"问:"镇江不能治的病转外地就医究竟有何条件? 哪几条? 请政协监督职能部门公开!"开帖一个月,帖子已获7.3万次的点击量。

"网民之间参与讨论,又互相启发,这本身就是汇集民智的过程。从跟帖来看,正能量之强大远远超过我们的想象。"市政协提案委员会副主任张友林感慨道,广大网民热情参与,纷纷跟帖留言,句句真情话,件件民生事,折射出人民群众对加强民主政治的需求,建设和

---

① 《镇江市政协网络议政听民声接地气》,http://www.jsw.com.cn/zjnews/2015 - 01/18/content_3251837.htm。

谐幸福城市的愿望,解决生活中种种难事的心结。

面对网民的火热参与,"离小梦"一语道破大家心中的疑惑:"我最关心的是大家的意见能否被采纳、落实?"面对质疑,市政协提案委在网上郑重发布:"不用担心!"原来,市政协已将征集的信息整理成近200条提案线索,分发给全体市政协委员,供委员参考,其中部分线索已被委员们采纳,向即将召开的市政协全会提交有价值的提案。

本地知名扬剧迷刘家培看到网上信息后分外高兴:"终于找到反映我们心声的渠道了。"重振镇江扬剧一直是本地众多扬剧爱好者的共同愿望,但大家苦于不知道向谁反映、怎么反映。刘家培综合大家的想法,立即动手写下了关于恢复镇江市扬剧团,重视扬剧金派、筱派艺术传承的建议。建议引起市政协委员徐伟珍的关注。

徐伟珍说:"镇江是扬剧发源地之一,在苏浙沪影响广泛,但受市场经济冲击,现如今处于冷落、尴尬、徘徊和无奈的境地。"看到网民建议后,她立即进行调研。她请来刘家培,并找来其他扬剧爱好者进行交流,结合行业专家的意见,最终形成提案,准备以市政协文史委的名义提交大会。

网民反映的"失独家庭"问题引发吴玉才委员的共鸣。"我也感到身边失独家庭问题不少,失独老人在变多。"围绕这个热点问题,吴玉才进行调研并形成提案。

"你们提出了大量的意见和建议,很有见地很给力,我们衷心地点赞!"看到网民们的意见建议,市政协提案委由衷地向网民们表示感谢。在互动中,参与活动的网民也同样感受到网络议政带来的新变化:"感觉市政协的工作作风在转变,非常亲民,而且开'两会'也更加公开透明,更接地气了,点赞!"

第四章　探索人民政协发挥协商民主专门机构作用的实现路径

　　人民政协成立七十多年来，与协商民主结下了不解之缘。协商建国、政治协商制度、社会主义民主两种重要形式、协商民主的实践理论制度，都与人民政协有着千丝万缕的联系。人民政协协商制度体系权威健全，组织架构自上而下，协商形式载体多层多样，协商文化和传统深厚，人民政协在加强协商民主建设中具有独特的优势和作用。作为专门协商机构，人民政协是最具专业性的协商组织，专门协商机构是对政协在国家政治体制和政治架构中的性质和功能的最恰当的表达。新形势下要找准人民政协协商民主建设的着力点，创新人民政协协商民主建设的途径方式，明确协商民主的发展方向和建设中的主要问题，进一步推动人民政协发挥作为专门协商机构的职能作用。

第一节 人民政协作为协商民主专门机构的功能价值

我国社会主义民主的不断发展,人民政协事业的持续推进,人民政协的特色逐渐彰显,优势得到更加充分地发挥。一定意义上我们可以说,当代中国社会的巨大进步和中国特色社会主义建设新局面的开创,离不开政治制度提供的理论支持,离不开人民政协工作所做出的贡献。推进中国特色社会主义发展,走中国特色社会主义政治发展道路,人民政协担当着伟大的使命。要实现这一历史性任务,必须充分发挥人民政协的职能优势。但是,无论是理论建设还是实践发展,中国人民政治协商会议的职能尚不能满足形势发展的要求。因此,有必要进一步提高对政协功能的认识。

一、人民政协对发展社会主义民主起战略导向作用

中国人民政治协商会议是中国人民爱国统一战线的组织,是中国共产党领导的多党合作和政治协商的重要机构,历来是中国特色社会主义民主政治的重要组成部分,在我国政治生活中占有特殊地位。它的成员、组织结构以及所具有的基本职能,有利于促进中国的民主政治建设。

(一)人民政协在社会主义民主政治中具有重要地位

社会主义的内在要求是切实实现人民当家作主,新中国成立70年来,中国共产党带领中国人民不断探索,目前已确立了一整套中国特色社会主义的民主政治制度。人民政协的发展体现了中国特色社

会主义民主政治的本质要求,即在中国共产党的领导下,由最广大人民当家作主,以人民民主专政作为保障,以民主集中制作为根本的组织原则和活动方式。这种本质要求决定了其选择人民政协这一表现形式是内在必然。从创立至今,政协规模不断扩展,在中国特色民主政治实践中发挥着越来越重要的作用。

新中国成立后,在不同历史时期,人民政协在政治体制中具有不同的地位,发挥着不同的功能。1949年9月,中国人民政治协商会议召开,宣告了人民政协的成立。在这一阶段,人民政协实际上代行权力机关的职权,在政治上起到广泛吸纳精英和进行动员形成人民民主统一战线的功能。1954年12月,第一届全国人大会议召开后,人民政协不再代行全国人民代表大会职权。其间,人民政协的功能是人民民主统一战线的组织形式,主要政治功能是配合国家意识形态的一体化工程进行服务与改造。

1978年十一届三中全会召开后,中国政治发展进入新的阶段,人民政协逐步恢复。邓小平指出:"人民政协是在共产党领导下实行各党派和无党派人士团结合作的重要组织,也是我们政治体制中发扬社会主义民主、实行互相监督的重要形式。""人民政协是发扬人民民主、联系各方面人民群众的一个重要组织。"1982年的《中国人民政治协商会议章程》将"政治协商"和"民主监督"作为政协的主要职能确定下来,其在政治发展中的地位重新确立。1987年党的十三大提出建立社会协商对话制度的探索。多党合作和政治协商并提,一定意义上意味着人民政协在体现政党合作的同时,将在扩大社会协商中发挥更大作用。1993年3月,八届全国人大一次会议把"中国共产党领导的多党合作和政治协商制度将长期存在和发展"载入宪法。1994年,全国政协八届二次会议通过的政协章程做了重要修改,在政协性质有关表述的"中国人民政治协商会议是中国人民的爱国统一战线组织"之后,增加了"是中国共产党领导的多党合作和政治协商的重要机构"。

党的十六大以来,党中央在新的历史起点上,全面推进人民政协建设。2004 年政协章程再次修订,提出人民政协是我国政治生活中发扬社会主义民主的重要形式;其职能是政治协商、民主监督和参政议政。2006 年《中共中央关于加强人民政协工作的意见》明确指出,人民政协是"中国共产党领导的多党合作和政治协商的一种重要组织形式""发展社会主义民主政治,建设社会主义政治文明,要善于运用人民政协这一政治组织和民主形式"。《意见》首次以党的文件的形式明确了人民政协在新时期的政治地位,将政协与我国民主政治发展更紧密地联系起来。庆祝人民政协成立 60 周年大会上的讲话强调,"人民政协这一中国特色政治组织和民主形式,是我国社会主义民主政治建设的伟大创造"。

2012 年,党的十八大报告在讲到我国民主政治发展时特别强调,要"坚持和完善中国共产党领导的多党合作和政治协商制度",强调了协商民主的意义并要求充分发挥人民政协作为协商民主的重要渠道作用。2013 年十八届三中全会重申了这一主张。

总之,人民政协在我国社会主义改造和建设的探索中,在改革开放的伟大实践中,都发挥着不可忽视的重要作用。随着我国社会主义民主政治建设的不断发展,人民政协作为我国社会主义协商民主的重要制度和生动体现,必将发挥越来越重要的作用。人民政协代表人民参与国家政治生活,反映其意见和诉求,与人大代表共商国是,体现了广泛的社会主义民主。

（二）人民政协的协商民主是我国人民民主的重要内容

社会主义协商民主是一个可以"通过国家政权机关、政协组织、党派团体等"多种渠道进行，包括在基层开展的广泛、多层、制度化的体系。在我国，选举投票和协商民主广泛存在于社会各个领域，在人民代表大会制度、中国共产党领导的多党合作和政治协商制度、民族区域自治制度以及基层群众自治制度中，都有选举和协商。人民代表大会制度实行的主要是选举民主，民族区域和基层地方实行的主要是自治民主，只有多党合作和政治协商制度实行的主要是协商民主。作为这一制度重要政治形式和组织形式的人民政协，是我国社会主义民主的主要载体之一。

我国各个领域的民主既有共同之处，也有差别和各自的特点。人民政协协商民主的主要特点是融协商、监督、合作、参与于一体，具有统一战线的特点。表现在实施主体上，主要是统一战线包括各个方面、社会各界代表人士；表现在方式方法上，要求加强党内外合作，坚持广开言路、求同存异。人民政协是我国政治体制的重要组成部分，政协参加单位及政协委员提出意见建议具有国家制度保障，受到党和国家的高度重视。政协不是国家权力机关，不像国家机关作出的决定必须执行，不具有法律的强制性，但政协委员的意见建议能够发挥重要作用。

人民政协的地位和功能走向协商民主，是我国政治发展中越来越强调民主政治，以及中国共产党开放的执政态度和利益协调的需要。人民政协具有协商民主的组织和表达能力，在广泛联系和凝聚社会各阶层、各界别力量方面具有举足轻重的地位。

（三）人民政协是发扬社会主义民主的重要形式

现代意义上的民主政治，是在法治作为治国理政基本方式的前提下,社会主体平等、自由地实现其主体价值的政治制度和政治生活。民主政治表现为一定的以法律为依据的政治制度和政治机制,还表现为这种制度和机制在政治发展过程中的实际运作。民主政治不仅指政府充分、真实地体现民意、代表民意,还包括人民尽可能广泛、深入地参加社会各项公共政治活动,如选举、监督和罢免等。

民主政治从形式上看是为实现人民统治而设立的各种民主政治制度,中国民主政治在形式上是为实现人民当家作主这一本质而建立的中国特色社会主义民主制度。"人民民主是中国共产党革命和执政的一贯要求,是近代中国民主发展路向的最终成果。在君主立宪、民主共和与人民民主的发展过程中,政治协商的基本理念和民主政治形式以原初形态表现出来,成为人民政协的历史渊源。"中国共产党领导中国人民在马克思主义的统一战线、政党政治和民主政治的理论与实践的基础上,创立了中国特色的协商机构和政治制度。

人民政协政治协商是在我国政治生活中发扬社会主义民主的具体形式,国务院新闻办 2005 年 10 月发布的《中国的民主政治建设》与 2007 年 11 月发布的《中国的政党制度》白皮书都指出:"中国人民政治协商会议是中国人民爱国统一战线的组织,是中国共产党领导的多党合作和政治协商的重要机构,也是中国政治生活中发扬民主的重要形式。"其目的是广开言路,为公民提供有序参与的重要渠道,就重要问题展开讨论,就公共政策达成基本共识,做出科学决策,平衡各阶层的利益关系。"作为一种复兴的民主范式,协商民主在现实政治实践中具有超越既有政治模式的意义。"协商民主能够促进决策合法化、控制权力膨胀,是民主政治的重要实施方式。从这一意义上看,人民政协政治协商是为了实现民主政治。在中国共产党历史发展和执政体制运行中,人民政协逐步形成了理论框架和运行机制。

政治协商的前提是合作型的政党关系,彰显了协商民主的内在要求,也彰显了人民政协实现民主政治目标。

(四)人民政协有利于促进社会主义民主参与

人民政协把"政治参与"与"有序"结合起来,实现了人民有序的政治参与。其突出优点是在决策前和决策后都能够保证来自各界的政协委员平等地参与公共政策的制定过程,自由表达自己的意见,在理性的讨论和协商中作出大家都能接受的决策,有利于提高我国民主的参与广度、参与效率和参与质量。

政协协商有利于提高民主参与广度。改革开放后,我国人民政治参与的积极性大幅提高,无论是出于对公共事务的关注,还是出于对自身利益的考量,都具有强烈的诉求表达意愿。当前,我国人民民主已经获得长足发展,但还不能完全适应人民群众日益增长的民主需求,这其中一个很重要的因素是缺乏广泛政治参与的制度化平台。人民政协是我国代表性最强、联系面最广的政治组织,中国所有合法政党、主要人民团体、56个民族和宗教团体都有代表担任政协委员。政协的每个界别,都是联系群众的一个重要渠道,也是人民政治参与的一条重要途径。政协协商不仅能够发扬统一战线内部民主,还能够将民主触角伸向各界群众,有利于提高我国民主参与的广度。

政协协商有利于提高民主参与效率。当前社会,人们的价值取向多元化,利益诉求多样化。人民政协作为一种组织化程度较高的政治组织和民主形式,通过加强协商互动和讨论沟通,可以使各种不同思想观点在交流中增进了解、取得谅解,能够提高民主参与的效率。

政协协商有利于提高民主参与质量。人民政协是我国政治体制的重要组成部分,政协表达各种意见和建议,都是在中国现有政治体制框架内进行的,是在体制内表达意见诉求,风险能够得到有效控制;同时,政协汇聚了我国社会各个方面的优秀人才,有条件和能力深入研究一些具有战略性、综合性、前瞻性的重大问题,为党和政府决策提出高质量的参考意见和建议。

(五)人民政协有利于推动中国特色社会主义民主政治建设

政治协商、民主监督、参政议政作为人民政协的主要职能,集中体现了人民当家作主的社会主义民主政治的本质。通过履行职能,人民政协在国家政治生活中发挥着与人大、政府不同而又相互补充、相互协调、相得益彰的作用,从而推动社会主义民主政治建设的发展。

1. 政治协商

人民政协的政治协商是指"对国家和地方的大政方针以及政治经济文化和社会生活中的重要问题在决策之前进行协商和就决策执行过程中的重要问题进行协商"。人民政协的政治协商充分体现了人民的广泛协商性与平等合作性。在我国,就关系国计民生的重大问题,在中国共产党的领导下进行广泛协商,体现了民主与集中的统一。坚持并不断完善这种民主形式,是发展社会主义民主政治的必然要求和重要内容。

2. 民主监督

人民政协具有强大的民主监督职能。民主政治体系必须是监督健全的体系,人民政协的民主监督主要指"对国家宪法法律和法规的实施,重大方针政策的贯彻执行,国家有关机关及其工作人员的工作,通过建议和批评进行监督",也包括中国共产党在政协中与各民主党派和无党派人士之间进行的互相监督。由于人民政协的民主监督是以不同党派、民族、阶层和人民团体的形式进行监督,因而具有组织性和广泛性,是能够更广泛地代表大多数人民的民主监督。同时,尽管人民政协的民主监督没有法律的约束力,但是,由于政协委员大都是各党派、各民族、各阶层、各人民团体的代表性人士,有很大一部分是优秀的知识分子和专家,他们的监督能够引起被监督者的高度重视,因而,人民政协的民主监督就具有了一定的权威性。人民政协充分履行民主监督职能,贯穿于我国社会主义民主政治建设的整个过程和各个环节,保证了社会主义民主政治建设目标的顺利实现,有效推动了社会主义民主政治实践的不断深入和发展。

3. 参政议政

自 1993 年八届全国人大一次会议把"中国共产党领导的多党合作和政治协商制度将长期存在和发展"写入宪法后,人民政协事实上就成为各党派、各团体、各民族、各阶层发挥作用的一个法定平台。人民政协能够充分发挥这个法定平台作用,引导社会各界有序参与政治,为政协委员参政议政的科学性与实效性打下了坚实的基础。人民政协参政议政的主体视野开阔,有利于形成前瞻性的意见和建议,从而保证人民政协提出的建议和提案具有科学性、可行性和可操作性。

二、人民政协对构建协商民主体系起基础示范作用

在社会主义协商民主体系的形成和发展中,人民政协的协商实践具有重要贡献。在深入探索人民政协的性质和作用的过程中,逐步构建起社会主义协商民主理论并不断完善。人民政协为完善社会主义协商民主制度起到基础示范作用。

(一)人民政协的成立奠定协商民主基础

人民政协是统一战线与人民民主相结合的产物,政协的成立奠定了中国协商民主的基础。1949 年政协成立时,毛泽东明确指出,现在的中国人民政治协商会议是在完全新的基础上召开的,它具有代

表全国人民的性质,它获得全国人民的信任和拥护。1954 年,第一次全国人民代表大会召开,政协不再代行人大职权。毛泽东指出,人大不能包括所有的方面,通过政协容纳许多人来商量事情很需要,所以政协仍有存在的必要。人民政协作为"对中央政府的工作起协商、参谋和推动作用"的协商民主机构得以保留,创造了选举民主和协商民主并存的国家政治形态,奠定了中国协商民主的实践基础。政协章程规定,中国人民政治协商会议"就有关国家政治生活和人民民主统一战线的重要事项,进行协商和工作"。中国人民政治协商会议组织法对此加以确认。人民政协的诞生,赋予了中国政治全新的意义:政治协商是实现人民民主的重要方法,是一种新型的国家民主形态。人民政协在这个过程中,也不断推进实践创新和理论创新,创造了许多新鲜经验。

(二)人民政协的发展推动中国协商民主制度的建立

社会主义建设时期,作为协商民主的重要形式和组织载体,人民政协不断创新和发展,从《宪法》和法律层面、中央文件层面和政协章程等方面的制度体系不断完善。1980 年,邓小平指出,人民政协"是我国政治体制中发扬社会主义民主和实行互相监督的重要形式"。1986 年中央 10 号文件提出,实现政治协商民主监督的制度化和经常化。1991 年又提出,"人民通过选举、投票行使权利和人民内部各方面在选举和投票之前进行充分协商",是"我国社会主义民主的两种重要形式"。同时,党中央对人民政协在发展过程中创造的经验进行了总结和提炼,从民主形式层面对人民政协进行定位。

2006 年,中央 5 号文件首次将我国社会主义有两种民主形式的问题写进中央文件。2007 年,国务院新闻办发布《中国的政党制度》白皮书,宣布"选举民主与协商民主相结合,是中国社会主义民主的一大特点"。2011年,党中央又把"协商民主"这一概念写进了中办16号文件。这些理论概括和文件规定,明确肯定了人民政协是中国协商民主的主要形式,同时强化了协商民主在中国民主实践中的重要地位。

2012年,根据人民政协和中国协商民主发展的需要,党的十八大提出"健全社会主义协商民主制度""要充分发挥人民政协作为协商民主重要渠道作用"。2013年,十八届三中全会又从国家政治体制层面进一步阐述社会主义协商民主的本质属性、协商民主的制度框架、协商民主的层次与内涵等重大问题,并对发展社会主义协商民主作出进一步部署。这些论述和部署,将协商民主从政治理念和政治实践提升为国家民主制度,也将协商民主从一种民主形式上升为一种政治形态和制度形式,标志着社会主义协商民主制度的确立,在中国政治发展史上具有里程碑意义。

(三)人民政协与协商民主具有内在关联

1. 目标的共识性

增进各协商主体的共识是二者的共同目标。与选举民主遵循少数服从多数的原则不同,协商民主遵循一致原则,强调各参与主体通过对话、讨论等形式达成共识。在中国,人民政协作为社会主义民主的重要形式主要是指"人民内部各方面在重大决策之前进行充分协商,尽可能就共同性问题取得一致意见",从以上规定可以看出,作为一种民主形式,人民政协也遵循一致原则,寻求各协商主体在重大问题上的共识。

2. 主体的平等性

协商主体的平等参与是二者的共同特征。从协商民主的定义可以看出,主体平等是协商民主的内在要求。如果参与协商的主体不平等,就不存在真正的对话和说理等协商形式,也就不是真正的协商民主。中国共产党领导的多党合作和政治协商制度是我国的一项基本政治制度,人民政协是其重要政治形式和组织形式。在中国共产党政治领导的前提下,人民政协各参与主体之间的协商是平等的。周恩来曾经指出:"在政协,没有领导与被领导的关系,不然的话,我们的民主生活、民主风气就不能够发扬。"

3. 结果的包容性

结果的包容性是共识目标在协商实践领域的体现。根据协商民主的内涵,其参与者涵盖了特定政治共同体中各个平等的政治主体,其认知和利益存在差异是必然现象。因此,协商结果包容各方的认识和利益是达成共识的必要条件。人民政协是党和政府联系群众、团结各界的重要桥梁和纽带,包括国内各方面及许多海外的代表人士,广泛的协商主体决定它包含了各种不同的认识和利益。为了达成共识,协商结果尽可能反映各主体的认知和利益也是必然选择。

国内理论界倾向于将人民政协制度作为中国本土协商民主的一种典型实践形式。人民政协工作是中国特色的社会主义协商民主,人民政协的政治协商、民主监督和参政议政职能,都会涉及协商民主的功能,体现协商民主的特征,是孕育于中国传统和合文化等优秀本土资源之上的中国特色社会主义民主理论与实践模式的创新。

(四)人民政协是社会主义协商民主的重要载体

社会主义协商民主必须借助一定的载体形式才能实现。我国社会主义协商民主有多种载体形式、组织形式和实现形式。从政体形式和操作形式上看,人民政协是以协商为基础和主要特征的政治组织,是社会主义协商民主最重要的价值载体、组织载体、制度载体和程序载体,在社会主义协商民主发展中发挥着其他组织不可替代的作用。

1. 人民政协是社会主义协商民主的价值载体

人民政协凝结和承载着社会主义协商民主的核心价值。关于社会主义协商民主的核心价值,人民政协的民主实践和中央有关文献中有所概括。2006 年 7 月,《中共中央关于巩固和壮大新世纪新阶段统一战线的意见》中概括了统一战线的重要特征——"空前的广泛性""巨大的包容性""鲜明的多样性""显著的社会性",这四大特征涵盖了社会主义协商民主的基本价值取向。

社会主义协商民主文化包含着一些基本理念:一是平等,即每个协商参与者发表意见具有平等性,靠理性的陈述和说服;二是协商的目的为"公共性",即协商各方对公共利益的诉求,这是协商民主文化的关键要素;三是协商决策的形成必须由协商过程中提出的各种意见决定;四是每一个参与者都能够理解决策如何达成及达成的原因。这样的协商民主文化,是社会主义协商民主制度必不可少的构成部分,必须予以高度重视。这里提出的协商民主文化理念——平等性、公共性、合意性、合理性,也可作为提炼社会主义协商民主价值精神的参考。

综合各方面关于社会主义协商民主价值精神的探讨,特别是结合社会主义协商民主实践,可以将社会主义协商民主的价值精神概括为广涵性、包容性、协同性与和而不同。人民政协作为社会主义协商民主的重要组织载体,在组织形式和行为逻辑上都充分体现和承载着这些价值精神。

2. 人民政协是社会主义协商民主的组织载体

改革开放以来,社会主义协商民主朝着广泛、多层和制度化方向发展,人民政协成为实行社会主义协商民主最重要的组织载体。从

第四章 探索人民政协发挥协商民主专门机构作用的实现路径

人民政协的组织结构、组织功能、组织形式和组织规范等要素来看，较之其他政治组织，人民政协与协商民主具有更高的契合度。

从组织结构看，人民政协参与主体涵盖了全体社会主义劳动者、社会主义事业建设者、拥护社会主义的爱国者和拥护祖国统一的爱国者。人民政协协商民主由专门的组织机构即各级政协来负责实施，有明确的职能定位和较为完善的工作机制，人民政协会议全体会议每年与全国人大全体会议同时召开，从而能够在组织结构上确保社会主义协商民主的有序性和常态化。

从组织功能看，人民政协是我国唯一由所有合法政党和无党派人士参加的、并允许以本党派名义通过政治协商、民主监督、参政议政来行使民主权利、参与国家政治生活的政治组织。人民政协协商民主带有鲜明的党派性和社会性。政协委员来自社会各阶层、各行业、各领域，是社会的精英。他们围绕国家和地方的大政方针以及政治、经济、文化、社会和生态文明建设中的重要问题进行协商，收集和反映社会各界的意见建议。因此，人民政协协商民主是一种高层次的协商民主。

从组织形式看，人民政协以界别为单位，界别性是其鲜明特色。这种组织形式打破了区域性和行政性的壁垒，使协商民主扩大到最大范围。政协委员由其所在界别协商推荐产生，反映本界别群众的利益诉求。人民政协协商民主是各界别作为主体参与的协商，具有更为广泛的包容性。人民政协现有34个界别，很多界别都是特定社会利益群体的代表，是我国人民以界别形式表达群体诉求的主要渠道。人民政协的这种组成形式，有利于人民在宪法和法律赋予的民主权利范围内进行政治活动，也有利于执政党和政府及时了解不同社会群体的愿望和要求，全面准确地把握舆情，对于形成团结和谐的社会、保持国家的长治久安具有重要意义。

从组织规范看,经过七十多年的丰富实践,人民政协协商民主逐步形成了一套比较完备的制度、程序、平台和方式。具体体现在《中华人民共和国宪法》《中共中央关于加强人民政协工作的意见》《中国人民政治协商会议章程》,以及各级党委、政府和政协制定的一系列规范性配套制度中。这些规范在国家和地方政治生活中发挥着越来越重要的作用,成为社会主义协商民主科学化、制度化的重要保障。

从整个国家政治体系看,人民政协所体现和实现的协商民主,表现为中国共产党同各民主党派及无党派人士之间共商国是、互相监督,各党派以政党名义提出提案、发表主张。同时,各民主党派积极引导各自成员和所联系的群众,协助党和政府做好协调关系、化解矛盾的工作,为改革开放和现代化建设创造良好的社会环境。党的十八大报告明确要求"充分发挥人民政协作为协商民主重要渠道作用"。

3.人民政协是社会主义协商民主的制度载体

任何形式的民主要落到实处,都必须借助一定的制度形式,需要有与之适应的制度载体。党的十八大报告明确提出"健全社会主义协商民主制度",将社会主义协商民主从民主形式层面上升到国家基本政治制度的层面,对于发展社会主义协商民主具有里程碑性的重要意义。人民政协成为社会主义协商民主的重要制度载体。

我国社会主义协商民主制度体现了制度化的一般特点。适应了改革开放以来经济社会发展的基本要求,具有适应性的特点;反映了社会结构日益分化和社会利益多样化的要求,具有复杂性的特点;是中国人根据本国国情独立自主地建立和发展起来的,具有自治性的特点;与人民代表大会制度等其他制度密切配合,共同构成中国特色社会主义政治制度体系,具有一致性的特点。这些特点与人民政协的独特地位和功能分不开。在我国社会主义政治制度体系中,人民政协的组成和活动方式更有利于满足人民的参与要求,在组织上具有广泛的代表性,政治上具有巨大的包容性。

4.人民政协是社会主义协商民主的程序载体

社会主义协商民主最重要的程序是协商,从政治运作的角度看就是以协商的方式实现人民当家作主的政治过程。人民政协就是以协商为基本职能的政治组织机构。

从政治过程看,协商贯穿于人民政协履行职能的全过程,体现在人民政协工作的各个方面。协商不仅是一种实践或一个过程,更是人民政协内涵的核心精神。人民政协的三大主要职能——政治协商、民主监督、参政议政,以其规范的程序体现着协商民主的内在精神。人民政协协商民主既可以在党委和政府决策之前,也可以在决策执行过程之中进行,实现了事前、事中、事后协商议政相结合,较好地体现了协商民主的程序性要求,成为社会主义协商民主最重要的程序载体。

人民政协作为社会主义协商民主的程序载体,有关文献中作出过明确规定。在历届政协章程和有关文件中,都规定了政治协商的基本程序。政协全国委员会的全体会议,常务委员会及其他形式的协商会议,一般就做新闻报道。各专门委员会的重要建议和委员的重要提案,经常委会议或主席会议通过,得以通过全国政协常委会或主席会议建议案的形式向有关方面提出。以全国政协常委会、主席会议或以各专门委员会名义提出的意见建议,由全国政协办公厅以正式文件形式送达有关方面,有关部门进行研究处理,并将结果尽快以正式文件形式作出答复。以上政治协商程序在1995年1月召开的八届政协常委会第九次会议通过的《政协全国委员会关于政治协商、民主监督、参政议政的规定》中得到重申。

2006年2月,《中共中央关于加强人民政协工作的意见》中十分明确地将人民政协规范为中国特色的民主形式。意见要求:"把政治协商纳入决策程序,就国家和地方的重要问题在决策之前和决策过程中进行协商,是政治协商的重要原则。"党的十八大报告强调:"把政治协商纳入决策程序,坚持协商于决策之前和决策之中,增强民主协商实效性。"可见,人民政协作为协商民主的程序载体在中央有关文献中是十分明确的。

人民政协作为社会主义协商民主的程序载体,在以往的协商民主实践中已取得重大进展,在中国社会主义协商民主实践中发挥着重要作用。一是政协全体会议与人大全体会议每年同时召开,这种程序性的政治安排较好地将选举民主和协商民主结合起来,保证人民通过人民代表大会行使国家权力和通过人民政协进行政治协商。二是在政治协商实践中已经形成相对规范的程序。除有关文件规定的中央国家机关的协商程序外,各级地方政协也已经制定或约定俗成出一套政治协商程序。综合各级人民政协政治协商的情况,地方政协政治协商的主要程序是:党委根据年度工作重点或政协党组提出的建议,研究并确定在政协协商的议题;政协党组根据党委的统一部署,按照政协章程和有关规定安排协商活动;党委和政府及有关部门负责人就相关问题通报情况、听取意见;政协及时整理并报送参加会议的各党派团体和各界人士提出的意见建议;党委和政府及有关部门对政协报送的意见和建议认真研究处理,并及时反馈处理情况。三是各级人民政协程序性政治协商已经取得丰硕成果。中共中央在作出重大决策前,一般都借助全国政协的平台,邀请民主党派主要领导人和无党派代表人士召开民主协商会、小范围谈心会、座谈会等，通报情况，听取意见。全国政协还围绕人民群众最关心的利益问题开展调查研究，提出建议，促进了民生改善。

三、人民政协对其他协商渠道起配合支持作用

人民政协作为协商机构，是各渠道协商的交汇地，一头连着国家，一头接着社会，上达中央，下通各界，对关系国计民生的重要问题和国家机关及其工作具有建议和批评的权利，与其他渠道的协商存在交集，起到配合和支持作用。

（一）人民政协是政党协商的重要机构

实行政党政治的地方都少不了政党协商。中国的执政党和参政党，是有着共同利益的协商关系。政党协商是中国特色社会主义民主政治的独特优势。这一优势在中国革命、社会主义建设和改革发展的实践中不断得以验证，具有深厚的文化、制度、理论和实践基础。政党协商有两种形式：一种是中国共产党与各民主党派直接协商，主要是在领导层，是一种高层次、小范围的协商；另一种就是中国共产党与各民主党派、无党派人士在政协的协商。人民政协是各民主党派唯一以党派名义发表意见建议的场所，也可以党派成员身份履行职能、议政建言，是一种范围更宽、更普遍、更经常的政党协商形式。因为有中国共产党的参与，政党协商成为其他协商渠道的"风向标"。搞好政党协商，需要中国共产党和各民主党派共同努力。民主党派在提高政党协商中担负着重要责任，但中国共产党担负首要责任，中国共产党是执政党，应该更加自觉地做到集思广益。搞好政党协商，需要中国共产党和各民主党派加强自身建设，不断提高参政议政的能力和水平。搞好政党协商，需要吸收借鉴其他协商渠道的经验，特

别是作为重要协商渠道的政协协商。政党协商与政协二者在协商主体上都有统一战线的参与,在有关经济社会等重大问题的协商上做到互通有无,共同合作。

(二)政协协商是人大协商的有益补充

人大协商是人民群众通过人民代表大会,在人大制度框架内实行协商民主,最终形成国家意志。人大协商主要是立法协商,即制定立法规划、立法工作计划时广泛听取各方面的意见和建议。人大协商的基础是人民代表大会制度。在当前,人大的主要职能是进行选举,选举民主是人大民主的独特形式。人民政协是专门协商机构,是协商民主的重要渠道。选举民主和协商民主作为社会主义民主的两种形式,可以互为补充。人民政协群体的广泛性、代表性可以为人大立法的正当性提供广泛的群众基础。目前,一些地方政协已开始探索立法协商。

(三)政府协商是政党协商和政协协商之间的桥梁

人民政协是党委、政府等国家机关重要问题提交协商的重要平台。政协全会期间,政府工作报告、财政预算决算报告、宪法修正案和重要法律草案、两院报告等都要在政协协商。党和国家领导及部门负责同志都要出席政协会议,参加委员小组讨论,与委员共商国是。闭会期间,党委会同政府、政协制定实施协商年度工作计划,明确规定需要协商的事项必须经协商后提交决策实施。

政府协商是政府围绕有效推进科学民主、依法决策进行协商。通过协商增强决策透明度和公众参与度,解决好人民现实利益问题,推进政府职能转变,提高政府治理能力和水平。从职能定位看,政党协商是一种政党间的交往形式,着重从政治纲领层面对国家发展道路、方向和规划进行党际对话;政协协商是一种社会各界别间的交流,着重从社会层面对重大经济社会问题进行磋商;政府协商则是政府与社会、政府与人民之间的直接对话,是对关系人们日常生活的基本公共产品供给的协商。通过政府协商,传统的二元的国家与社会关系格局转变为一种良性和谐关系,国家与社会可以更好地对话。从政治过程看,政府协商侧重于具体政策制定与执行阶段,是对政党协商提出的政治纲领的具体化,同时也是对政协协商所提出的经济社会问题的一种回应,成为沟通政党协商与政协协商间的重要一环。从民主形式看,政府协商是人民民主与协商民主的有机结合,政府是由人民民主方式选举产生的执行机构,同时政府事务又通过协商民主方式进行决策和执行,体现了人民民主和协商民主的双重优势。

(四)人民团体协商是政协协商的重要组成部分

人民团体是中国人民政治协商会议第一届全体会议和历届全国委员会的重要组成部分。人民团体中的全国性群众组织,如工会、妇联、青联、学联、青年团、台联、工商联、侨联、科协、文联、记协、对外友好团体等,在我国政治生活中占有重要地位,在团结、代表、教育各自的成员,为完成民主革命、社会主义革命和建设的各项任务方面,发挥了重要的作用。政协组成单位中的八个人民团体,政协委员中的社会组织代表人士,可以在政协反映本团体组织和所代表群众的利益和意愿,协商议政。各人民团体在人民政协中,履行政治协商、民主监督和参政议政的职能,发挥了积极作用。政协应建立完善人民团体参与协商的工作机制,对涉及群众切身利益的实际问题,特别是事关特定群体权益保障的,政协应加强与相关人民团体协商。政协还应充分发挥人民团体及其界别委员的作用,积极组织人民团体参与协商、视察、调研等活动,密切各专门委员会和人民团体的联系。

（五）基层协商是政协协商的重要环节

涉及人民群众利益的大量决策和工作，主要发生在基层。基层协商，是按照协商于民、协商为民的要求，建立健全基层协商民主建设协调联动机制，更好地解决人民群众的实际困难和问题，及时化解矛盾纠纷，促进社会的和谐稳定。代表性强、联系面广、包容性大，是习近平总书记强调指出的人民政协的独特优势。要将这一优势在基层协商民主中得到体现和落实，就要将人民政协的独特优势和基层协商民主的具体形式结合起来，实现两者的有效对接。基层协商民主的具体形式丰富多样，涉及的协商内容、范围、层级和参与对象等各不相同，关键是要找准切入点，突出有效性，有利于政协优势发挥。同时，人民政协按照协商于民、协商为民的要求，在推动基层协商民主发展中大有可为。一些地方政协探索政协工作向基层延伸，设基层委员工作室、委员联系点、委员网上信箱等，在基层协商中发挥作用。人民政协作为中国特色社会主义的基本政治制度，组织系统完整，界别和委员覆盖社会各个方面，对于基层协商民主的参与是一种深度参与、有序参与和广泛有效的参与。

四、人民政协对创新发展协商民主起核心枢纽作用

党的十八大报告首次正式提出"协商民主"这一概念，指出"社会主义协商民主是我国人民民主的重要形式"，并系统论述了我国社会主义协商民主制度，确立了协商民主在我国民主政治中的地位。十八大报告提出"要完善协商民主制度和工作机制，推进协商民主广泛、多层、制度化发展"，为中国协商民主的发展指明了方向，为实现人民有序政治参与提供了程序化和制度化的保障，拓展了协商民主的空间。十八大报告还强调："要坚持和完善中国共产党领导的多党

合作和政治协商制度,充分发挥人民政协作为协商民主的重要渠道作用,围绕团结和民主两大主题,推进政治协商、民主监督、参政议政制度建设,更好协调关系、汇聚力量、建言献策、服务大局。"人民政协之所以是社会主义协商民主的重要渠道,在于它拥有其他协商民主形式所不具有的功能和优势。

（一）人民政协协商民主具有独特功能

1. 合作功能

人民政协是实行中国共产党领导的多党合作和政治协商制度的重要政治形式和组织形式。在人民政协,各民主党派以本党派名义开展调研、提出意见和建议,通过参加人民政协的协商议政,促进了各党派和无党派人士的团结合作,体现了我国政党制度的特点和优势。人民政协是中国共产党与各民主党派共同奋斗的成果,各民主党派、无党派人士是人民政协的重要组成部分,发展人民政协的协商民主,可以实现和维护民主党派和无党派人士的民主权利,促进民主党派建设,促进我国多党合作事业发展。

2. 资政功能

1954 年,毛泽东同志提出人民政协的五项主要任务之一就是提意见。围绕中心、服务大局是人民政协履行职能的重要原则,人民政协履行政治协商、民主监督、参政议政职能,其主要目的就是为了推进党政中心工作当参谋、出主意、提建议,建言、献策、立论,为党委和政府科学民主决策提供依据和参考,发挥人民政协协商议政、资政助政的重要作用。

3. 民意功能

收集民情、反映民意,是人民政协协商议政、发挥职能作用的重要基础和途径。人民政协的一个界别就是一条了解和反映民意的重要渠道,人民政协不仅在会议、提案、调研、视察工作中反映民意,还开展专门的社情民意信息工作,从而获得其他渠道不容易得到的信息,是社会舆情汇集分析机制的重要组成部分,其民意功能和作用十分突出。同时,人民政协来自人民、服务于人民,人民政协的人民性要求深入群众了解民情、关注民生反映民意,通过及时有效地反映社情民意信息,来体现以人为本、履职为民的宗旨。

4.监督功能

人民政协进行民主协商的过程,也是实行民主监督的过程。人民政协的政治协商、民主监督和参政议政三项职能相互联系,在政治协商、参政议政职能中有民主监督,在民主监督职能中有协商议政。人民政协在议政性会议和经常性工作中进行民主监督,同时开展专门的民主监督工作。发展人民政协的协商民主,可以通过政治组织,加强对相关部门及其工作人员工作的监督,加强中国共产党与各民主党派与无党派人士的互相监督,彰显人民政协民主监督的重要职责,发挥人民政协民主监督在我国监督体系中的重要作用。

5.共识功能

人民政协民主协商、参政议政的过程,也是深化认识、形成共识的过程。发展人民政协的协商民主,通过协商讨论能够加深对党和政府方针政策与决策部署的理解和认同,使党的主张变成各党派团体和各族人民的主张。

(二)人民政协协商民主具有显著优势

作为中国特色的社会主义协商民主形式,与一般的协商民主模式相比,人民政协在发挥协商民主功能时具有体制、组织和能力上的独特优势。

第四章　探索人民政协发挥协商民主专门机构作用的实现路径

1. 体制优势

从制度层面看,民主是一种国家制度,是一种政治体制。人民政协作为中国特色的社会主义协商民主形式,早已嵌入中国的政治体制并成为实际运行的制度安排。我国《宪法》把中国共产党领导的多党合作和政治协商制度确立为我国的一项基本政治制度,人民政协是实现这一政治制度的重要机构,人民政协在我国政治生活中开展活动、发挥作用具有宪法的保障。经过不断发展,已形成了以宪法为根本、政协章程和中共中央文件为基础、各项规定和条例为核心要件的一整套制度体系。对于协商什么、如何协商都有体制层面的规定,例如,《中共中央关于加强人民政协工作的意见》明确规定,选举和协商是"我国社会主义民主的两种重要形式",把政治协商纳入决策程序,就国家和地方的重要问题在决策之前和决策执行过程中进行协商,是政治协商的重要原则。中央《意见》把协商和选举并列为我国的两种民主形式,与我国目前实行的"两会制"的政治架构相对应,表明人民政协的协商民主是种国家民主形式。这就从国家政治制度的角度进一步明确了人民政协在我国社会主义民主政治建设中的地位,为充分发挥人民政协的作用提供了重要的体制平台,也成为人民政协的一大体制优势。经过多年的丰富实践,人民政协协商民主已经步入制度化、规范化、程序化的轨道。

2. 组织优势

从组织层面看,中国人民政治协商会议是中国人民爱国统一战线组织,是中国共产党领导的多党合作和政治协商的重要机构,是全体社会主义劳动者、社会主义事业建设者、拥护社会主义和祖国统一的爱国者的大联盟,也是各党派、各团体、各民族、各阶层大团结大联合的组织。这种组织性质决定了人民政协具有坚实的群众基础和广泛的群众联系。人民政协是非国家权力机构,人民政协协商民主由专门的组织机构即各级政协来负责实施,它区别于领导机关、权力机关、行政机关而独立存在于我们国家的政治体系之中,有明确的职能定位和较为完善的工作机制,从而确保了人民政协协商民主的有序性和常态化。目前已建立和完善了全国、省级(副省级)、地(市)级、县级政协的四级组织体系,统一按照人民政协的章程开展工作,履行职能,形成了一个有序运行的政治组织系统,为各级党委、政府和参加政协的各党派团体和各族各界人士协商提供了有效的载体和平台。可以最大限度凝心聚力、形成合力,为在人民政协进行社会主义协商民主提供了强有力的组织支持。

人民政协为践行协商民主提供了重要的组织平台,并具体化为丰富多样的组织形式,如政协常务委员会会议、常务委员专题协商会、主席会议、全体会议、秘书长会议、政协党组受党委委托召开的座谈会、各专门委员会会议,由政协各组成单位和各界代表人士参加的内部协商会议,以及政协组织的各种视察、调研活动。政协委员可以通过上述组织形式就各种重要问题发表意见、提出建议。另外,人民政协具有不属于国家机关但又嵌在体制内的独特性质,在政治协商、民主监督和参政议政中能够发挥更为客观、中立、理性的作用。

3. 能力优势

其一是界别优势。人民政协作为重要的爱国统一战线组织,以界别为基础组成,主要包括党派界别、行业界别、特邀人士界,涵盖了各党派、各民族、各团体、各阶层,包括港澳同胞、台湾同胞和归国侨胞的代表以及特别邀请人士,同时,为适应经济社会发展和阶层结构变化,又在不断地吸纳新的社会群体的代表。这种组成形式打破了区域性和行政性壁垒,能够使社会各界人士广泛、深入地参加国家的政治生活,将社会不同群体的意见、建议和要求系统、综合地反映,使协商民主扩大到最大范围,最大限度地实现最广大人民的民主权利。政协委员由其所在界别协商推荐产生,具有广泛的民意基础。他们代表所在界别参与政协组织,反映本界别群众的利益诉求。界别性是人民政协区别于其他组织的最鲜明的特色,增强了协商的代表性、专业性和针对性,有利于提升协商的质量,更好地发挥协商民主的功能。

其二是主体优势。人民政协委员作为履行人民政协三大基本职能的主体,广泛分布在社会生活的各个领域,吸收了各个党派、阶层、群体、界别甚至海内外的优秀人才,聚集了大批专家学者和领导干部,联系着中国政治经济文化等各方面的管理层和知识层,信息资源丰富,是一个庞大的智力群和人才库,是一支促进执政党决策民主化科学化的重要力量,这是人民政协的一大优势。依托这一优势,中国共产党对国家的大政方针、政治生活中的重大事项、经济和社会发展中的重大问题,在决策前通过人民政协进行协商,在决策的贯彻执行中接受人民政协的民主监督,这种协商和监督虽然不具有国家权力性质,没有法律上的决定权,但对发扬民主、建设社会主义民主政治意义重大。因此,人民政协协商民主是一种高层次的协商民主,它不仅更真实地体现了社会主义社会人民当家作主的权利,更有利于正确科学地贯彻执行党和国家的路线方针政策。

(三)人民政协协商民主在推动"四个全面"战略布局中发挥重要作用

人民政协具有其他协商民主形式所不具有的巨大优势,如独特的政治地位优势,政治制度体系与其体制保障优势,组织网络与政治参与优势。这些优势在实践中发挥了不可替代的重要作用。

舆情表达机制与人民政协协商民主建设

1. 人民政协协商民主有利于提高党和国家执政能力,助力全面深化改革

人民政协协商民主能够提高决策的民主化、科学化水平。党的十八大提出"充分发挥人民政协作为协商民主重要渠道作用",提升了人民政协在权力运行中的影响力。政协的界别设置突出了人民政协协商的专业性和精英化特征,也彰显了人民政协政治参与的包容性与多元化特点,有利于不同观点的交流,这种互动为社会治理夯实了民意基础。人民政协以其自身的人才优势,为政策制定和社会发展做出了贡献。2013 年 10 月以来,政协召开"双周协商座谈会",围绕影响人们切实关心的公共问题邀请相关界别委员进行协商,提出切实可行的方案,积极回应社情民意。人民政协协商民主为推动国家治理体系和治理能力现代化提供了制度保障和智力支撑。人民政协在运行中将一党领导、多党合作与全方位的政治协商统一起来,增强了中国政党制度的稳定性,提升了国家治理体系的适应性和发展性。通过政治协商的广泛多层制度化发展,人民有序政治参与成为政治体系与社会体系互动的驱动力,将政治协商过程转化为决策与反馈良性互动的过程,激发了社会各界参政议政的积极性。

2. 人民政协协商民主有利于促进社会公平正义,推动全面依法治国

中国特色的法治离不开协商民主,中国的经济社会发展模式又决定了法治建设的多元化模式,即不仅注重法律体系建设,也注重社会规则体系建设,这是人民政协参与协商立法、达成多元共识的过程。可见,政治协商也是法律和规则形成的重要手段,人民政协在立法、执法、司法工作中具有提出建议、开展监督的权力,协助党和政府推进依法治国战略。党的十八届四中全会提出要充分发挥政协委员在立法协商中的作用,这对于"人民政协参与立法协商有突破性的意义"。协商民主实践所体现的公共理性精神,同法治追求公平正义的公共理性相契合,表明协商民主的发展将提升民众的法治精神。因此,推进人民政协协商民主能够激发民众依法参与社会治理的积极性,保障人民的主体地位,有利于建立国家的法治秩序;还能够引导人民重视规则,树立法治精神,增进民众对法治中国的认同。

3. 人民政协协商民主有利于对公共权力进行监督,促进全面从严治党

人民政协的民主监督寓于协商合作中,是一种非权力性监督,是预防和惩治腐败的重要手段之一。与执政党的党内监督相比,民主党派的监督更具客观性,更容易发现问题。另外,人民政协协商民主有利于促进国家权力向社会回归,增强权力运行的公开化,使党和国家政策的制定和实施过程得到更多社会组织和公众的监督,推进了政治透明。时任中纪委书记王岐山曾指出:政协的一项重要职能就是民主监督,"希望政协委员积极建言献策、开展民主监督,为深入推进党风廉政建设和反腐败斗争作出更大贡献"。

4. 人民政协协商民主有利于整合利益诉求,推进全面建成小康社会

政协委员来自社会各领域,代表了不同群体的政治诉求和利益,体现了不同阶层参政议政的民主权利,并在共同的政治基础上"求同存异"。要充分发挥人民政治协商会议的优势,作为统一战线组织,团结力量,调动群众积极性,为全面建成小康社会夯实基础。充分发挥其多党合作的政治优势,为全面建成小康社会提供坚实的政治保障。充分发挥人民政协的党派合作优势,进一步实现中国共产党、各民主党派及无党派人士在人民政协内部进行平等对话、民主协商,促

进党派关系、政治关系和谐。充分发挥协商民主的主渠道作用,为全面建成小康社会营造浓厚的民主氛围。民主协商是人民政协的议事规则,要进一步坚持好、发扬好人民政协民主协商这一发展社会主义民主政治的伟大创造,更广泛地团结各界别、各团体、各党派,通过收集、反映舆情、提出意见建议等,更好地实现人民当家作主,为全面建成小康社会营造浓厚的民主氛围。充分发挥政协委员作用,为全面建成小康社会献计出力。政协委员应是全面建设小康社会的宣传者,要营造良好的舆论氛围;要做全面建成小康社会献计者,充分发挥智力优势,通过视察、调研等研究社会治理规律,为完善治理体系、整合社会资源建言献策,积极创新思路,为全面建成小康社会做出贡献;要做全面建成小康社会的带头人,带头学习政策、解放思想,更好地为推进经济社会发展服务,维护改革发展稳定的大局。

第二节 舆情表达是发挥政协协商
示范带动作用的内在动力

人民政协是舆情表达的重要渠道,人民政协制度及其架构,作为舆情表达机构,其制度化和系统化程度都相当高。通过该组织体系,广大民众可以表达其利益要求。政协委员联系民众主要通过接触、调查、视察等手段,搜集民众的要求,再通过政协大会形成提案,以此向国家权力机关和其他各级机关进行表达,这一条舆情表达渠道是行之有效的。

人民政协在舆情表达中具有自身优势,人民政协组织由众多界别和参加单位组成,具有倾听呼声、化解矛盾、理顺情绪的重要社会功能。政协委员位置超脱,较少受地区和部门利益局限,能够就经济社会发展中一些重大问题,比较客观公正地表达各界各阶层民众的利益诉求和意见主张。由这一特点形成的政协提案、政协社情民意信息,具有重要参考价值。当前经济社会发展过程中具有矛盾多发性和多样化的新特点,给人民政协履行职能提供了发挥的平台,充分反映不同界别、不同阶层、不同群体的愿望和要求,使人民政协社情民意信息与党政部门信息的视野和功能互为补充,在党和国家社会舆情汇集和分析机制中起到不可替代的作用。

一、扩展延伸政党协商

政党协商,主要是指中国共产党与各民主党派和无党派人士之间的直接协商。人民政协是中国共产党领导的多党合作和政治协商的重要机构,应当加强政协协商与政党协商的衔接配合。人民政协加强舆情机制建设,扩展延伸政党协商有多种形式,如通过提案、社情民意信息、调研报告等政协渠道向党委报送民主党派及无党派人士的意见建议;加强民主党派与政协专门委员会的联合调研,为民主党派直接向党委建言献策奠定坚实基础;举办好重要协商会议和活动,组织党委领导与民主党派及无党派委员进行直接协商等。

(一)对构建协商民主制度体系起重要引领作用

政党协商多存在于政治运行的中上层,协商效能从高层到基层呈现由强到弱的趋势,即政党协商的效能流以倒三角的形式从上到下传动。中国多党合作制度中的政治协商具有政党协商与政协协商两种基本形式。2015 年中共中央印发《关于加强社会主义协商民主建设的意见》,首次将中国共产党与民主党派直接的政治协商明确为"政党协商",规范了政党协商的具体内容与形式,并将其确定为社会主义协商民主七大协商形式的首位,而人民政协是社会主义协商民主的重要渠道,也是专门的协商平台和制度载体。党的十八大和十八届三中全会提出建设社会主义协商民主制度,推进协商民主广泛多层制度化发展的战略部署,为政党协商和政协协商的发展提出了新的要求。政党协商与政协协商两者间的良性互动将对构建社会主义协商民主制度体系、协调推进"四个全面"起到重要引领作用。

(二)促进利益诉求的双向传导

在政党协商中,通过多党合作意见建议上传到各党派中央领导集体,在协商中通过沟通交流达成共识,并直接到达相关党政部门。这一过程是自高层到基层的意见传达,在此过程中,协商共识能够形成政策措施,保证了重大方针政策的贯彻落实。在政协协商中,民情民意经层层汇总与分析,从政协传导到国家权力运行平台,到达党和政府部门,这是从基层到高层的舆情收集过程。"政党协商与政协协商互动的过程使民众的诉求张力得到了传达、吸收和整合,为社会和政党提供了一种制度化、组织化的政治参与路径,使社会不同阶层利益的维护有了合法的代表,从而有利于避免或减少无序的、非理性、抗争性的政治参与。"[①]

(三)充分保障决策的合法性与有效性

政党协商与政协协商相互作用,促进协商共识的达成。政党协商为政协协商提供政党影响力,政协协商为政党协商提供民意直通渠道。在中央支持和界别认可的前提下,党和国家的重大政策得以出台,两者的互动推动了政治决策的合法性、有效性。政协协商的主体分布广泛,但权力集中,在党和政府的主导下,政策的制定和执行

---

① 魏晓文、郭一宁:《论政党协商与政协协商的互动关系》,《社会主义研究》2015 年第 10 期。

由多方利益主体进行,取得共识后形成政策方案,并通过相关协商决策部门到达高层决策。政党协商助推国家治理,是政策创新的必要条件。各民主党派高层通过调研提出建议方案,并寻求意见一致的支持者,说服决策层中的政治权威。政党协商缩短了协商共识转化为政策的过程,决策层的支持使各部门较快接受,认可共识,形成正式决策。政党协商代表政党精英层面的协商决策过程,政协协商代表政治制度层面的协商决策过程,两者具有互补性。政党协商促进政协协商共识得到高层决策圈的支持,提高协商过程效率,取得一致意见,增强政策的合理性;政协协商使广泛的民意民声到达国家权力运行环节,舆情通过协商渠道得到表达、整合,促进协商的公共性、开放性,从而保障政策的合法性。

（四）有助于提高治理能力和治理水平

政党协商代表多党合作关系,政协协商代表多元协商关系。这两种政治协商的互动,构建了一元领导、多党合作、全方位协商的社会治理结构。政党协商的党派性、政治性增强了该结构的稳定性,而政协协商的开放性、包容性提升了该结构的适应性。"这正是中国社会在面临社会结构多元化严峻挑战形势之下,依然能够保持稳定和发展的一大关键所在。"这两种协商形式不仅代表政治协商内部的互动,也代表了政治体系与社会体系之间的互动,将政治协商过程转化为权力与利益、决策与反馈良性的互动,通过其代表性功能的发挥,将国家政治权威与各领域的社会精英联系起来,将政党、国家与民众联系起来,增强统一战线及全社会的政治参与积极性和国家治理能力。同时,政治体系与社会体系之间的互动进一步促进国家职能和权力回归社会,中国共产党也从通过政党协商和政协协商来优化执政的体制结构、组织形态与行为方式,提升了治理水平。

二、配合完善人大立法协商

建设社会主义法治国家是党中央确定的治国方略。立法关系国家和地方的大政方针,也是政治、经济、文化和社会生活的重要问题。立法协商,是决策前的协商,是人民政协履行政治协商、参政议政职能的重要方面,是人民政协以协商的方式参与民主立法的一种重要活动,也是直接参与社会主义法治建设的重要形式。

(一)人大立法是政协协商的内容之一

政治协商的内容首先是国家和地方的一些重大问题、重大决策等,其中就包括立法。将决策纳入协商过程,应当包括立法行为。政协章程第二条规定:"政治协商是对国家和地方的大政方针以及政治、经济、文化和社会生活中的重要问题在决策之前进行协商和就决策执行过程中的重要问题进行协商。"从我国政治经济和社会发展的实际情况来看,有关大政方针以及政治、经济、文化和社会生活中的重要问题,主要是以立法的形式进行规范的,在推行依法治国方略的大背景下,立法对推进政治、经济和社会发展发挥着日趋重要的作用。

随着我国立法体制的不断完善和社会主义法治建设的发展,人们对立法程序、质量、重要性的认识逐渐加深。《中国人民政治协商会议章程》《中共中央关于加强人民政协工作的意见》均明确要求将政治协商纳入决策程序,就国家和地方的重要问题在决策之前和决策执行过程中进行协商,其中就包括了作为重要问题决策的基本形式的立法。例如,《人民政协报》报道:近年来,南京市政协与市人大法制委、市政府法制办密切配合,对近60项地方性法规开展了立法协商,提出意见和建议300多条,80%得到吸收和采纳,助推了南京市

60万失地农民享受到城里人的待遇,国企改制中的职工权益维护,医疗保险体系建设中的城乡统筹和制度完善等问题的解决。

(二)政协参与立法协商能够保障立法的民主性与科学性

党和国家实行科学民主决策,人民政协的政治协商是重要环节。在立法前广泛听取和征求民意,包括政协组织和政协委员的意见建议,就相关问题进行充分协商,是立法科学性、民主性的重要步骤和具体体现。人民政协由不同界别组成,汇集了各民主党派、各民族、各团体、社会各界及海内外各方面的代表人物、优秀人才,为适应经济社会发展及阶层结构变化,还不断吸纳新的社会群体代表。不同界别分组参加会议、组织讨论,以界别的名义提出意见和建议,广泛深入地参与国家政治生活,充分反映舆情。实践证明,政协界别是保障社会各界政治参与的重要渠道,是党和政府密切联系群众的渠道,也是决策机构汇集民智的重要渠道,能够有效促进党和政府决策的民主化、科学化。

政协通过参与立法协商,可以使政协成为舆情表达的平台,有效建立和完善舆情表达机制,实现立法的民主化。政协囊括了各领域的社会精英,是智囊团、专家库,汇聚了立法所需要的人才,包括法律人才,他们扎实的专业知识和对问题的深刻认识,为政协参与立法协商提供了充分的智力资源,对保证立法的科学化具有重要作用。在目前我国的政治架构中,人民政协的特点,特别是其高层次和超脱性的特点,决定了它具有参与立法协商的优势。政协的广泛代表性和包容性便于联系社会各界,了解不同群体的舆情。建立立法协商机制,对于促进政协更好地履行职能,提高立法的民主化、科学化水平具有重要意义。参与立法协商是政协协商的重要内涵,也是推进立法民主化、科学化的基本要求。

（三）政协参与立法协商能够保障立法的合理性与可操作性

立法是利益的界定和分配,立法的过程也是各利益主体博弈的过程。立法者必须具有中立性,才能在立法中协调好不同利益。让各利益群体共同参与立法,是实现公共利益和个人利益统一的基本途径。立法既是利益平衡的过程,也是不断制定和修改规则的过程。既需要兼顾和平衡各种利益,也需要用专业知识将这种利益协调的方案反映到法律中。

人民政协组织的构成特点,为不同利益群体的政治参与提供了一个有序的制度平台,使他们都有通过政协参与政治的机会,能够有效避免各种非制度化参与所引起的社会动荡,保障了社会主义民主政治建设的有序进行。政协由界别组成,政协委员是社会各界利益的代表,是各个领域的专家,他们参与立法,能够充分反映舆情,在对法规草案的讨论中维护人民群众的利益。

当代中国的民主实质上是一种协商民主,这种协商民主关注的是选择最佳的制度设计,实现不同社会阶层的政治参与和舆情表达。政协会议是不同利益群体进行舆情表达的重要场所,是不同利益群体参与政治活动、提出主张的机构。通过政协这个制度载体,协调不同利益关系,是实现社会和谐的重要途径。政协参与立法协商,借助政协的平台进行利益关系的协调与整合,可以保证立法的合理性、可操作性,避免立法决策失误。

三、支持辅助政府行政协商

政协协商应加强与政府协商的衔接配合。《意见》指出:"坚持社会公众广泛参与,加强与人大代表、政协委员以及民主党派、无党派人士、工商联等的沟通协商。""完善人大代表议案建议和政协提案办理联系机制,建立和完善台账制度,将建议和提案办理纳入政府年度督查工作计划,办理结果逐步向社会公开。"这些规定为政协协商与政府协商的衔接配合提供了依据和遵循。地方政协在其履行职能的过程中发挥出对公共决策参与的重要作用,有效为社会各阶层利益集团搭建平台和渠道,在决策出台和实施之前提供最为广泛的意见征询。地方政协参与公共决策与政府公共部门的合作共事,共同协商涉及地方性公共事务。

(一)参与协商制度设计

政府协商制度的细节需要精心设计。一套不合理的协商制度,不仅影响协商的过程和结果,也会影响参与者对协商民主制度的信心。从某种程度上来讲,制度设计的细节决定了协商民主的质量。有研究表明,有专家参与设计的协商民主制度形式在程序上更为公平和民主,即使在参与者参与能力和经验不足的情况下仍然可以获得较好的效果。政协应发挥其专家库、智囊团的作用,以及协商制度化、程序化的经验,辅助政府行政协商制度设计、完善制度体系,提高协商水平。

(二)推动行政协商实施

政府行政协商制度所能处理的事项存在地域局限与层级局限。行政协商的内容只是本级政府行政机构能力范围内的问题,对于跨地域、跨层级的复杂问题,行政协商难以支撑。而民众的公共服务诉求往往突破了层级限制与地域限制,如教育、卫生、环保等,都涉及基层政府之间的合作。这些议题都被排除在地方政府的行政协商范围之外,行政协商制度所能发挥的作用受到局限。政协可发挥跨界别、广泛性、包容性的优势,支持地方政府在规模约束与实效要求之间取得平衡,推动行政协商在更高层级、更广地域范围内施行。

（三）增强舆情表达效果

在地方政府与公众之间的各种互动形式中，舆情表达存在着明显的障碍。首先，政府作为公共利益的代表，往往抑制舆情的表达。地方政府将自己作为公共利益的代表，以多元利益为参照。二者存在矛盾时，地方政府从公共利益代表的角色中获得了限制多元利益表达的正当性基础。其次，社会多元利益的差异也影响了舆情表达的效果。由于社会正处于复杂的转型时期，多重利益冲突不可避免。这种冲突消解了意见表达的合力，影响了舆情表达效果。政府在作出重大决策前或决策实施中出现重大问题时，对涉及经济社会发展的重要问题和涉及群众利益的现实问题，应主动与政协对接并进行协商，集思广益、扩大共识，使行政协商能够更广泛地代表社会多元利益。

四、渗透协调社会组织社会协商

党的十八大提出"社会主义协商民主是我国人民民主的重要形式"，要"健全社会主义协商民主制度"。党的十八届三中全会进一步指出，要"构建程序合理、环节完整的协商民主体系，拓宽国家政权机关、政协组织、党派团体、基层组织、社会组织的协商渠道"，首次把社会组织列为国家协商民主体系的重要渠道之一。

（一）开展社会组织协商具有重要意义

社会组织是具有非政府性、非营利性、自治性、志愿性、公益性或互益性等基本特征的组织。目前，全国依法登记的社会组织达 70 万个。社会组织聚集了大量来自各领域、各层面、各界别的优秀人才，代表着新的生产生活方式和思维方式，具有广泛的社会影响力，在促进经济发展、创新社会治理等方面发挥着越来越重要的作用。社会组织协商的基本内容,即政治重大决策的协商、企业发展的重大相关利益的协商和社会组织不同利益诉求之间的协商。开展社会组织协商,就经济社会发展中的一些重大问题听取社会组织的意见建议,有利于提高党委政府决策的科学性、推动社会治理的创新,有利于更好地实现人民当家作主的权利、扩大有序政治参与,有利于团结社会组织及其从业人员,巩固和扩大党的执政基础。

(二)社会组织协商面临困难和问题

近年来,广大社会组织积极参与政协组织发起的行业协商、专题协商、社会协商等,加强社会组织内部协商以及探索社会组织与社会之间的相互协商,对经济社会发展的重大问题和人民群众关心的现实利益问题的解决,对维护利益、化解矛盾、减少分歧、凝聚共识,起到了积极作用。但目前仍然处于起步和探索阶段,其独特优势尚未充分发挥,与政党协商、人大协商、政府协商、政协协商、人民团体协商、基层协商相比,还存在一些困难和思想问题,如认识不到位,参与渠道不畅通,参与水平不高,形式与内容单一,缺乏制度化法制化保障等。同时,社会组织作为协商民主主体之一的地位尚未完全确立,其协商能力与水平也有待提高。一些部门征求意见往往走过场、图形式,即使社会组织提了意见建议,也没有反馈。社会组织协商是社会主义协商民主建设新的生长点,潜力尚未充分彰显,还有很大的发展空间。

(三)政协要支持社会组织加强协商制度建设

解决上述困难和问题,迫切需要加强社会组织协商民主建设。社会组织协商是一种新兴的协商民主形式,要认真学习借鉴其他协商民主形式特别是人民政协多年来积累的经验做法,根据科学合理、简便易行、规范有序、民主集中的要求,进一步把握社会组织协商发展的规律,切实加强协商制度的建设。社会组织应健全考察调研机制、知情明政机制、协商反馈机制、工作联系机制和社会组织协商的保障机制。重点推动建立重大公共决策邀请社会组织参与制度、重大行业决策征询、行业协会意见制度等,着力填补制度空白。政协要积极支持社会组织加强自身制度建设,不断提高政治把握能力、组织领导能力、参政议政能力、合作共事能力和解决自身问题能力,为开展社会组织协商提供必要保障。

(四)辅助社会组织拓宽协商参与渠道

积极扩大社会组织参与渠道,在地方试验和重点突破的基础上,全面推动社会组织协商民主发展。政协召开各类协商会议、举行座谈会和进行重点课题研究,听取有关社会组织的意见和建议。应建立适当的政协与社会组织联络制度,邀请社会组织代表参加会议、参与研究,聘请社会组织的代表有序参与各类民主监督和社会事务。要适当提高社会组织代表在政协委员中的比例,并考虑在政协加设社会组织界别。让新的社会组织参加政协协商,进一步扩大政协的协商范围。党的十八大以来,人民政协积极探索新的社会组织参与协商,从国家到地方,群体内部和群体之间充分沟通,更好地促进舆情表达。社会组织中的政协委员要发挥自身优势,推动社会组织协商的科学化程序化,更好地服务于社会。

五、指导推动基层协商

(一)人民政协对基层协商民主发挥示范带动作用

党的十八大报告提出,健全社会主义协商民主制度,推进协商民主广泛、多层、制度化发展。协商民主是中国社会主义民主政治的特色,中国共产党党内民主有协商,人民代表大会有协商,中国共产党领导的多党合作有协商,不断涌现出多种协商形式,使协商民主成为具有实践深度和广度的常态民主机制。在我国社会主义民主政治发展的实践中,努力探索丰富多样的协商民主形式,具有重大意义。

积极开展基层协商是协商民主广泛多层发展的重要内容之一。基层民主是我国社会主义民主的基石,也是民主形式创新的试验田。人民政协是我国协商民主的重要渠道,也是发展最早、最成熟的形式。因此,应充分发挥人民政协对基层协商民主的示范带动作用,积极开展理论探讨和实践探索。

(二)基层政协为舆情表达提供畅通渠道

在推动中国特色民主政治建设的进程中,基层政协可以发挥其独特优势。"人民政协作为我国协商民主的典型形式,在于它拥有其他协商形式所不具有的巨大优势:一是组织上的广泛代表性;二是政治上的巨大包容性;三是党派之间的真诚合作性。"人民政协是具有中国特色的政治组织、民主形式,是我国社会主义民主政治的伟大创举。我国改革开放以来,社会阶层分化,社会利益要求多元化导致舆情复杂化,社会断裂感加深。"我国社会发展的过程中呈现出两种形式的社会分化,一种是社会异质性增加,即群体的类别增多;二是社会不平等程度的变化,即社会群体间差距的拉大。"①

1. 发挥基层政协组织优势,为加强公民有序政治参与提供重要平台

基层政协可以发挥自身的优势,通过各种途径,采取有力措施,为加强公民有序政治参与提供重要平台。首先,加强政协委员队伍建设,充分发挥政协委员在增强人民有序政治参与中的重要作用。

---

① 林萍、王平:《人民政协:协商民主的典型形式》,《苏州大学学报(哲学社会科学版)》2010 年第 5 期。

调整和优化界别设置和完善委员协商产生程序,把社会各界的优秀代表人物汇集到政协组织中来,提高政协组织的广泛代表性和极大包容性。加强对政协委员的培训,使政协委员增强界别意识,加强委员与界别群众联系,及时反映界别群众的利益诉求。完善政协委员履行职能的工作机制,为政协委员开展视察、调研提供必要的条件。

其次,创造有利条件,为社会各界群众有序政治参与搭建平台。加强报刊、广播、电视、网络等媒体对政协性质、地位、作用的宣传,使社会各界群众通过对政协组织的认识来了解中国特色民主政治的发展进步。政协召开的政协全会、政协常委会议及其他专题协商会议,可通过自荐报名,界别、社区推荐等形式邀请市民代表列席旁听。向社会公开征集提案线索,网上公布提案办理情况以及其他信息公开举措,为社会各界有序政治参与创造条件。多地方都将政协作为促进人民有序政治参与的重要渠道,在对经济社会发展中的重大问题进行协商时,不仅政协委员积极参与,非政协委员的专家学者和基层民众也被吸纳进来,在一些专题研讨会上,经常可以听到非政协委员的专家学者和群众代表的心声。

2. 发挥基层政协网络优势,为民众舆情表达提供畅通渠道

人民政协的优势在于能将社会各方面的舆情集中后传达给权力或政府部门,使政策制定和执行避免各种利益的对抗,实现利益的相对平衡,达到社会各阶层的和谐。人民政协已经成为社会各利益主体进行舆情表达、实现各自利益的重要渠道,是上通中央下至基层的舆情表达网络,能准确反映社会舆情,反映社会各阶层对政治运行的意见和建议,灵活有效地平衡社会利益冲突,维护社会秩序安定和谐。基层政协可以充分发挥同社会各界群众密切联系的网络优势,畅通反映社情民意渠道,上情下达、下情上达,为社会各界群众有效

行使知情权、参与权、表达权、监督权创造条件。

近年来各地政协在工作实践中总结出许多有效形式。界别委员小组吸纳界别群众参加活动,在小组活动中实行委员同界别群众的互动交流。开展政协主席同界别委员约谈日活动,集中听取界别的意见和建议。政协领导邀请政府有关部门负责人到街道直接听取企业、社区和市民代表的意见建议,现场答复或处理问题。邀请市民代表列席政协专题协商会议就他们关心的问题了解委员的见解和政府部门的情况通报。组织政协委员到单位或居住所在地社区同市民群众面对面交流情况,了解社情民意。在社区设立政协委员信箱、建立社情民意信息直报点或开通政协网站来收集市民的情况反映。政协组织的专项视察和专题调研,邀请相关的市民代表参加,建立市民通过网站评议提案办理情况等。广大人民群众实行民主权利不仅需要良好的社会环境和健全的制度保障,而且需要提高自身的民主意识和政治参与的能力。基层政协发挥组织和网络优势,为广大人民群众有序政治参与,实现民主权利提供丰富多彩的活动载体,不仅有利于推进党和政府的工作高效运行,而且有利于促进中国特色民主政治制度的不断完善。广大人民群众在政治参与的过程中也不断增强民主意识,提高政治参与的水平。

(三)协商民主在基层政协实践形式丰富

湖北孝感市孝南区采取多种协商形式。一是会议式议政协商。每年全会期间组织以"面对面协商"为特征的议政会议,委员们就经济、政治、社会、文化建设方面的广泛议题、人民群众关注的热点难点问题,与区党政领导现场互动。二是专题资政式建言协商。利用政协委员中专家学者的优势,组织专题协商,提出有价值的建议,是政协于决策之前协商的有效形式。三是视察式点评协商。政协开展专项视察,包括全面性视察和专项性视察,呼吁式视察和诊断式视察,针对微观层面问题和中观层面问题商讨对策。四是课题式调研协商。围绕区委区政府年度中心工作等拟定课题开展调研和协商,调研组确定活动方式,深入企业、园区、项目单位、乡镇或办事处,与基层干部职工座谈,与民众面对面交流。五是提案式督办协商。强调"开门办提案",大多数承办单位自觉把沟通协商作为提案办理的必要环节,逐步建立起提案者、承办单位、区委区政府督查室、提案委四方联动与沟通的协商机制。六是互动式网上协商。开通政协网站,并逐渐推出主席信箱、网上访谈、提案评议、议政时评、委员博客和网上提案办理等几种互动式协商新形式。七是接待式约谈协商。针对委员提出的经济社会热点难点和民生问题,采取"主席接待日"的形式,将反映问题的委员约请到政协参加协商会。八是亲民式"三进"协商。开展"委员进社区、进农村、进园区"和"打造亲民政协"等活动,乡镇政协组织承担起基层协商民主的重要渠道作用。

昆明市政协通过建立政协基层工作机制、在基层设立政协委员之家和政协委员进基层的试点工作,在基层搭建政协工作平台,把政协委员的履职活动进一步向基层延伸。为指导开展好试点活动,市政协组织有关区政协到外地学习基层建设的工作经验,之后又结合本地实际制定下发了《关于在街道办事处建立政协工作机制试点工作的指导意见》和《关于在基层设立政协委员之家试点工作的指导意见》,市政协先后与下辖的五华、盘龙、官渡、西山、呈贡区和安宁市联动,开展政协的基层协商民主试点工作,在当地党委和政府支持下,在辖区政协委员相对较多的部分街道、企事业单位,建立街道政协工作机制,设立"政协委员之家"和政协委员工作站,普遍开展政协委员基层实践活动。市和县区两级政协还广泛开展了政协委员进基层的活动,组织委员了解社情、反映民意、议政献策,开展基层协商民主活动,把政协委员的履职活动延伸到基层、延伸到群众中。

广州市政协主动探索通过延伸政协平台,让政协协商更接地气。荔湾区把区政协在街道设立工作委员会、在界别或行业设立"委员之家"列为加强政协工作的重要事项,由区编办专门发文批复建立,由区政协出台《工作规划》,在全区22条街建立了政协工作委员会,组织辖内政协委员在所在街道开展调研观察、协商议政、政情通报、群众接访、民意收集、社情议事、义工服务、扶贫助困等;同时,建立了16个"委员之家",集聚界别、行业的委员开展学习座谈交流、调研视察讨论、公益慈善济困、海内外联络联谊等活动,延伸了政协协商平台,完善了基础政协的功能。增长区委在区政协的配合下,开展了规范村民代表议事制度,探索实现村民自治的实践。越秀、海珠、从化等区政协也进行了这方面的探索。

天津静海区从实际出发,探索政协基层组织建设,搭起基层协商平台,以乡、镇重点园区为单位组建委员组,明确一名副主席分管委员组工作。每个委员组设组长一名,由乡镇分管政协工作领导和重点园区负责同志中的委员或特邀委员担任。充分发掘和利用各类资源积极创建委员活动室,建立政协委员履职档案。目前,各乡镇、园区都已建立专门的委员活动室并投入使用,成为政协委员倾听民声、汇聚民智的平台,畅通社情民意的新渠道。健全委员组工作制度,每季度组织召开一次工作会议,定期组织开展学习和调研视察协商议政活动。委员组每半年向县政府汇报一次工作,主动同乡镇党委、政府和所在单位及有关部门、人民团体沟通情况,建立联系。通过不断健全完善,委员组成为静海区政协在基层工作的有效载体,为服务当地经济社会发展发挥了重要作用。

第五章　舆情表达与推进人民政协协商民主的基层实践

　　基层是社会各界群众舆情的聚集区、群众矛盾的易发点。进一步完善作为协商民主重要渠道和专门机构的人民政协,客观上需要人民政协协商民主向基层延伸。新时期开展爱国统一战线工作,由于其对象和范围越来越向基层延伸,要求政协工作重心不断下移。推动政协协商工作重心向基层下移,是人民政协顺应新时期爱国统一战线范围和内涵不断扩大新趋势的内在要求。制度设计在顶层,实践落实靠基层。基层政协处在基层协商民主的第一线,在推进协商民主制度建设中应当也必将发挥积极作用。

第一节　人民政协协商民主向基层延伸的舆情价值

　　党的十八大报告首次提出:"健全社会主义协商民主制度。"旨在强调"充分发挥人民政协作为协商民主重要渠道作用"。在庆祝人民政协成立 65 周年大会上,习近平总书记的讲话对社会主义协商民主的性质定位、目标任务、优势作用,特别是对"大力发展基层协商民主,重点在基层群众中开展协商",做了全面系统的精辟论述和战略部署。基层不仅是群众诉求表达的集中场域,是人民进行政治参与的重要途径,也是推进协商民主的有效载体。因此,加强人民政协基层协商,具有重要的舆情价值。

一、推动政协协商向基层延伸的必要性

在长期的实践过程中,人民政协及其社情民意反映制度也一直得到党和国家的高度重视。时任政协主席李瑞环同志曾指出,了解和反映社情民意是党和国家的要求,是人民政协履职的重要环节和基础支撑,也是政协章程赋予政协委员的政治义务和民主权利。每个政协委员都要求认清自身职责,发挥自身作用,多向党中央和国家反映基层的情况……要让民众感到,人民政协确是一个能够提供真实情况、客观看法和科学建议的地方,是党和国家治理中不可或缺的信息来源。① 党的十八大以来,习近平总书记再次强调"人民政协发挥作为协商民主重要渠道作用,着力搭建协商平台、创新协商载体、增加协商密度,聚焦改革发展稳定中的重大问题深入调查研究、反映社情民意、开展民主监督,为推进改革开放和社会主义现代化建设作出了重要贡献",并要求人民政协"要加强协商民主制度建设,为各党派团体和各族各界人士搭建协商平台、丰富协商形式、创造民主氛围,为我国社会主义民主政治发展注入新的活力"②。可见,人民政协及其反映社情民意制度在薪火相传中继承又在继承中不断发展创

---

① 李瑞环:《务实求理》(上册),中国人民大学出版社 2010 年版。
② 习近平:《在全国政协新年茶话会上的讲话》。

新,已经成为中国民主政治体系中不可或缺的组成部分,继续深化对人民政协特别是地方政协舆情表达制度的研究,对于增进基层政治民主、推动社会主义协商民主建设,具有理论上和实践上的指导意义。

党的十八大报告指出:"要充分发挥人民政协作为协商民主重要渠道作用,推进政治协商、民主监督、参政议政制度建设……积极开展基层民主协商。"习近平总书记强调"坚持发挥人民政协在发展协商民主中的重要作用""大力发展基层协商民主,重点在基层群众中开展协商"。这不仅充分肯定了人民政协的地位和作用,也为基层政协协商民主的发展指明了前进方向。

在协商民主实践当中,基层政协的地位和作用非常明确:一是基层政协组织是人民政协向基层的重要延伸,是政协组织在基层履行职能、发挥作用的组织载体和重要平台,是发扬社会主义协商民主的重要渠道。二是基层政协组织的政协委员大多来自最基层,直接面对基层群众、面对具体工作、面对地方经济社会发展,处在坚持和完善协商民主制度的第一线、处在服务党政工作大局的第一线,同群众挨得最近,看群众问题最清,与群众感情最真,开展协商民主也最为直接。三是协商民主涵盖了关乎人民群众利益的大量工作和决策,党和政府需要落实的政策要靠基层组织去推动,而基层政协组织和政协委员又最能做知民情、解民忧、纾民怨、暖民心工作,最能做缓解底层矛盾,化解底层冲突,巩固执政基础,构建大和谐的基础性工作。

时代在发展,形势在变化,政协工作必须顺应潮流、创新发展。人民政协作为协商民主的重要渠道,在缓和社会矛盾,调和各类关系中具有不可替代的优势。推进政协把工作触角由县(市、区)一级向乡镇(街道)一级延伸,目的就是发挥人民政协协商民主优势,广泛听取社情民意,凝聚各方智慧力量,以民主促民生,以民主促发展,以发展促和谐,更好地服务大局、履职为民,从而进一步强化了人民政协在地方政治生态中的关键作用。

一是适应社会经济发展的需要。随着经济社会的快速发展和改革开放的日益深入,新的经济组织、新的社会阶层代表人士大量涌现了出来,他们形成的各方面利益诉求需要更加合理有序的表达方式。① 作为爱国统一战线组织,人民政协必须适应经济社会结构的新变化,顺应新时期爱国统一战线不断扩大的新趋势,使人民政协团结的对象尽可能地涵盖到社会各个领域、各个方面、各个阶层。发挥人民政协的统战性和团结联合的优势,巩固中国共产党长期执政的群众基础和社会基础。

二是促进和谐社会建设的需要。我国当前正处于社会转型变革阶段,由各种因素引发的人民内部矛盾呈现不断凸显的趋势。在我们沿海发达地区,随着城市的不断扩张,社会成分也更加复杂,乡镇(街道)涉及更多拆迁安置、失地农民保障方面的工作,如何做好群众工作、维系社会和谐稳定,是基层政府(乡镇、街道)面临的重要挑战。人民政协由各党派、人民团体以及各界代表人士组成,与各界群众联系广泛、关系密切,具有广泛的人民性和深厚的群众基础,也应该发挥重要功能。积极发挥协商民主的特色优势,推动协商民主工作向乡镇、街道基层延伸,探索把协商民主与基层民主有机结合起来,是做好群众工作的有效途径。

三是推进基层民主建设的需要。在党的十七大报告中,已将保障人民享有更多更切实的民主权利、发展基层民主作为社会主义政

---

① 特别是在沿海发达地区,各类外资企业和民营企业落户乡镇及各类社会组织不断发展壮大,民营企业家、私营业主以及中高级知识分子遍布乡镇(街道),广大基层民众的政治、民主诉求日益强烈,基层民主实践活动异常活跃。

治建设的一项重大任务,并要求把它作为发展社会主义民主政治的基础性工程重点推进。从形式上划分,基层民主包括选举民主、协商民主两种基本形态,中共中央于2006年2月颁布的《关于加强人民政协工作的意见》对此作出了明确规定。① 人民政协实行的主要是协商民主。在我国,人民政协协商民主具有不可替代的重要功能和独特的优势,是最重要的一种协商民主形式。与此同时,人民政协组织民主协商能够扩大人民有序政治参与,也是发扬社会主义民主的重要渠道。人民政协与基层民主建设相辅相成,在基层探索组织建设,有利于畅通民众政治参与渠道,进一步拓宽民众政治参与空间,提高基层民主成效。

四是发展人民政协事业的需要。政协工作向基层延伸是一种历史发展趋势。人民政协发展史上多次推行过大规模的组织设立和工作延伸:1954年全国人大成立后,根据我国第一部政协章程,在各省级层面设立了政协组织。改革开放后,根据1982年政协章程修正案等相关文件,政协组织得以在全国的"县"和中心城市的"市辖区"广泛成立。值得注意的是,与全国政协和省市政协相比,县(区)级政协组织直接面对人民群众,能够更好地承担服务群众的责任。推动县(区)级政协工作向基层延伸,不仅有利于人民政协广开言路、广集民智,提高履职质量和水平,而且有助于人民政协体察民情、反映民意,拓展工作空间、延伸工作触角,更好地维护广大人民群众的利益。

① 2006年2月,中共中央《关于加强人民政协工作的意见》明确指出:"人民通过选举、投票行使权利和人民内部各方面在重大决策之前进行充分协商,尽可能就共同性问题取得一致意见,是我国社会主义民主的两种重要形式。"

二、地方政协舆情表达的特点与优势

舆情表达是地方政协的一项重要工作,是舆情汇集和分析机制的重要组成部分,是党和政府发扬社会主义民主、促进科学民主决策的重要形式。地方政协在舆情表达工作中具有明显的特点,这是由其性质与地位决定的。

（一）地方政协舆情表达具有广泛的代表性

人民政协不仅在政治上具有巨大的包容性,在组织上也有广泛的代表性。这首先表现在政协的组成单位①和政协委员各自所在的界别②两个方面。近年来,人民政协根据社会发展的实际,不断调整与增加各级政协委员会的界别设置和委员数量,推动自身不断的发展与完善,进而保障政协广泛代表性。政协委员通过汇集不同社会阶层的群众的利益表达和利益诉求,特别是收集反对意见和不同声音,充分反映他们的愿望和要求,从而增强了政协社情民意工作的广泛性和有效性。

（二）地方政协舆情表达更加真实客观

政协委员来自各行各业,他们既不是职能部门,也不是权力机关。因此在反映社情民意时,地方政协享有一定的超脱位置,能够在很大限度上摆脱部门和地方利益的局限,从公共利益的角度出发真诚地吸纳和反映群众的愿望和要求。在此基础上,地方政协还可以更为深入全面地了解问题、查找根源,客观公正地向地方党委和政府提出意见和建议,切实做到"言群众之欲言,言群众所不能言"。

---

① 政协的组成单位包括中国社会各个政党、团体和社会各个界别。
② 政协委员来自各民主党派、人民团体和社会各阶层、各方面、各群体,联系着各界别群众,代表和反映社会各方面的利益诉求,具有广泛的群众性基础。

（三）地方政协舆情表达渠道更加顺畅高效

在我国机构职能设置中,地方政协和党委、政府具有相同的级别规格,这就为地方政协进行舆情表达的有效性提供了保障。在政协了解到事关当地发展的重要社情民意后,通过政协领导签批能够直接报送同级党委、政府主要领导。这一机制能够有效减少民意传递过程的中间环节,确保社情民意可以及时地进入决策层的视野,提高舆情表达的时效性。

（四）地方政协舆情表达具有较高的参考价值

政协委员来自各行各业的精英人士,其中许多都是在政治、经济、文化、社会建设等领域做出杰出贡献的代表人士和专家学者。可以说,人民政协人才荟萃,智力密集。由于政协委员的社会背景、人生履历各有不同,在讨论人民群众普遍关心的热点难点问题、建言国家和地方的中心工作与战略部署时,可以从各自所熟悉的方面,代表不同的群体提出建议。通过研究讨论、归纳整理,能够为地方党和政府提供多角度、专业性、高层次的决策参考,有利于政府科学决策水平的提高。

三、地方政协舆情表达的现实意义

人民政协具有其他组织所不具备的广泛代表性和巨大包容性,政协委员位置超脱、人才荟萃。因此,地方政协通过舆情表达发现的问题更加敏感尖锐,反映的内容更加翔实有深度,提出的建议更加切实可行,对于进一步推进协商民主向基层延伸具有重要的意义。

（一）做好舆情工作,是地方政协开展各项履职活动的重要内容

人民政协履行职能离不开社情民意的支撑,其性质要求重视民情、反映民意、广集民智。只有深入基层群众当中,了解基层群众的

意见诉求,掌握关于民生一手信息资料,方能在政治协商中发挥出重要作用。只有如此,政协的民主监督客观公正,参政议政有理有据,进而提出更有代表性、针对性、可行性的意见建议,为党委政府献计献策。

(二)做好舆情工作,是地方政协坚持党的群众路线的重要实践

群众路线一直是我党所坚持的根本工作路线。人民政协作为联系最广泛的统一战线组织,作为我国民主政治体制的重要组成部分,同样需要坚持与维护群众路线。基于此,政协应该主动加强与各界群众的联系交流,收集并反映他们的心态、愿望与诉求,积极开展社情民意工作,以实际行动践行与维护我党群众路线的工作原则,成为党委、政府联系群众的重要桥梁和纽带。

(三)做好舆情工作,是推动党和政府决策科学化、民主化的重要途径

作为"我国政治生活中发扬社会主义民主的重要形式",人民政协主导的社情民意工作,既体现了党和政府决策科学化、民主化的发展要求,也深深契合了人民政协的性质与定位。地方各级政协多年来的工作实践表明,公民政协具有联系广泛、人才密集、地位超脱的优势,能客观公正地指出问题,收集真实、大量的社情民意,提出切实可行的意见建议,已经成为地方党和政府了解民意、掌握实情、科学决策的重要渠道。

第二节 人民政协舆情表达功能
向基层协商延伸的实践探索

作为中国特色社会主义政体下特有的协商参政组织和民主制度安排,人民政协以其独特的体制、组织、能力和沟通优势,在了解和反映社情民意方面发挥着至关重要的作用。体制上,人民政协拥有将基层情况反映至决策高层的直接渠道和通达路径。组织上,政协的组成因素全面囊括了社会的各个方面、各个派别和各个层面,各民主党派、人民团体以及其他民主政治组织都是政协的组成界别和参加单位。可以说,了解这些界别和单位的意见就相当于了解大部分人的看法和意愿,掌握这些界别和单位的情况就相当于掌握国家和社会的总体情况。能力上,作为各个界别和单位的民主政治代表,每个政协委员都具备较强的专业实践能力和政治参与能力,都以一定的政治使命感紧密联系着一部分基层民众,既能发现潜藏在底层的公共问题,又能针对这些问题提出科学的看法和专业的建议。沟通上,人民政协历来具有超脱的站位和客观的视角,在代表民众提出各种政治诉求的过程中,相对于其他民主制度能够将部门局限和利益偏好的影响降至最低。① 因此,大力推进各级人民政协舆情表达功能向基层协商延伸,是新时期发展人民政协协商民主的内在需要和最佳实践。

---

① 李瑞环:《务实求理》(上),中国人民大学出版社 2010 年版。

一、发挥基层政协工委的职能作用

在新形势下,人民群众反映利益诉求、参与政治生活的愿望越来越强烈,需要国家提供更为真实有效的民主参与渠道。这就意味着,想要做好新形势下群众工作和社会管理工作,促进基层社会和谐稳定,就必须重视用民主的途径、协商的手段去联系群众,做群众工作。但是,地方政协作为"三大系统四套班子"①的重要组成部分,在基层并未建立相应的工作平台,这就导致了协商民主在基层领域缺乏相应的组织载体,基层群众缺乏参与协商治理的渠道,这与做好新形势下群众工作、推进基层民主建设的要求是相悖的。因此,积极建设政协基层组织,充分发挥基层政协组织的职能作用,也势在必行。

为了完善地方政协的工作机制,基层区县(市)政协派出机构可以成为联系群众的工作机制。当前,政协组织向基层延伸,在名称上还没有固定的叫法,有的叫"政协工委",有的叫"政协联络委"等,在这里统一表述为政协工委。政协工委是拓宽人民政协联系基层群众的新渠道,致力于把政协之声传递到基层群众当中去,把政协工作的触角延伸到基层群众生活中去。

第一,要准确把握政协工委的性质。政协工委并不是独立的一级政协组织,它隶属于县(市、区)政协,应定位为县(市、区)政协的内设派出机构。政协章程作出了明确规定:"政协的内设工作机构,由政协常委会协商决定。"从这个角度看,类同政协内部专委会的设置做法,政协在基层的派出机构不需要经过编制部门批准即可设定。

第二,要把基层政协协商民主纳入基层民主建设的范畴。乡镇

---

① 三大系统指政党、政权、政协,四套班子指党委、人大、政府、政协。

(街道)政协工委成立后,协商民主与基层自治民主、选举民主能够实现有机结合,把协商民主延伸到基层,发挥协商民主融协商、合作、参与、监督于一体的优势功能,使其成为扩大基层群众有序政治参与的重要渠道。

第三,要充分发挥政协工委协调关系、汇聚力量的作用,成为加强和创新基层社会管理、做好新形势下基层群众工作的重要力量。作为党和政府联系社会各界群众的桥梁纽带,基层政协工委能够深入基层、深入群众,协调关系、汇聚力量,具有联系广泛、位置超脱的优势,应该认真做好做实群众工作,发挥出其他组织难以发挥的独特作用。

第四,政协工委需为当地中心工作献计出力,使基层党委、政府决策更加符合群众意愿。在紧紧围绕当地党委、政府的中心工作的过程中,基层政协工委应大力发挥人才荟萃、智力密集的优势,组织委员积极履行职能,运用多种形式关注民生、致力发展,为促进社会和谐稳定贡献智慧和力量。

第五,政协工委要积极反映基层群众意见诉求,使其成为党和政府舆情汇集和分析的重要方面。基层政协工委直面群众,渠道畅通,应该积极了解和反映基层群众最真实的心态、想法和意见,为党和政府提供社情民意的信息参考,促进相关问题得到有效解决。

第六,要建立健全基层政协工委协商制度。一是建立重要社情民意信息报送制度。对收集的重大社情民情舆情征兆,要求一事一报,急事特报,确保信息渠道畅通、快捷,最大限度缩短社情民情舆情反馈的时间。二是建立社情民意分析制度。定期召开联络员、信息员等分析会议,对共性问题进行集体研讨,及时反馈给职能部门和相关单位。三是建立通报、奖惩制度。构建动态管理平台,要求政协委员、特邀信息员、联络员定期作履职报告。对履职不尽责、不积极的信息员等进行告诫,每年根据履职实际情况做相应调整。

二、政协与党委政府协调配合发展基层协商

加强与党委、政府的联系协作,是基层政治协商得以有效推进的根本所在。只有理顺政协和党委、政府的关系,形成以党委主导,政府与政协联动的协作机制,才能有效解决好如何协商的问题,从而在更大范围内拓展基层协商民主的视野,发挥基层协商民主的作用。其关键就在于如何贯彻落实好政治协商"三在前、三在先"要求①:包括同级国家机关领导成员等重要人事安排,先协商后决策;制定事关人民生活的重要议题,先协商后决策;制定关于地方全局的重要政策法规,先协商后通过。

(一)基层政协要围绕党委政府中心工作选题,先调研后协商,确保选题质量

首先要紧贴党委政府中心工作选题。每年初以专委会为依托,在广泛征求意见的基础上,通过主席会议协商,围绕全局性工作选择年度专题调研课题,确保抓住重点、有效建言。其次要先调研后协商。在开展协商之前,必须就协商的事项进行认真、科学、系统的调查研究,否则,政治协商就会流于一种形式,甚至是帮不了忙反而添了乱。为此,协商议题确定之后,政协需要根据议题的内容和要求,及时尽快组织政协委员开展调查研究工作,就协商议题涉及的区域、行业、人群等,广泛听取意见和建议,收集有关资料和调查材料,进行深入研究分析,有针对性地提出意见建议。

---

① 即重大问题协商在党委决策之前、人大通过之前、政府实施之前。

（二）基层党委政府和政协要通力合作，切实保障协商民主的实效

推进基层政治协商，要努力构建"党委领导、政府支持、政协主动、各方配合"的协商格局。主动加强与党委、政府的联系沟通，主动提出课题，主动请党委、政府交题，为深入开展协商工作创造良好条件。同时，也应积极为基层党委、政府具体工作献计出力，确保正确的发展方向和正确的思路方法不因党委、政府领导的变更而改变，开展纵深了解，积极调研，为基层党委、政府做好参谋，发挥好基层政协民主监督，落实好政协的"硬作用"。做到务虚与务实的结合，在推进基层党委、政府工作大局中发挥作用。

（三）在体制机制上保障基层协商程序的落实

实现基层政协与党委、政府在程序、规则上的有效衔接，必须坚持"三在前，三在先"的原则，完善协商机制。所谓"三在前"即：第一，重大决策要协商在党委决策之前，使党委在决策之前就能够收到来自社会各界的建设性意见，有利于党委作出科学的决策。第二，重大决策在人大通过之前协商，人大通过的决议具有法律效力，一旦形成则不可更改，那么，在人大召开之前，则需要"在前协商"，虚心接受社会精英团队的意见，慎重行使权力，避免在法定权力之下作出错误的决定。第三，重大决策在政府实施之前协商，就是决策执行之前实行"在前协商"，避免错误决策造成难以挽回的恶果。

（四）创新形式，实现政协与党委政府工作的有效衔接

政协必须要依据党委、政府的要求，重视拓宽政协参政议政的领域和渠道，用现代手段推动协商民主，运用热线电话、微博、微信等方式，不断拓宽渠道，引导群众有序表达意愿，通过网络收集民意民智，提高政协工作的开放性与科学性，使参政议政活动贯穿于重大决策

执行的过程中。具体有以下几种形式：①常务委员会议、主席会议视察；②政协全体会议、常委会会议、主席会议提出建议案；③委员通过提案、视察、重要情况专报、举报、在政协会议上发言等形式提出批评和建议；④就当前群众关心的重大、热点问题实施政情交流会，反映社情民意；⑤围绕党政中心工作，分专题举办参政议政、献计献策的委员约谈会；⑥邀请党委、政府领导及有关工作部门负责人向政协全会、常委会、主席会通报政情；⑦政协民主监督小组实施专项监督；⑧政协领导及专门委员会参加党委、政府组织的有关调查和检查；⑨在媒体开设专题栏目，公布调研结果与调研报告，提高透明度。

三、政协参与基层协商方式创新

人民政协作为推进协商民主的专门机构和重要渠道，基层协商民主的实践、发展和创新离不开人民政协的参与和指导。近些年来，一些地方创新出了在全国有较大影响的具有协商民主性质的模式，如，浙江温岭的"民主恳谈会"模式，深圳盐田的"社区议事会"模式等，特别是浙江杭州的"民主议事会"，由政协主导，区政协点将，政协工委出面组织，相关部门负责人到场与居民代表和政协委员共同议事。还有沈阳、青岛、成都等地推出的党代表、人大代表、政协委员每周联系群众"接待日"活动和"市民茶座"，"街道＋界别"政协工委工作模式，政协委员参与社区党委（总支）班子成员信任投票，等等，都是推进基层协商民主的有益探索，彰显了推进基层协商民主的良好态势，展现了基层协商民主的广阔的发展空间和发展前景。

积极探索并创新协商方式是推进基层协商民主实践的关键所在。首先，作为人民政协的基层组织，镇街政协工委理应以推进基层协商民主为重要职能。在推进政协工委建设中，必须突出基层协商民主这一重点,进一步强化探索创新意识,力求取得实质性进展。作为最基层的政协工作机构,镇街政协工委更需要充分创新思路和方法,组织政协委员就涉及群众利益的实际问题和经济社会发展重大问题,与群众广泛开展面对面社会协商,积极反映社会各界的利益诉求。无论从功能定位来讲,还是从具体职责来讲,镇街政协工委在推进基层协商民主方面都有着推进的现实需要,有着探索的巨大空间,需要积极探索新路,创出工作品牌,更好地服务于基层民主政治建设和社会和谐稳定。其次,政协应以提案等形式将基层协商民主经验提交给党委政府,大力推广并加以制度化。

在当前,基层政协组织应注重加强与村委会、居委会的联系,积极引导广大居民参与基层协商治理。社区基层民主,需要鼓励社区居民的广泛参与,必须重视培育社区居民的责任意识和共同体意识。这一方面要为社区居民提供相互交流的空间和参与社区管理的机会,另一方面要加强社区内的公共空间和设施建设。为此,第一,应以最大的努力通过自治的方式及时落实居民群众诉求。主要是通过社区事务、政务评议会、社区公共事务听证会、社区治理与矛盾协调会,切实解决和落实社区居民对公共设施的需求,真正体现广大居民群众的意愿。第二,构建居民区议事平台。要组织建设由居民区党组织、居委会干部、居民代表、物业公司和驻区单位代表组成的议事会,就社区居民关心的热点、难点问题协商解决对策,努力把矛盾化解在居民区,把和谐构建在居民区。第三,采用公共利益与公共需求来调动居民参与社区的积极性。一是有序引导和组织居民修订和完善《社区自治章程》和《居民公约》,为推进居民自治提供依据和保障;二是通过物色骨干力量,引领培育维权、公益、服务、文教、体育等社区团队(民间组织),不断拓宽居民参与各类活动渠道;三是倡导助人自助的服务理念,组织志愿者服务团队,不断培养居民"社区是我家"的意识。第四,畅通社情民意告知、反映和监管渠道。要着力为居民"知社情、参社政、监社事、促社兴"创造条件,通过健全网络、电话、社情民意联系箱、社区事务告知栏等联系告知渠道,使社区居民能够方便地了解社区建设和发展的状况,进而对社区事务和公共服务反映情况、发表意见、进行监督,从而激发社区居民全方位地参与居民自治。

四、政协推进基层社会组织参与协商

从目前的情况看,政协在基层发挥的协商领导作用还比较有限,鉴于此,除与当地党委政府密切协作,充分发挥基层自治组织的作用之外,还可以吸纳基层社会组织如志愿者组织、行业协会、农村专业经济协会、公益性社会团体和非营利性组织等参与到政治协商之中。

改革开放以来,我国社会基层组织不断发展成熟,服务城乡的能力不断提高,已经成为社会组织的重要组成部分,能够在一定程度上弥补政府和市场的不足。基层社会组织在基层协商民主实践中具有不容忽视的地位和作用。它们一方面能够促进社区和谐稳定,为居民有序参与社区管理提供了平台;另一方面可以满足社区居民多样化的社会需求,成为政府提供公共服务的"左膀右臂"和社会服务的主力军,提高了社区居民的生活水平和质量。与此同时,基层社会组织还可以培养居民良好的公共生活习惯,引导广大居民关心和参与社区服务和管理活动,使其真正成为社区的主人。这些基层社会组织一般具有自愿性、服务性和自治性的特点。这些组织在有效满足农村与社区的功能需要的同时,也为群众提供了各种参与社会管理的渠道。因此,政协应在确立选题、调研、提案、监督反馈的整个协商过程中,有意识地吸纳相关基层社会组织参与。

五、发挥政协委员基层协商民主作用

作为专门的协商机构,人民政协能否在基层协商民主中发挥出积极的作用,对于推动协商民主的广泛、多层、制度化发展具有重要的现实意义。由于当前只有一些地方成立了街镇政协工委,还有相当多的街道、社区没有政协的基层组织,这就需要政协特别是县级政协委员在基层协商民主中发挥更大的作用。

首先,建立政协委员列席基层重要会议的相关规定。政协委员处在工作第一线,了解地方的实际情况,熟悉百姓的诉求心声。因此,应定期要求基层单位和基层一线委员、群众代表列席主席会议和常委会议,确保每次重要协商都有一定比例的基层委员和群众代表参加,并使其成为制度化程序。另外,应根据实际需要邀请基层单位和群众代表参加对重点提案及重要民生工程开展的视察督查活动,努力推动各界各阶层群众有序参与政治生活和社会治理。

其次,鼓励群众更多参与到政治协商活动中来。让群众走近政协,其中关键是要选择接地气的协商议题,最大限度地引起群众的共鸣。此外,还要尽可能让更多的群众参与重要的调研视察活动、政协协商活动、民主评议活动。通过规范化的制度建设,畅通人民群众参与政协调研视察和协商监督活动的渠道,打牢建言献策的群众基础。

最后,要发挥基层界别优势。政协委员是来自各行各业的精英人士,代表着本界别的广大人民群众。要构建好制度平台,要搭建好平台,让委员在关键时刻顶得上去、帮得上忙、管得上用,鼓励和组织政协委员及时反映各界群众的有价值的意见诉求和批评监督。在新时代,做好群众工作要在强化集中开展联系群众活动的同时,更多地开展经常性的联系群众活动,如调研协商、座谈讨论、汇聚共识、建言献策等,在鲜活的活动形式中不断拉近政协与人民群众的距离。

第三节　强化基层政协舆情表达功能的具体对策

涉及人民群众利益的大量决策和工作主要发生在基层,在基层群众中开展协商,充分发挥基层协商独特的作用和价值,不仅是社会主义协商民主发展的重点,也是人民政协协商民主发展的重点。基层政协贴近基层,能有效反映社情民意,更好协助基层党委和政府凝聚力量、协调关系、化解矛盾、优化决策。政协委员直接面对基层群众和具体工作,对群众的情况很了解,看群众问题最清,开展协商民主也最直接。如何强化基层政协舆情表达功能,如何加强政协协商与基层协商的有机衔接,推动政协协商民主建设向基层延伸,是当前一个值得深入研究的新课题。

一、增强基层政协协商建言代表性

(一)优化基层政协界别设置机制

政协界别设置是代表各阶层的基础,设置越合理、越完善,代表性越强。根据公共政策的公共属性和协商民主的要求,完善基层政协协商机制首先要优化政协界别设置机制建设,充分吸纳社会的不同阶层进入政协,尽可能地扩大人民政协的代表性。一是要建立适时调整界别设置的机制。如果说全国政协和省市政协考虑到保持工作的稳定性和连续性,不宜经常性地调整界别设置。可对于区县这一级基层政协来讲,及时根据地区情况的发展变化调整界别设置,保持界别的代表性应该是极为重要的,至少换届时应该有所考虑。要研究基层政协界别设置同人口总数、人口结构以及产业、行业情况的关系,允许基层政协开展探索和实践。二是要规范界别委员名额的调整。界别的委员名额一定程度上会影响界别协商议政的能力,并影响到界别反映所代表群众诉求的效果,可以说是影响协商主体平等性的一个重要指数。要从保持协商主体平等和平衡性的高度,研究和规范界别委员数的设置,比较可行的是根据该人群总数的一定百分比来设置界别的委员名额。

(二)优化基层政协委员产生与退出机制

政协委员代表性强弱、政治素质高低,履职能力大小以及参政议政热情高低,将直接决定政协协商建言的协商效果,决定了委员所代表群体在政策协商中利益诉求能否有效表达。要有效开展政策协商,必须做好政协委员推荐与遴选工作,尽力把代表性强、政治素质高、履职能力强、参政议政热情高的界别优秀代表,吸收到基层政协组织中。一要规范各界别主管单位的委员人选协商推荐工作,这是委员协商产生的第一步,也是最重要的一步,可以讲是政协民主的起点。二要研究和规范各界别主管单位推荐委员人选的程序,尽可能动员本界别群众参加,增加推荐工作的透明度,增强推荐人选的竞争性。三要研究确立委员退出机制。目前,政协委员人选是需要经过政协常委会议协商通过,但一般而言政协组织只掌握现任委员的履职情况,对新委员人选的情况并不了解。而政协委员目前除违反法律、工作单位变动丧失界别代表性以外,尚没有规范明确的退出机制。许多委员明明已经没有精力履行职责,也不会自己提出请辞,如果没有退出机制,对其他政协委员,对界别群众来说都是不公平的。

（三）优化基层政协协商议题的协商机制

协商议题决定了哪些社会问题进入政协平台协商，并通过政协影响力进入政策议程，可以说是协商之前的协商，是政协参与公共政策协商取得成效的基础。目前，一方面需要协商的没有进入协商议题；另一方面，各方面邀请委员参与协商评估的越来越多，让委员们感到顾及不暇。要以具体内容和可操作性为原则，明确基层政协"大政方针"和"重要问题"的筛选标准，对协商议题范围进行规定与细化。要鼓励各界委员积极参与协商议题的筛选，请各界别提出协商议题建议，年度协商计划充分听取各界别意见。要增加临时性协商，赋予委员更多的协商议题动议权。

（四）优化基层政协界别工作

界别工作要以提高界别的民意综合诉求表达功能为目标，增强基层政协政策协商对各界别利益的反映。要加强政协界别的组织和制度建设，建立界别在协商会议前听取界别群众意见的制度，建立协商后向界别群众通报协商情况的制度。通过征集界别大会发言、界别集体提案等形式，引导界别开展经常性的具有界别特色的活动，保持同界别群众的密切联系。

二、增强基层政协协商主体平等性

（一）强化各协商主体的信息沟通

信息不对称是最大的不平等，协商主体间的信息不对称，不利于各方诉求的合理表达和争取，不利于有效共识的达成。对基层决策部门来说，需要加强信息公开工作，严格落实国家关于信息公开的各项规定，该公开一定要全部公开。对政协组织而言，要进一步加强情况通报和沟通工作，积极开展界别、专委会、主席会议、常委会议、全体会议等各个层面的情况通报活动,并充分运用现代信息技术做好信息服务工作,让委员知情明证。要引导和鼓励委员关注本地区经济与社会的发展问题,切实了解本区重点工作推进情况,保证委员与各职能部门信息沟通渠道的畅通,给委员与职能部门的协调提供必要的帮助,给委员了解情况提供便利条件。

(二)强化各协商主体的共同责任

协商成立的关键在于达成协商共识(至少是部分共识)并推动共识的执行和落实,这是协商主体的共同责任,也是政协委员通过协商,达成共识发挥作用的前提。重点有以下几条:

第一,要增强协商主体的协商意识。一是要增强党政部门的协商意识。大力支持与鼓励党政部门领导,参加政协政策协商活动,将其参加的协商活动作为考核内容,其考核结果作为晋升的条件之一。二是增强政协委员的协商意识与提高参政议政能力。增强政协委员责任感荣誉感,加强委员民主协商培训提高其协商能力,支持与鼓励其深入基层深入群众进行调查研究,了解群众的愿望和合理诉求。充分尊重和保护政协委员参与民主协商的权利,支持与鼓励委员在协商活动中畅所欲言,坦诚直言,将各种意见、要求、愿望和主张充分反映和表达出来。

第二,要提升达成协商共识的能力。重点在于提高委员协商参政议政能力,提高其责任意识与问题意识,准确把握经济社会发展的规律与发展趋势,深入基层深入群众进行调研活动,切实反映群众反映强烈的问题,探索问题解决的各种路径,最后能够提出科学性、前瞻性与可行性的建议,让职能部门觉得建议可行、可操作,对党政决策起到资政作用。党政部门则要虚心听取委员的意见建议,和委员进行充分地沟通,认真全面地分析建议可行性,只有提办双方努力达成共识,共同推进提案办理,提案才能很好地得到落实。

第三,要增强协商共识的执行力。重点在于党政部门加大落实协商共识的力度,对于政协组织报送的协商意见,要形成规范地处理程序,做到件件有回音,件件有落实。党政督查部门要把办理政协意见的情况,作为督查的重要内容;纪检监察部门要把落实协商共识的工作,作为效能建设的重要方面。政协组织要充分运用民主监督的权利,对协商共识的执行情况进行跟踪监督和再协商,促进协商共识得到落实。

三、提高公众的政策协商参与度

公共政策的公共属性要求政策得到公众的广泛认同和支持,协商民主的本质特征要求公众积极而理性地参与到公共事务中来。这些都要求人民政协在开展协商时,不仅要通过委员、通过界别扩大公民的间接参与,也要逐步扩大人民的直接参与。这也是基层政协完善协商机制时必须探索和实践的。

（一）建立政协协商旁听制度

政协委员在公共政策协商过程中,可以邀请不同阶层民众代表、相关专家学者、媒体代表积极参与,表达各自看法与意见,使国家、社会与公众形成良性互动,合理引导公众积极理性地参与公共政策协商中来。从目前各地政协实践来看,较为适宜建立旁听制度的协商形式主要有三种:一是常委会议协商,协商的参与对象主要是政协常委,目前已经逐步扩大到其他委员,可进一步扩大列席范围,邀请公众列席,发表意见;二是专题协商会议,目前参加对象主要是议题涉及的相关界别委员,可邀请相关界别群众列席会议;三是全会期间的大会发言和专题会议,可邀请公众、专家和学者就政策议题、方案、执行、评估等发表意见,参与协商。

(二)建立协商的公开和讨论机制

通过网络和媒体,及时公开民主协商的内容、形式与程序,组织开展公开讨论和辩论,吸引公众参与并发表相关意见和看法,将公众意见吸纳进公共政策。浙江温州等地已经尝试开展电视问政,吸引了广大群众的关注和参与,取得了一定的效果。

(三)拓展委员街镇联络组工作

街道、乡镇是没有政协组织的,同人大相比,政协组织和政协委员同最基层的党政组织和群众联系不够紧密。目前,有部分政协组织在街镇层面建立了联络组,这是在不对现有制度进行较大改动的情况下比较可行的一种做法。综合各地联络组的工作情况,各地工作重点和工作方式也不一致,不少地方将重点放在联系服务群众上面。在公共政策视角下,联络组还可将重点放在以下几方面:一是政策议题征集。通过和基层群众的紧密联系,了解和把握群众急难盼愁的问题,及时将群众关注的问题导入政策议题。二是政策评估。群众对政策落实情况是最有感受和发言权的,可重点了解群众对政策执行和落实后效果的意见,增强评估针对性。三是政策监督。发挥政协组织渠道畅通的优势,将群众反响强烈的问题及时向各级党委和政府反映,促进问题的解决。

四、推动地方政协协商能力建设

(一)优化人员结构和提高业务素质

政协委员是政协组织履行职能的主体。人民政协是以界别为基础组建的,每名界别委员都代表所联系的界别群众。正常来说,每个群体的利益都应有相应的界别委员来代表,一个界别就是一条民主渠道。然而,由于现在政协委员的人员结构与业务素质参差不齐,人员构成及履职状况水平不一,需要从源头进行厘清权责,依据工作职能和权责清单,强化"界别代言人"观念和服务意识。

一是改进政协委员遴选和退出机制。现在地方政协委员的产生,大多都是自上而下的遴选,基本上来自组织安排决定,协商推荐产生。这种委员遴选机制,存在"政协带兵不招兵"的缺陷,在某种程度上,弱化了社会公众政治参与的自觉自发意识,使一些委员在开展民主协商中,缺乏独立意识,建言献策不能真正代表群众利益。因而,要改革政协遴选制度,充分发挥政协党组作用,引入竞争机制和退出机制。要以法律形式规定政协委员遴选和退出制度,推荐选拔一些群众反映好、履职能力强、参政意识强烈的人,进入政协队伍。要充分保证当选委员的构成,覆盖面广代表性强,能够履职尽责更能反映社情民意。

二是适当引入推荐竞争机制。政协委员作为本界别的优秀分子,除了政治素质高,道德品德优,在本职领域发挥带头作用外,还要积极参与国家和地方政治事务、公共决策等方面的调研建言献策,来发挥政协工作中的主体作用、界别群众中的代表作用。因而,在委员构成中,要适当引入推荐竞争机制,要协商推荐一些具备独立人格,勇于追求自由精神,敢于表达自己的真实观点的教育、法律等方面专业人士。

三是尝试设置专职委员建立绩效考评机制。尝试设立专职委员,使政协委员职业化,对政协委员进行有效的规范和监督。使专职委员有充足的时间,联系不同的界别群众,能够把主要工作精力投入政协协商工作中,更能彰显界别优势,发出界别群众呼声,真实反映界别群众利益诉求,成为协商民主的"专业人士",参政议政、建言献策的好委员。

(二)创新载体,完善渠道,发展新型协商关系

确实,由于种种原因现在一些基层政协组织存在协商民主形式单一、效果不佳的情况,已成通病。因而,地方基层政协需要不断总结民主协商经验,探索民主协商新形式、新方法,懂政协、会协商、善议政,创新载体、完善渠道,积极发展新型协商关系,最终推动协商成果进入党委政府决策中。

一是采用会议协商与现场协商结合的方式。要"紧扣中心促发展"开展协商,利用会议协商又不能局限于会议协商,采用会议协商与现场协商相结合的方式,可以邀请专家学者、部门业务骨干深入现场,通过现场政策论证、分析研究、座谈讨论等形式,深入研讨集思广益达成共识,最后提出合理中肯的对策与建议。

二是采用不同的协商形式。推进社会主义协商民主建设,把握重点是基础。针对一些重大项目、重大决策,重大民生问题,要采用政协常委会议进行专题协商或采用政协主席会议进行重点协商,最后是政协全体会议进行整体协商。对一些一般发展项目实施、民生改善突出问题,可以采用对口协商、提案办理协商,或现场协商或书面协商或网络协商的方式,形成民主协商形式的多样化,让民主协商更加直观、生动、有效。

三是充分发挥界别协商的优势。在我国,人民政协界别就是联系和服务群众的一条民主通道、一个平台、一座桥梁、一种纽带,通过界别协商,可以汇聚相关界别的智力优势,可以形成一条下联各界、上达党委政府的民主通道。通过这个通道形成的界别优势,对一些领域中事关长远的基础性问题进行协商,及时了解社会各阶层、各利益群体的意愿和诉求,有利于形成一些重大的决策参考意见,更容易

引起党委、政府重视。

（三）走群众路线真实反映社情民意

人民政协来自人民、服务于人民，要始终坚持以人民为中心，以实现人民群众的根本利益为一切工作的出发点和落脚点。然而现实生活中，一些政协委员特别是一些地方政协委员，群众观念淡薄，为民服务意识不强，对人民群众缺乏真情实感，政协委员不能深入基层，深入群众，就不能了解群众的疾苦，当然也不能代表群众参与协商民主，做到为民代言和为民建言。为此，地方政协要畅通联系群众渠道，增强履职为民能力，关注民情倾听民意，及时准确地向党和政府反映群众意愿与诉求。走群众路线真实反映社情民意，畅通联系群众渠道，地方政协可尝试采取下列措施：

一是设立社情民意工作站。在街道社区和乡镇设立社情民意工作站，开辟为民服务新渠道。社情民意工作站工作人员负责联系走访当地群众，充分及时地了解当地群众的生活疾苦、意愿与诉求，并及时准确地汇集这种信息，通过政协渠道向地方党委政府反映，最终切实解决群众诉求。

二是发展社情民意特邀信息员。发展社情民意特邀信息员，协助政协委员收集民意，有利于提高社情民意信息质量与实效。社情民意特邀信息员的聘请，可以借鉴新闻媒体聘请驻地记者和通讯员的做法，以界别或地域为划分依据，聘请一些文化水平高、参政议政热情高，能积极为决策进言、为基层代言的人担任社情民意特邀信息员，帮助政协委员及时收集掌握社情民意，让政协社情民意信息更好地服务党政决策。

三是建立政协委员联系沟通机制。现在由于种种原因，还存在从不同界别遴选出来的政协委员，不能很好地联系界别群众，代表界别群众利益,反映界别群众呼声的问题。为此,地方政协要建立政协委员联系沟通机制,激发委员履职活动,要在当地主要媒体上公布委员名单、界别、通信地址和联系方式,以方便群众畅通联系、反映情况、表达诉求,真正实现从群众中来,到群众中去的群众路线,更好地实现让政协委员代表群众,在其位谋其政,任其职尽其责。

第六章　推进舆情表达融入政协协商民主的机制创新

　　党和政府历来重视通过人民政协收集民意,反映民声的作用。经过多年发展,现在我国各级政协组织和广大政协委员,已将舆情表达作为政协履行职能的重要载体,充分发挥社情民意在舆情汇集分析机制中的作用。但是,人民政协的舆情表达仍处于一种缺乏自觉性、自主性和系统性的状态,政协反映社情民意的工作及效果,远远没有达到预期的目标。政协联系界别,反映社情民意的机制不够健全,界别优势不够明显,离人民政协充分履行三大职能还有很大的提升空间。舆情表达功能是人民政协的一项基础功能,大力拓展人民政协舆情表达功能,需要强化政协舆情信息汇集和民意表达功能,将舆情表达融入政协协商民主的机制创新中。

第一节　推进政协舆情表达主体建设创新

　　作为爱国统一战线的人民政协,代表着广大人民群众利益,在人民群众与党和政府中间,发挥着下情上达和上情下达的桥梁作用,积极为党委、政府科学决策提供重要依据。在当前改革已进入深水区，经济社会发展不平衡、不充分的问题尚未解决，社会矛盾和问题交织叠加的情况下，如何通过人民政协，集中广泛地反映社会各方面群众的意志、呼声与要求，有效地协调各种利益矛盾，是健全舆情表达机制的一项重要内容。这需要人民政协进一步提高界别代表性，扩大协商主体的参与性，尊重各种社会群体诉求表达，畅通政治诉求表达渠道，培养民主意识和公共精神，充分发挥政协委员的主体作用。

一、加强政协委员遴选机制建设

（一）增强政协界别代表性

人民政协的界别是联系和团结各界群众的重要纽带，离开了界别群众，人民政协就失去了存在与发展的基础。增强政协的界别代表性和覆盖面，需要积极主动拓展和强化人民政协的民意功能，需要充分发挥政协委员的主体作用，需要政协委员更关注所代表的界别群众利益和诉求，扩大团结面、增强包容性。政协界别不仅要有各界名人、专家学者，也要有一线草根代表，体现政协代表的广泛性和代表性，从而使政协在履职工作中更加贴近实际、贴近群众，具有坚实的社会基础。

1. 科学合理设置界别，优化界别构成

界别委员来自某阶层某群体的人民群众，某一界别委员就代表某一民意通道。科学合理地设置界别，架设的界别民意通道就能做到科学合理。一是要讲政治性，具有中国政党特色。人民政协是我国的爱国统一战线组织，是中国共产党领导的多党合作和政治协商的重要机构。界别是人民政协的基本单元，包括中国共产党在内的各党派，都是人民政协的界别之一。对界别重新设置或调整时，对包括中国共产党在内的各党派界别,界别力量不能削弱,保持并扩大党派界别的规模,优化政党界别特别是中共界别委员的构成,增强政党界别委员的代表性。二是要体现界别组织上的广泛代表性。目前全国政协设有的 34 个界别,已基本代表了不同的阶层、群体、党派。随着市场经济的快速发展,社会结构重大调整,出现了新的社会阶层与新的群体,原来的阶层与群体内部分化,新的阶层、群体呼唤代表自己利益的界别出现。三是要体现界别政治上的巨大包容性。坚持爱国统一战线,界别要尽可能地吸收社会各界人士。四是要按照组织行为学理论设置、调整界别。科学合理设置界别就是要对现有的界别进行结构上的调整,对各界别的现有规模进行调整,对界别总量上进行增减。当然,政协界别设置要涵盖各个阶层、各个利益群体,要以提高效率为目标,突出界别特色,确保各阶层、各群体都有代表在政协参政议政,行使民主权利。

2. 优化政协委员的名额分配

人民政协成立之初,政协委员的产生主要采用举荐方法,体现统一战线的广泛性和重点团结中上层人士统战的需要,这也成了政协委员多年来推荐安排遵循的重要原则。改革开放四十多年来,随着我国经济迅速发展,居民收入稳步上涨,原有的社会阶层结构发生深刻变化,原有的政协界别构成与现在阶层结构出现严重不适的问题。因而,需要对现有政协委员的名额推荐分配方法进行调整,优化名额分配制度,需要将新阶层代表人士吸纳进政协,扩大各阶层政治参与性、实现协商主体多元化。按政协协商民主的平等原则,政协的利益表达与协调,必然要涉及社会各阶层。参与政协协商主体的多元化、平等性,要将调整界别与优化结构并行,政协委员不应只限于社会中上层,还应包括各社会新阶层普通代表,使政协委员的名额分配,能够广泛覆盖社会各阶层,能够照顾新时代的农民、农民工、一线工人等弱势群体利益与诉求。政协不仅要保持界别特色,也要适应时代的发展和社会的需求,扩大团结面,增强包容性,为实现中华民族伟大复兴凝聚强大的正能量。

3.聘任特约委员,体现民意需求的时代性

随着改革开放的深入发展,一些行业和领域拥有一批社会精英,或具有较高声望,或具有学术专业特长,又有表达民意和参与政治活动的强烈愿望。但由于政协界别限制或委员调整的滞后等各种原因,使他们一时无法当选政协委员,参与政协参政议政活动。为此,政协应根据时代发展的现实需要,适时选聘优秀人才为特约委员,扩大政协组织的涵盖面和代表性。通过政协的参政议政、民主监督,扩大公民有序政治参与,丰富和拓展公民参与社会治理的形式与渠道,缓和国家与社会、政府与公民之间的紧张关系,最终促进社会和谐稳定发展。

4.彰显界别民意的特色,推进界别工作改革

界别是政协履职的重要基础,也是政协产生、存在和发展的社会基础,与委员的意见相比,界别意见更有群众基础。对界别工作来说,了解了各个界别的意见,就基本上了解了多数人的意见,这充分体现政协民意表达工作的重要特点。当前,需要在三个方面统一思想形成共识。一是调整和优化政协的界别设置。要适应中国社会分层现实情况,要通过调整政协界别和优化界别内部结构两种方式来实现,就是要增设界别、修正界别和优化界别内部结构。要尽量把新的社会阶层和新的群体代表人士,把一些社会影响大,履职能力强、参政议政意愿强烈的人,吸纳到政协相关界别中来,为多元利益主体表达提供制度化的参与渠道,使其更加符合中国社会阶层结构现实。

二是建立界别工作机构,如设立专门委员会、界别工作联络组等机构,建立健全界别召集人制度,代表政协联系一个或几个方面的工作,起到联系委员的桥梁,推动界别工作常态化。三是不断拓展界别活动。政协要以视察调研活动为抓手和平台,讨论与研究本界别有关的民意话题,不断拓展界别活动边界,积极建言献策,形成调研报告,更好地发挥界别作用,体现界别特色。只有不断拓展界别活动,才能使委员履职趋于常态化,委员的主体作用得到有效发挥。

5. 重视委员队伍建设,提高委员协商建言献策能力

推进我国协商民主的发展,需要广泛凝聚社会发展的智慧与力量,需要高度重视加强委员队伍建设,切实提高委员协商建言献策能力。在协商过程中,如对协商问题没有深度调研与思考,缺乏专业水准,其履职实效会大打折扣。一要优化界别结构把好委员的推荐关。重视委员队伍建设的第一步,坚持从委员的推荐抓起,严格遵守推荐委员的标准,把好委员的推荐关。要克服官员为主的精英结构,着力优化委员的年龄和文化结构,从源头上优化和提升委员素质与能力。要根据社会阶层结构的新变化,有计划地吸收新社会阶层代表和基层代表参加政协,优化界别、委员的代表性,增强政协组织的包容性,切实提高委员队伍的整体素质。二要加大委员的教育与培训力度。学习是提高政协委员自身素质、增强履职做事本领的有效途径。加大对委员教育与培训的力度,使其能够理解政协履职的基本理论,提升委员的协商民主意识和现代思维,切实提高委员履职能力和参政议政水平,更好地为经济社会转型发展建言献策。三要强化责任意识。要引导委员树立大局观念,增强责任心和使命感,积极投身民主协商工作中,不辜负人民的重托、群众的期望,不断提高履职能力和水平。只有具备强烈的社会责任感,建利民之言,献发展之策,才能

真正体现政协委员的社会价值。

（二）改进政协委员产生机制

强化政协舆情信息汇集和民意表达功能，关键是要发挥政协委员在舆情表达中的主体作用。一名政协委员能否充分发挥作用，完全取决于他有无使命感、有无参政议政能力、有无社会责任感。现在全职的政协委员较少，一般普通的政协委员都有自己的本职工作，从事政协活动大多都是兼职工作。政协委员如果不能处理好本职与兼职的关系，就会在一定程度上影响政协委员舆情表达功能的发挥，最终将会影响委员主体作用的发挥。

在现行政协兼职制度下，对政协参政议政有一些不利影响。一是委员人数过多，议事效率不高。现在全国政协委员有2200多人，基层政协委员也有200~400人。政协委员人数庞大，给协商民主带来很多问题，如会议时间简短、会议议程简单、议事效率不高、政协专门委员会弱化等。二是选任委员存在偏重名人、名演员、体育明星等倾向。这些名人、名演员、体育明星的日常工作繁忙，没有时间深入界别群众之中，难以了解界别群众意见与利益诉求，对国家和地方治理缺乏自己独立的调研与思考。最主要的是这些名人，缺乏参政议政的热情和能力，仅把政协委员当作一种荣誉。三是部分委员履职能力不够。一些界别委员缺乏主动性，与本界别的群众联系不够密切，群众信息掌握不透，不能及时准确反映本界别群众的意愿与诉求。一些委员联系实际不够，实际调查研究深入不够，上情吃不透、下情摸不准，言之无物或言过其实。四是缺乏责任意识，履职热情不高。一些委员对政协的性质地位作用认识不深，对委员的履职意识和担当意识不强，缺乏履职的积极性与主动性。为此，有必要探索改进政协委员的产生机制。

第六章 推进舆情表达融入政协协商民主的机制创新

1. 探索建立专职委员制度

探索建立政协专职委员制度,是调动委员参与舆情表达工作的有益探索。在经济社会高速发展的今天,政协委员参政议政职能越来越趋向复杂化和专业化,兼职化的政协委员要更好地履行职责越来越困难,也需要他们必须拿出足够的时间精力用于履职,这显然对于大多数政协委员较为困难。探索专职政协委员改革,建立委员职业化制度,更好地发挥政协舆情汇集分析与研判的作用。政协委员专职化、职业化,有利于增强责任意识激发担当精神,有利于加强委员履职成绩考核,提高政协委员履行职能的能力与实效。

2. 探索建立委员竞选制度

在我国现有政治制度框架内,探索建立委员竞选制度,选举与协商并举,增强利益主体的表达动力。2010 年,深圳市政协在全国率先尝试引入选举机制,产生了 10 名政协委员,就有重要的现实借鉴意义。政协引入选举制度,可以通过选举和协商产生委员,改革原来只通过协商产生委员的方式,强化委员产生程序的竞争性,会使委员产生强烈的主动性和积极性,会使委员有更多的责任意识和担当意识,更好地加强与所在界别群众的联系。政协委员通过竞选产生,会促使他们把政协委员当作服务社会的平台,当作舆情表达和有序政治参与的重要渠道,也有利于增强政协履职科学化水平。

3. 创新委员联络制度

创新委员联系群众机制,积极提升委员履职尽责的积极性和主动性,是充分发挥政协委员在舆情表达中的主体作用,让群众利益得到有效表达的一种重要方式。一是尝试建立委员助理制度。每名委员可聘请一名或几名助理,协助委员处理一些日常事务,以帮助委员更好发挥履职尽责的作用,这也是政协委员专业化、职业化的一个重要指标。委员助理可以是兼职的,也可以是全职的,目的是协助委员更好履行参政议政、民主监督的权利。建立委员助理制度,让委员助理帮助委员处理诸如收集整理与分析群众建议与诉求的工作,及时准确地向党和政府上报有关社情民意信息。委员助理制度也是贯彻党的群众路线的重要体现,有助于政协委员更好地深入基层深入群众,更真实地了解社情民意,及时准确地反映群众利益诉求。二是建立健全政协委员联系社区工作制。这是密切政协委员与社区基层组织和社区居民的联系,了解民意、掌握民情,促进和谐社区建设的重要举措。政协委员只有进社区,才能及时听取群众的诉求,广泛收集社情民意,才能不断增强政协工作的群众基础和民意基础,更好体现政协委员舆情表达的主体地位。三是设立委员工作室(或联系点)。设立委员工作室(或联系点)的主要目的,是为方便政协委员联系界别基层群众,服务界别群众,有利于广泛听取群众意见建议,更方便委员双向互动地接受群众评议与批评,及时准确地将群众的利益要求和诉求反馈到政府有关决策部门,增强政协服务群众的时效性。

4.大力加强政协履职能力建设

随着经济社会的发展,各阶层群众的利益诉求越来越广泛多样。政协委员要适应国家治理现代化的要求,发挥自身优势,主动深入社区、企业、家庭,扩大与界别群众接触范围,最大限度地激发政协委员与各界群众的桥梁纽带作用。政协委员要在人民群众与党政机关之间,建立一套群众利益诉求表达与回应机制,充分发挥政协委员履职作用。当今,人民政协要及时吸纳留学人员、新媒体中的代表人物、非公有制经济中的年轻一代等新社会阶层代表加入政协,为统一战线注入新生力量。要适当增加农民工、自由职业者、知识分子等群体的代表人物加入政协,扩大政协的团结面和包容性,使界别设置更科学合理,政协履职能力更强大。

(三)完善政协委员选评机制

我国政协委员的推选,是严格按照《中国人民政治协商会议章程》规定,除热爱祖国、拥护社会主义制度,拥护中国共产党领导,遵守国家的宪法和法律,维护民族团结和国家统一外,还要求在本界别中有代表性,能把做好参政议政、民主监督工作作为自己最重要的职责。这些条件十分宽泛,特别是如何判断是否具有代表性、是否能做好参政议政民主监督工作,也是很难把握的。这就使得实践中操作弹性较大,导致有的当选委员缺乏代表性和影响力。因此要完善政协委员选评机制,需要把好推选门槛、保障权利、做好绩效评价,并进行相应的制度设计。

1.建立和健全政协委员推选机制

要改革现行政协委员产生的机制,建立和健全人民政协委员推选机制,提高人民政协委员推选的准入门槛,尽量减少党派、界别和团体推荐人选的内部平衡和搭配。建议从更高层面制定"政协委员产生实施细则",对如何协商、如何邀请、协商邀请的程序作出具体规定。政协委员的产生机制纳入制度化、程序化、法律化的轨道,使政协委员的产生有法可依、有章可循。

2.建立和完善政协委员权利与义务机制

由于政协委员的兼职特性,如何发挥他们的最大热情和如何提高他们的履职能力,对发挥委员作用十分必要。这要求对委员的权利和义务作出具体的规定,明确委员权责。建议制定人民政协委员履职的权利、义务和责任规则,进一步具体明确规定委员在人民政协履职过程中,享有哪些权利,又必须履行哪些义务,应该承担哪些责任,使权责清晰明了。

3.建立和完善政协委员履职绩效评价机制

现在从中央到地方,都缺乏政协委员在履行职能中的绩效评价机制和评价标准。为了有效激发委员履职热情,提升委员精气神,增强委员荣誉感,应该出台"人民政协委员履职的绩效评价规则"和"优秀提案评选表彰办法"等,使政协委员的履职行之有据、行之有绩、行之有效。

二、加强人民政协界别组织建设

界别组成是人民政协的鲜明特色和突出优势,是委员发挥作用的重要平台。优化政协界别的总体思路是:"努力突出界别特色,合理设置政协界别,丰富界别活动形式,完善界别活动机制,通过界别渠道密切联系本界别群众,增进社会各阶层和不同利益群体的和谐。"当然,政协界别的设置要突出特色,发挥自身优势,增强履职动力,提高界别组织化程度,广泛联系社会各阶层,吸纳最广泛的群众参与,发挥好专委会对口联系和服务界别的作用,让政协更好地发挥履职作用。

(一)加强界别组织领导机制建设

人民政协的界别类型主要分成两种,一种是党派界别和一些社会团体界别,他们都有完整的组织领导机制,能够在强化界别民意通道功能上,做出大量积极有效的工作。另一种界别是分散的组织机构界别,界别委员来自不同的单位、不同的地区,缺乏统一领导。这种界别委员关系松散,界别意识淡薄,在强化民意通道功能上,界别委员往往单枪匹马地开展工作。加强界别组织领导机制建设,主要是加强界别组织领导机制建设,强化其民意通道功能。一是建立和健全界别召集人制度。界别召集人是开展好界别工作、提高界别活

动成效的重要因素。要建立界别召集人工作规则,挑选工作热情高、
业务能力强、群众影响好的委员担任界别的召集人,把界别委员组织
起来,帮助委员在强化界别民意通道功能上发挥积极作用。二是设
立界别常设机构——界别活动室,配备专门的人员,协助各界别委员
做好联系本界别群众的工作。三是以调研项目、课题等为依托,成立
项目型界别工作小组,做好畅通民意表达通道工作。四是建立界别
会议制度,每月或每半年或每年召开以畅通民意通道为主题的界别
经验交流会,在会上介绍工作经验教训与所遇到的困难,界别以组织
力量帮助界别群众解决困难。

（二）推动政协界别更好开展工作

由各界别委员组成的人民政协,为界别强化民意通道功能创造
了良好条件。因而扎实有效地推动界别开展活动,对于加强人民政
协界别组织建设具有重要的意义。一是引导组织界别委员深入基
层,深入界别群众中,使党和政府的决策更符合群众愿望并为群众所
理解,努力让群众感到政协离自己很近。提升界别委员感知社会问
题的能力,通过民意通道了解社情民意。二是加大对界别委员教育
与培训的力度。要组织举办各种培训班、咨询会、经验交流会等教育
培训活动,培养和提高界别委员收集、分析、研究社情民意的能力与
本领。三是加强对界别委员反映社情民意的支持。要做好界别之
间、界别与社会组织之间、界别与人大及政府之间的协调工作,搭建
好平台,让界别委员在关键时刻顶得上去、帮得上忙、管得上用,为委
员建议献策、民主监督创造有利条件。

（三）开辟界别民意反映的渠道

近年来,不少地方政府积极创设拓宽社情民意反映渠道,零距离
倾听民声,积极回应群众利益诉求。拓宽界别民意通道,应充分考虑

社情民意的特点，真实反映界别群众的意见、建议与批评。经过多年的有益探索，政协的各界别委员，已架设多条民意渠道，拓宽反映领域重视成果转化，围绕中心工作及时建言献策，已取得了重要成果。

开辟界别反映民意的渠道主要有：一是开展专题调研，没有调查就没有发言权，更没有决策权，要组织界别委员深入界别群众进行调查研究，形成调研报告，送达相关政府部门；二是组织参观考察，在参观考察过程中，把发现的问题及时反映给相关政府部门；三是撰写反映社会生活、民生等重大问题的提案，通过政协会议等途径反映给有关政府部门。

界别委员的双重身份，可以真实反映界别群众问题、建议与诉求。界别委员不受某些部门、群体利益限制，一般没有个人私利，能够较为容易地获得界别群众的信赖，获得来自社会基层的民情民意。在一些重大民生决策、重要工作部署、重要人事安排等做出前后，界别委员应深入人民群众中，了解群众实际情况，关注群众切身利益，及时把握群众心理动态，努力做好增进共识加强团结的工作。

应将界别委员是否主动问政于民、问需于民、问计于民，作为考核界别委员参政议政能力的一项重要内容。界别委员要认真学习政协章程和统一战线、人民政协理论，努力提高履行政协委员职能的能力和水平。要注意了解国家或当地政治经济状况与社会发展变化，做到脚踏实地、有的放矢。同时，又要对界别委员进行必要教育与培训，帮助委员培养主动问政于民的意识，尽量给他们提供问政于民的条件与帮助。

对政协委员来说，架设界别民意通道十分重要，但是确保民意通道畅通更为重要。界别委员要让群众知晓民意通道、使用民意通道，要将通过民意通道了解到的社情民意真实地反映到有关部门，这实际是政协委员参政议政的重要表现。

（四）加强对社情民意分析研究

政协委员反映社情民意，是一种自下而上具有中国特色的社会主义民主形式，具有参与面广、时间限制少、篇幅选择自由的特点。政协委员对社情民意的收集与研究，成为党和政府社会舆情汇集和分析机制的重要组成部分。界别委员中有许多专家学者，他们具有较高的理论素养，分析问题解决问题能力较强。这些委员对社情民意分析研究，形成调研报告，及时报送有关部门。加强对社情民意的分析研究，需要勤于学习思考，善于调查实践，长于提炼总结，这是政协委员做好社情民意工作的基础。政协委员一定要提高参政议政能力，注重所提交报告的时效性、科学性，确保收集报告的信息的质量，切实提高社情民意信息工作的实效。

三、重视发挥政协委员舆情表达主体作用

政协反映社情民意，是政协委员参政议政的重要方式，是加强社会治理建设的内在要求。政协委员反映社情民意，需要与群众保持密切联系，听民声知民情解民忧，俯身倾听群众的意见与呼声，及时准确地解决群众利益诉求，维护他们的利益。当前，经济结构深刻变动，利益格局迅速调整，人民政治参与热情高涨，各种利益诉求错综复杂。政协委员的舆情表达功能的实现，进一步凸显政协委员的主体作用。需要建立和健全政协委员的工作评价机制，实行优胜劣汰，淘汰不称职的政协委员。

要进一步明确政协委员反映社情民意的责任，畅通社情民意信息传递渠道。政协机关要切实改进工作作风、密切联系群众、提高履职效率。一方面要给政协委员的履职提供各种支持与帮助，协调与

党委、政府的关系,把政协的调研成果、建议和意见转化成为决策制定和实施的重要参考;另一方面,加强对政协委员的履职管理与考核,对委员的权利与职责、管理与考核提出明确的要求,还要想方设法调动政协委员履职的积极性和主动性。

(一)致力于社情民意的研究

做好政协工作的关键之一,是要确保社情民意表达渠道的畅通。人民政协应当把群众的呼声和要求作为第一要务,高度重视向党委和政府反映社情民意工作。一要准确认识新形势下深入基层、深入群众,反映社情民意信息工作的重要性,主要是围绕中心、服务决策,把社情民意收集和反映作为政协一项重要工作内容。通过健全政协同人民群众的联系机制,吸纳更多的基层代表,如新就业大学生、新兴行业工作者、低收入群体等进入政协,调动委员积极性,扩大社会各界的政治参与,汇聚更多、更基层的群众声音,把社情民意的真实情况,反映给党和政府。二要充分发挥人民政协上通下达、渠道畅通的优势,发挥政协人才荟萃、智力密集的优势,加强委员队伍建设,完善委员考评机制,充当好密切联系群众、反映社情民意的"中间站"和"直通车"的作用。通过建立健全政协工作网络化模式,利用信息平台,拓宽民意诉求表达渠道,并以提案、调研报告、座谈会、政协信息等方式向上反馈社情民意。三要把社情民意的反映与政协工作有机地结合起来,增强反映社情民意代表性、真实性和针对性,把抓好社情民意工作作为政协履责所在和使命所在。充分发挥作为专门协商机构的独特作用,使党委政府能够更好地问政于民、问需于民、问计于民,从而成为汇聚和引领民意的强大力量。

(二)致力于协商议政汇民智

政协组织要积极主动地向党委政府建睿智之言、献务实之策,广开言路汇民智、求真务实聚合力。政协要围绕党和政府的中心工作、重大决策部署,倾听群众意见与呼声,汇集群众力量与智慧,提升政府决策水平来。政协协商汇民智工作,求真务实聚合力,要坚持群众路线,尊重群众主人翁地位,改进政协的调研与视察工作方法,认真总结人民群众在实践中积累的做法经验,使调研、视察和提案,成为党和政府掌握民意的重要渠道和平台,并得到人民群众的广泛关注和热情参与。

一方面要加强政治协商的制度化、规范化、程序化建设,确保政治协商有制可依、有规可守、有序可循。充分发挥人民政协兼容并包、团结合作的优势,坚持民主协商、平等议事,尊重各党派、团体和广大群众的知情权、参与权和监督权,广纳群言、博采众议,积极探索民主协商的新途径,形成民主协商更加有序、更加生动活泼、更加富有成效的格局,把政协的民主协商、建言献策纳入政府决策中,全面推动党和政府决策的科学化、民主化和法制化。另一方面要构建和完善公民利益表达的机制,扩大人民有序政治参与的新渠道,这是政府科学决策民主决策的前提条件。努力探索公民政治参与的有效途径,不断规范和完善利益保障、表达、对话、诉求和协商机制,积极引导各利益群体以理性、合法的形式表达利益诉求,把利益表达机制纳入制度化轨道,最大限度地满足其民主要求,实现全社会最广泛的政治参与,不断推进社会主义民主政治的自我完善和发展。

(三)致力于民主监督维民权

民主监督是人民政协三大职能之一,在社会民主建设中占有重要地位。发挥政协民主监督的作用,有利于充分利用政协界别优势,充分体现和反映人民意愿,协调和维护人民利益。提高民主监督的能力与水平,有利于扩大社会主义民主,维护人民群众当家作主的权利;有利于建设社会主义政治文明,有利于访民情、汇民智、听民意,促进政府与政府决策的民主化、科学化。

要针对民主监督存在的问题,组织开展专项民主监督活动,围绕党委、政府重点推进的民生实事工作,深入工作一线、深入社区群众、深入重点区域,发动委员随时发现问题和反映问题,开展有组织的暗访活动,在调研中监督、在监督中为民服务,不断加强民主监督的针对性和建设性,提高民主监督的活动与实效性。人民政协民主监督的职能,使其在一定程度上扮演了部分人民群众合法权益守护人的角色,在开展政协工作中,要将群众的利益作为政协履职的出发点和落脚点,主动作为,切实履职,高效解决群众诉求。把关注民生的发展、改善民生质量,作为履行民主监督职能的重要内容。充分利用界别委员密切联系群众的优点,真诚倾听基层群众的意见与诉求,尤其是"沉默的声音"和"被淹没的声音"的诉求,真正关心群众的疾苦。充分利用各种手段,把倾心服务大局与真情服务群众结合起来,关心群众疾苦,重视群众利益诉求,真正做到释民疑、帮民难、暖民心。

(四)致力于界别履职解民困

政协是民意最为集中、最具代表性、最有组织性的汇集地。要建立健全界别委员联系群众机制,发挥界别优势凝心聚力,引导委员以界别为单位,突出特色、彰显界别优势,组织开展"请群众走进政协、让委员走进群众"等形式多样的活动,多与群众面对面交流、心贴心沟通,推进界别活动制度化、规范化、常态化,切实发挥委员在政协工作中的主体作用,让群众感到人民政协离自己越来越近。关注"私营企业、外资企业的管理人员和技术人员""中介组织从业人员""自由职业人员"等新的社会阶层,甚至设立新社会阶层界别,进一步扩大政协的代表性和包容性。

界别委员要关心民生问题,反映民意汇集民智,积极向政府有关部门建言献策,促进国家政策的制定与完善,着力解决人民群众重要利益诉求问题。要经常深入基层深入群众,深刻体察民情解决民困,高度关注社会公平与公正,努力做到知民所想、思民所虑、察民所忧,为民办实事让界别群众真正感受来自党和政府的温暖。政协委员履职为民的过程中,要把对人民的感情、责任与政协界别履职更好地结合起来,在为民代言、为民建言中彰显界别作用。

第二节　推进舆情表达融入政协协商的机制创新

作为社会主义协商民主的重要渠道,人民政协要牢牢把握"以人民为中心"发展理念的深刻内涵,主动适应经济快速发展、社会结构深刻变化、利益诉求多元化的趋势,加强政协民意表达工作的规范性、实效性,建立健全舆情汇集分析机制,实现民意研究的真实性、信息综合的科学性和流程的有序性,更好地发挥人民政协民意表达功能作用。要建立以民意为导向的工作机制,增强政协民意表达主体性、代表性,切实提高政协民意表达渠道的畅通性,将民意诉求表达贯穿于政协委员履职的全过程,使政协履职实践活动彰显社会主义民主的优越性,为推进国家治理体系和治理能力现代化做出贡献。

一、加强人民政协舆情表达工作机制建设

当前,政协委员的构成存在"精英化""贵族化"的倾向,影响了政协与群众,特别是困难群众、弱势群体的联系,也忽略部分底层民众利益的诉求。政协舆情表达工作,缺乏自主性、自觉性和系统性,影

响政协委员主体作用的发挥。党的十八大以来,对政协舆情信息工作提出了更高的要求,特别是舆情汇集分析与研判的机制,也被赋予了更深层的政治期待。在当前国家大力推进协商民主的政治生态下,政协作为专事协商的政治机构,以协商聚民意,以协商聚民生的政协舆情表达工作机制,尚有很大的潜力可以挖掘。

(一)完善人民政协舆情表达的对接机制

发挥人民政协的舆情表达功能,要做好政协与党委、与政府有关职能部门和政协专委会与政府有关职能部门的三项有效对接。

第一,做好政协与党委的有效对接。这种有效对接,包括政协对党委的请示、汇报、建议与协调。具体来说,主要包括三个方面的内容。一是要始终坚持党对政协的领导,坚决维护党中央权威,这是人民政协存在和发展的根本前提,也是人民政协履行职能、发挥作用的根本保证;二是要坚持重大事项向党委报告的制度,政协必须及时将自己的工作思路、活动、信息等向党委报告,特别是传达贯彻党委重要会议精神情况,通过政协渠道为党委战略决策凝心聚力,发挥好"宣传者"和"桥梁""纽带"作用。

第二,做好政协与政府职能部门的有效对接。这种有效对接主要是相互协商、相互沟通与相互配合,也可以说是政府支持政协助力。要集思广益、增进理解、扩大共识,更好发挥政协智力密集和联系广泛的优势。政府职能部门要认真吸纳来自人民政协民主协商的重要意见建议,提高协商效率,解决好协商成果如何运用的问题。

第三,做好政协专委会与政府职能部门的有效对接。政协内部一般都设有与政府职能部门相近的专门工作委员会,负责与政府有关职能部门无缝对接。一是政府职能部门要充分利用借助政协人才密集、智力聚集的优势,使委员的智力聚集产生能力聚变;二是政协专门委员会认真组织委员,通过提案、调研、社情民意信息反馈等手段,向政府职能部门反映群众意愿与利益诉求。与此同时,政府职能部门需要坦诚听取委员的意见建议,这有利于政府决策的民主化科学化,有利于发挥社会民主协商制度的优势与特点。

（二）加强政协舆情表达的运行机制建设

人民政协要积极探索和稳妥推进舆情表达运行机制建设,在精细化、规范化、制度化上下工夫,切实建立科学化的、可操作性强的舆情汇集分析研判的运行机制。特别是在协商议题的提出、协商平台的搭建、协商意见建议的处理和协商情况的落实与反馈四个方面,建立科学化的、可操作性强的舆情汇集分析研判机制,全面推进政协舆情表达运行机制建设。

1. 完善协商议题提出机制,克服议题随意性问题

选好协商议题,是政协制定年度协商计划的前提和基础,关系着协商活动的方向、重点和成效。有人说,协商关键是议题选得准、尺度拿得稳。然而,现在政协一些议题的提出,随意性很大。因而,我们应该探讨健全、规范政协协商议题提出机制,确保议题的科学性合理性。党委牵头,会同政府、政协共同研究确定协商议题。政协要针对人民群众呼声高、反映强烈的热点难点问题,组织各界人士与党政机关开展协商,在民主、平等、公开、包容、理性的讨论中达成共识,解决问题。

2. 加强协商平台建设,解决参与不够问题

人民政协要践行协商民主,努力做到商量谋事。要围绕事关国家及本地经济社会发展全局的重大问题与中心问题,深入开展调查研究,科学建言献策。要进一步完善已有协商民主平台的建设,同时积极探索搭建多种形式协商平台,运用现代通信技术构建新载体,推

动政协委员履职意识不断增强,履职能力不断提高,履职成效明显提升。如湖北省政协创建的双周协商座谈会,把政协界别的优势和社会政治资源整合起来,充分地发挥了政协委员的主体作用。

3.建立健全协商意见建议的处理机制

政协机关和政协委员要主动加强与党委、政府有关部门的联系沟通,使提出的协商意见能够得到各方认可。经党委、政府批示后的协商问题,一方面由党委和政府督查部门负责督办;另一方面政协也要启动相关监督程序,关注和督促协商意见的处理。要对相关责任部门落实情况进行监督,并规定具体明确的时限与要求,以及收集政府部门办理情况的反馈。

4.建立和完善协商结果的落实反馈机制

完善书面协商成果转化运用的督办机制,提高协商的实效性。政府有关部门要对政协协商结果进行落实处理,对协商结果的落实应给予明确回复,对不能落实的说明原因。同时,政协还要组织政协委员进行现场视察,通过询问、质询等形式了解协商意见落实情况。

二、提高政协协商舆情表达的针对性实效性

（一）突出重点,提高政协协商舆情表达的针对性

政协要扩大宣传,突出界别特色,发挥界别作用,凝聚社会广泛共识。要发挥政协界别代表性强、联系面广的特点,不断巩固参加政协的各党派、各团体和各界群众的共同思想政治基础,提高政协协商舆情表达的针对性。广泛听取群众呼声,集中群众智慧,及时准确反映群众意愿,畅通群众意愿和诉求表达渠道。加强舆情表达与回应机制建设,能够推动政协民主有效嵌入基层自治和社会治理的各个机制环节,推动实现协商民主权利与民主制度相统一,是发展基层和

社会协商民主的一个重要切入点。

　　提高政协协商舆情表达针对性的关键在于畅通人民政协的民意表达渠道。要做到工作重心下移,深入基层、深入群众、深入实际,特别针对群众反映集中的最关心、最直接、最现实的问题,如教育、就业、医疗、环保、社会保障、食品安全等问题,真心倾听群众呼声与意见,真实反映群众诉求。要注重发挥政协人才荟萃、智力密集的突出优势,把握舆情的内在诉求,并提前做出针对性引导,同时也为实现协商民主过程中的对话讨论、理性协商、形成共识创造条件。要尊重各界群众的不同利益诉求,以民主的作风团结人,增进思想共识,包容群众在信仰、利益、观念等方面的差异,如实准确地反映各界群众的意愿和诉求。当然在听取群众意愿和诉求的过程中,要认真听取反映支持赞同的意见,也要包容尊重反馈批评反对的意见。政协协调各种关系听取群众意愿时,需要尊重多数人的意愿,又要照顾少数人的合理诉求,更好地动员大家形成思想共识和增进团结合作。要深入群众深入基层,积极建言献策,为民多办实事好事,研究解决事关群众根本利益的问题及对策,为党委和政府提供高质量的对策建议。要充分发挥人民政协特有方式与独特优势,始终紧扣改革发展献计出力,大力凝聚社会共识,协助党委政府多办顺民心、遂民愿、惠民生的实事好事。

　　(二)完善机制,切实增强政协协商舆情表达的实效性

　　增强政协协商舆情表达的实效性,需要科学严格的制度作为保障,需要完善责任考核机制,强化责任落实制度,完善政协调研视察工作实效机制。多深入基层、深入实际、深入群众抓调研,选择群众普遍关心的焦点、热点与难点问题,作为协商舆情表达工作的重点,组织委员调研组和视察团,加强与群众"零距离"接触,进行面对面交

流,才能真正听取和反映群众的意见和建议。

拓展政协活动参与面与覆盖面,健全完善有序参与机制。可以邀请各界群众代表列席一些政协会议,参与政协提案办理、政协调研座谈、政协视察等活动。建立民众旁听政协常委会议制度,人民代表可以针对相关部门的工作提出意见建议。对于旁听人民代表提出的意见和建议,整理汇总后根据内容以适当形式报送党政参阅。在政协提案反馈程序过程中,让群众参与政协提案办理的评议监督,促进重要民生问题的解决;要尽力通过一些传统媒体和网络新媒体,向社会公众公开采纳反馈情况,让更多的群众了解协商的成果,突出协商的人民性,从而实现公民、政府、社会之间的良性互动。提倡政协委员在网络讨论中敢于亮明政协身份,彰显其方法和能力的担当,发表正确的意见与看法,引导网络舆论走向。

(三)优化政协舆情表达的协商格局

坚持和发展人民政协的协商民主,要把促进发展作为政协履行职能的第一要务。坚持把充分发扬民主和加强团结合作贯彻于政协的各项工作之中,全面推进协商民主,认真履行政协职责。人民政协应按照"协商在决策前、监督融于服务中、参政参在点子上、议政议在关键处"的要求,切实加强政协履职能力建设,推进人民政协协商民主的发展,建立政协舆情汇集分析与研判的机制,努力构建舆情表达的协商格局。

一要构建党委重视、政府支持、政协努力的新格局。政协要积极主动地加强与党委、政府的联系与沟通,规范协商形式,切实把政协协商纳入决策程序,形成党委重视、政府支持、政协努力和各方配合的工作格局,为深入开展协商工作创造良好条件,也为政协舆情表达创造有利的机会。二要积极主动扩大人民有序的政治参与。政治参与又称参与政治,是现代社会民主政治的基本特征之一,是不断完善人民当家作主民主制度的重要体现,也是衡量一个国家民主政治发展状况的重要标尺。人民政协要坚持依法有序原则,扩大公民的知情权、参与权与监督权,推动公民政治参与,特别是要创造条件让公民更多地参与政协参政议政与民主监督活动。公民通过政协协商民主的渠道,广集各方智慧,提高协商质量,这是改进政协群众工作的重要举措,扩大协商民主的实践探索。三要健全协商的具体操作细则。人民政协要出台细化民主协商形式,明确具体程序,明确各协商主体的权利和义务。让协商工作做到有制可依、有规可守、有序可循,使协商民主能够起到协调关系、汇聚力量、建言献策、服务大局的作用。四要营造团结和谐的履职环境。要将政协营造成为一个“懂政协、会协商、善议政”、亲和凝心、团结和谐的组织。还要善于借助传统的新闻媒体,特别是新兴网络媒体强大影响力和推广力,促进政协的建议献策、民主监督的建议与意见落到实处,提升民主监督的实效。五要注重协商意识和协商文化的培育。加强政协思想文化建设,注重对政协委员进行协商意识和协商文化的培育,充分激发协商人员的聪明才智和积极性,为提高协商实效、履行政协职能营造良好的文化生态环境。要着力培育平等文化,充分激发协商智慧;培育共赢文化,努力达成协商共识;培育责任文化,切实提高协商质量;培育效率文化,尽量降低协商成本;培育监督文化,加快转化协商成果。

三、创新政协联系群众工作机制

密切联系群众是人民政协履职能力的根基,要使政协联系群众工作依法有序进行,保证人民群众依法有序参与政协协商活动,也是政协履职为民的现实需要。联系群众事关政协的履职宗旨和人民性本质,人民政协要关心群众疾苦,切实体察民生,及时准确地反映民意。人民政协成立七十多年来,始终坚持以人民为中心,俯身倾听群众呼声,切实解决群众所思所想所盼,使政治协商纳入我国政府的决策程序,民主监督成为维护广大群众利益的有效方式和重要途径。然而,随着我国社会经济的快速发展,社会阶层结构的变化,新的社会阶层的崛起,给政协联系群众、服务群众的工作带来新机遇与挑战,有待于政协进一步完善与发展。政协要不断适应新的形势发展要求,探索完善政协联系群众工作新方法,尽力把工作重心向关注民生、保障民生、改善民生上倾斜,彰显联系群众的优势和特色。

(一)完善政协联系社会各界群众的工作机制

人民政协由各界别组成,主要分成政党类界别、人民团体类界别和社会类界别三大类别。政协委员是各界的代表人士,与各界群众有着密切的联系与关系,反映和表达界别群众的愿望和诉求,促使社会各界人士依法有序地参与政治生活。探索充分利用网络平台,方便群众联系政协和界别、委员,反映他们的问题、愿望和诉求,这是增强界别和委员与群众方便快捷对话交流的有效方法。面向社会各界开通政协网络平台,如设立电子信箱,可以包括政协主席信箱、界别信箱、委员信箱,详细记录和跟踪反馈群众来信情况。要学会通过网络、微信、微博等方式联系群众,更好地了解各界群众的需求,积极回应群众诉求,着力解决群众关切的问题,尽力帮助群众解决矛盾与纠纷。尝试建立界别委员深入基层联系社区(乡村)的做法。可以尝试在社区(村)探索建立界别委员联系点,建立委员接待日,认真倾听民众呼声和诉求,上为党和政府排忧,下为群众解难。通过政协提案向有关部门反映,推动和促进民生问题的顺利解决。

探索建立健全委员工作室制度。现在,我国一些地方已经开展了创建委员工作室的工作,方便政协委员与各界群众面对面联系与沟通,有利于帮助群众解决现实困难与问题,这是政协委员做好群众工作的一种有益尝试。对政协委员工作室必须有恰当的定位,它的主要目的是方便委员倾听民声、反映民情、协调各种关系。委员工作室人员要耐心地向群众宣传党的路线方针政策,对群众提出的问题,要依法依规耐心解答,协调各种关系,汇聚群众力量。委员工作室要与政协专职常委、委员制度有机结合起来,建在百姓心坎上,成为政协委员与人民群众的连心桥。各级政协要在场地、人员、经费上努力创造条件,保障委员工作室正常运转。

建立通过界别活动联系和服务群众机制。要经常组织政协界别讨论会、各种联谊活动,或进行调研与视察活动,促进界别群众的诉求及时得到重视和解决。要充分发挥政协界别的特点和优势,充分调动各界别参政议政的积极性,积极探索界别开展活动的常态化、规范化和制度化,积极推动和组织界别委员深入基层,直接为各界群众服务。

(二)建立健全政协联系网络群众的工作机制

截至 2020 年 3 月,我国网民规模为 9.04 亿,互联网普及率达64.5%,涵盖了社会各个阶层的群众,网络民意已成为最能直接表达民意、反映民愿的渠道和载体,网络民意力量已经深刻影响着党委、政府乃至司法机构的判断和决策。各级政协要紧跟时代步伐,充分运用"互联网+"的思维,用好微博、微信移动客户端等新型信息交流工具,推动政协服务群众触角向网络延伸,重视与网民的互动交流,使联系群众无空间差、无时间差,理性引导并有效应对网络民意。

网络民意具有很强的突发性和扩散性,其传播速度快,影响十分巨大,是现实民意的某种集中反映。政协要十分重视网络民意收集、分析、研判与引导。要积极运用网络技术和现代化通信手段，积极主动地与网友就提案内容进行互动交流与讨论。使委员的提案更能符合民意，办符合民心的实事，积极调动群众参政议政热情，使提案更好地传达民声、符合民意。要通过电子信箱、博客、微博等方式收集网络舆情信息，并对这些舆情信息进行分析与研判（或引导），并及时传递到党政决策部门。探索建立网上委员工作室机制，延伸服务触角，以网上工作室为对外的窗口，通过及时面对面与群众"零距离"交流与沟通，充分反映自己的履职情况，及时倾听民声，了解掌握网民诉求，展示委员的风采。积极推动政协和政协委员网上工作室建设，密切关注门户网站、城市网站等舆情动向，参与网上争议话题的讨论，掌握社情反映民意汇聚共识，坚持网上舆情舆论正确导向，防止公共性群体事件的发生。可以借鉴网络引导的一些先进经验和做法，确定网民普遍关注的话题，由政协网上工作室出面主持召开"网络民众交流大会"，特别邀请政府有关职能部门干部、专家学者等共同参加，与广大网民进行热烈讨论，正确引导网上舆论导向，营造一个良好的舆论氛围。大力推行政协网络议政机制创新。要充分运用互联网技术和现代多媒体通信技术，创新以网络为载体的"网络议政、远程协商"的形式，推动即时网络议政，采用网络直播、网络留言的方式，使政协工作更加贴近群众，更方便了解社情民意。

要积极探索建立"政协微博"议政制度。政协要充分利用微信、微博等即时通信工具来履行职能，积极引导和鼓励政协委员开通个人微博，微博议政平台与网友互动交流、晒提案、征集提案线索、收集社情民意，积极发挥参政议政的作用。同时，网民给政协提案与建议"拍砖"与"灌水"，能够及时反映群众利益诉求，大胆表达群众的真知灼见，对于做好政协"代言"工作，充分发挥政协智库作用，具有重要意义。

要积极拓展政协网络阵地,使网络成为收集社情民意的便捷通道,充分发挥网络在政协参政议政方面的重要作用。加强政协官方网站建设,加大网站人员、资金与技术投入,及时发布或更新政协信息,积极拓展网站网页功能,善用微信、微博等互联网新媒体,积极拓宽政协工作渠道,发挥好政协网站的民意收集与表达的作用,让政协官方网站成为群众利益表达与诉求的重要平台。要积极鼓励和推进一些知名、影响力大的委员及时更新微信和微博信息,积极主动地发布委员日志、民情研判、履职活动等信息,与网民进行良性互动,扩大委员与公众的对话渠道,发挥委员主动作用。

(三)完善政协联系基层群众的工作机制

我国社会管理的重点在基层,基层的社会管理工作显得尤为重要。基层群众基础不牢,就没有社会的和谐稳定。提升联系基层群众能力,推动工作重心下移,完善政协联系基层群众的工作机制,是新时代提升政协履职能力的客观要求,也是人民政协安身立命之本。推动政协工作重心向基层下移,引导政协委员深入基层一线,改善丰富联系群众的工作方法,明确联系基层群众的工作重点与工作内容,积极提升联系群众工作实效,要采取"请上来"与"走下去"相结合的办法,促使政协联系群众工作制度化、常态化,为更加全面深入地做好统一战线内部群众工作奠定基础。在乡镇(街道)建立区县(市)政协工作委员会,直接把政协工作的触角向基层延伸、向群众深入,打通政协服务群众工作的最后一公里,拓宽人民政协联系基层群众的新渠道。要从各地实际出发,围绕服务当地经济发展、维护当地社会稳定、推进当地民主建设目标的实现,促进政协委员真正了解民情,为民参政。

当前完善联系基层群众工作机制过程中,要把握几个基本原则:一是坚持有条件的地方先行实施。各地基层经济发展水平高低不一,人口数量有多有少,地域环境资源条件不同,群众民主素养参差不齐等,要求政协基层群众工作要突出重点,先易后难,稳妥推进。二是坚持乡镇(街道)建立区县(市)政协派出机构的正确定位。派出的乡镇(街道)政协机构隶属于县(市、区)政协,是县(市、区)政协内设派出机构,不是独立的一级政协组织,不需要经过编制部门批准而设定。三是灵活设置派出机构名称。这种派出机构,考虑各地的实际情况,在名称上不是固定的,可称呼为"政协工作委员会(简称政协工委)"或"政协联络委"等。四是因地制宜配备派出机构的领导。政协派出领导,有条件可专职,也可由当地乡镇(街道)联系政协工作的党委或政府副职兼任。

(四)完善政协与人民群众互动的工作机制

政协的调研、视察与提案,不能"自娱自乐""自拉自唱",要起到作为联系政府与人民群众的桥梁和纽带的作用。政协要适应科技迅猛发展的变化,适应经济社会快速发展的变化,要围绕群众关注的热点、难点问题,加强与党政领导有效衔接,与群众互动交流与沟通,积极扩大政协工作的影响力与工作实效性,实现政协与群众良性的互动,以群众满意为最高工作目标。

一是建立群众代表旁听政协会议制度。政府各类会议也是人民政协密切联系群众、体察民声民情的重要渠道。要进一步扩大政协会议的开放度,建立邀请群众代表旁听或列席政协各种会议制度,给各界群众直观了解政协履职活动,依法有序参与政协活动提供一个平台,让群众感到政协离自己很近。

二是提高政协视察与调研活动问题导向的实效性。调研与视察是人民政协的基础性工作,也是政协联系群众的有效载体,要以视察调研促进参政议政能力提高,以参政议政实效促进调研成果转化。对于政协来说,提高调研成果转化关键是要直面群众疾苦,深入基层搞调研,倾听群众诉求和意见,扩大政协视察与调研活动的开放度。要把群众的呼声和要求作为第一要务,突出群众性,视察与调研的选题要有群众观点,要站在群众立场上去思考问题、解决问题,使选题更加符合群众的实际需要。同时,视察与调研的人员构成,要增强代表性、扩大参与面。在实际视察与调研过程中,广泛听取群众意见与诉求,汇聚群众智慧和力量。视察与调研的方法要走群众路线,多组织实地调研与实地考察,掌握第一手资料,把视察与调研的工作放到群众之中,放到基层上。要建立视察与调研的群众评价体系,自觉接受广大群众监督与批评,切实提高视察与调研工作的针对性和实效性。

三是加强宣传,扩大政协在群众中的知名度和影响力。要加强宣传,特别是自媒体上的宣传和推广,切实用好政协话语权,积极扩大政协影响力。政协不说话是失职,说假话是渎职,讲真话、献实策、求实效才是尽职履责。政协委员在讲实情、说实话、求实效中,要用好政协话语权、扩大政协知名度和影响力。当然,也要加强宣传,让群众能够了解政协会协商、善议政的工作特点,要让人民群众了解政协政治协商、民主监督、参政议政的三大职责,这是现在政协做好群众工作的必然要求。政协工作在讲究实效,政协话语权要落实到解决社会发展的实际问题上,体现到推动解决群众民生问题上,始终坚持讲实话、献实策、办实事、用心谋事、踏实干事、尽力成事,推动经济社会持续健康发展。要在报纸、杂志等平面媒体和一些新媒体、自媒体上,着力报道政协的重要会议和履职活动,采用多种形式大力宣传政协的工作性质、主要职能、工作特点以及发挥的重要作用,提高人民政协在群众中的知晓度。

四是健全完善人民政协新闻发言人制度。我国新闻发言人制度,是各级政府和社会团体实行政务公开的重要举措,自 2003 年"非典"疫情发生之后开始逐步完善。建立完善公开透明、及时有效的新闻发言人机制,是政协扩大社会影响力,提高知名度的重要措施,也是政协树立人民政协亲民、爱民、为民形象,让更多的人了解政协熟悉政协的重要举措,有利于激发人民群众参政议政热情,不断提高公民的民主素养。尝试建立人民政协新闻发言人专职化,保证发言人更好履职,推动发言人积极主动向媒体和公众报告政协信息,并形成常态化、制度化。

四、加强人民政协舆情表达保障机制建设

政协要切实履行职能,真正意义上做到客观及时表达民意,就必须进一步推进政协协商与舆情表达的常态化、规范化和制度化建设,保障政协对舆情信息收集分析研判与有效引导,建立起整体性的舆情表达的制度系统。

(一)强化人民政协舆情表达的法治建设

当前,随着中国民主政治和依法治国实践的不断发展和推进,人民政协表达民意的制度化、规范化、程序化建设亟待建立和完善,在法律上对政协机构、功能和职能予以确认已成共识。只有明确的法律规定,才能对政协的法律地位有更清楚地认识,政协履行职能的程序才有了可操作的依据,政协委员的权利义务才有明确的界定。

1.完善宏观层面的法律制度设计

在进一步完善宪法对人民政协地位、作用和权利的规定下,有必

要将《中国人民政治协商会议章程》这一政协内部的自治规则上升为宪法性法律,制定"人民政协组织法",从宪法性法律层面全面规定人民政协的机构、地位、功能和作用,人民政协会议及其常委会议的职能和程序,以及履行职能的依据、原则、内容、权利和义务等。

2. 完善中观层面的法律制度设计

在宪法和宪法性法律规定下,通过《中共中央关于加强社会主义协商民主建设的意见》《政协全国委员会关于政治协商、民主监督、参政议政的规定》《中国人民政治协商会议全国委员会提案工作条例》,对人民政协政治协商、民主监督、参政议政三大职能,履职的依据、履职的原则、履职的内容、履职的对象、履职的主体、履职的权利、履职的义务与履职的责任等作出具体明确的规定,为确保人民政协三大职能的法治化、规范化与制度化,确保人民政协的职能作用得到充分发挥,都作出了具体的规定。适应国家治理体系和治理能力现代化建设的要求,围绕政协履职的相关法律规定也有待进一步完善。

3. 完善微观层面的规则制度设计

适应政协履职实践的需要,政协需要制定"人民政协资政建言办法"和"人民政协民意表达办法"等具体规范,以便更好地履行政治协商、民主监督、参政议政职能,进一步拓展和强化人民政协民意表达功能。

(二)健全人民政协舆情表达的程序机制

程序公正是民主政治最重要的原则,依法保障协商民主的制度化、规范化和程序化,需要建立和健全人民政协舆情表达的程序机制,需要建立一套科学、合法、可操作性的规则和程序来规范协商民主,尤其需要完善协商民主的相关程序规则。

舆情表达机制与人民政协协商民主建设

1. 建立和完善人民政协建言资政的程序机制

人民政协的资政是一个综合性过程,首先需要通过听政、问政、议政等环节,为最后的资政提供坚实的基础。没有行之有效的资政前环节,资政的针对性、准确性和操作性就成无源之水。从整个的资政环节而言,要求建立和完善人民政协资政的系统性程序机制。所谓系统性程序机制,就是在整个资政的过程和环节要建立完善的程序,比如人民政协听政的程序机制、问政的程序机制、议政的程序机制和资政的程序机制。建议加快制定"人民政协资政的程序规则",规定资政各个过程和环节的程序,另外可以考虑建立人民政协主导下的资政机构,完善其组织架构。

2. 建立和完善人民政协表达民意的程序机制

拓展政协民意表达功能,需要在政协实践中健全机制和规范,从制度上保证人民政协拓展民意功能的实现。政协民意表达,由社情民意的视察调研集成、民情民意的归纳整合、民情民意的传达和民情民意的反馈等重要过程和环节组成,要求从法律与制度上,从顶层设计中考虑如何建立和完善人民政协表达民意的系统性程序机制。政协民意表达的每个环节都有一定的程序和运作机制,比如人民政协表达民意的调研集成程序机制、民意的整合程序机制、民意的传达程序机制和民意的反馈程序机制等。建议制定"人民政协民意表达的程序规则",具体规定人民政协民意表达整个过程的运行路径和程序,完善民意表达的程序性制度安排,另外可以考虑建立人民政协主导下的民意机构,完善其组织架构。

3. 建立和完善人民政协履行三大职能的程序机制

虽然执政党的规范性文件和人民政协章程等都对人民政协的三大职能履行作了规定,但是人民政协职能的履行在程序制度的设计上亟待构建和完善。建议制定人民政协职能履行程序规则和程序违反惩罚机制,具体规定人民政协职能履行的路线图和过程性设计,真正实现人民政协的职能履行的制度化和程序化。

（三）提升政协舆情表达工作的规范性

加强政协舆情表达工作的规范性,需要通过健全制度、规范程序,需要依托于法治框架运作,确保对舆情分析判断符合客观实际,这是实现政协民意有序表达的重要保障。要充分拓展政协民意表达的制度化、规范化渠道,完善传统渠道,如通过传统例会表达民意,通过提案反映民意。建立新的民意表达渠道,如网络表达渠道,使政协在实践中不断健全民意表达机制,保障民意表达的规范有序、高效运行,确保政协民意表达工作发挥实效。

1. 搭建舆情汇集分析平台,提高民意收集的科学性与规范化

舆情汇集分析过程,不仅是各界群众不同思想价值观念的表达,也是各界群众意愿与利益诉求的表达,凸显协商民主的广泛性。需要人民政协采用严谨细致的态度,进行科学地分析与研判。搭建舆情汇集分析平台,需要建立民意数据库,运用现代化的计算手段,对舆情信息进行动态地分析与研判。政协舆情表达工作,有利于凝聚民心民智,提升民意表达的规范化,增强民意表达的实效性,切实解决民意表达的拥挤和阻塞现象;有利于将群众民意引导变成社会的主流民意,纳入党和政府的决策,转变为国家政策或法律法规。

2. 借助社会力量,实现民意获取快速性、真实性与可靠性

只有快速获得真实可靠的民意,使群众诉求不至于出现拥挤和阻塞的现象,人民政协才能得到党政部门和广大群众的高度认可。政协得到的社情民意线索,可采取借智的方式,通过第三方力量,特别是第三方社会调查机构与舆情研究机构,对公共民生问题、社会热

点难点问题、突发公共事件进行快速地民意调查,来获取真实的民意信息。另外,也可借助社会调查机构,对党政重大决策前及决策实施过程中,进行动态民意调查,通过获取的真实可靠的舆情信息,提高解决问题的实效性,更加及时准确地报送党和政府有关部门解决。

3. 建立健全舆情表达机制,推进民意收集与表达流程工作规范化

建立健全政协舆情表达的工作机制,规范舆情表达程序,通过提案和政协信息等多种方式反映民意,保证民意收集与表达流程的有序性、规范性。健全政协舆情信息收集机制,建立完善舆情信息督办与反馈制度,保证有专门机构和专门力量负责,保证对党委、政府舆情信息报送及时有效。建立完善社情民意信息通报制度,明确规定政协对民意汇集、整理与分析工作办法。采取积极的、及时有效的措施,保证信息报送所涉及的部门以见面、内部通报、向社会公开等形式分级披露,提升政协民意表达质量,推动政府相关部门积极履职尽责。

4. 完善和强化政协舆情表达系统

随着我国经济社会的快速发展,民主进程的不断推进,政协民意表达开始出现多种形态并存的局面。而政协"亦官亦民""非官非民"的定位,不受地域或部门利益的限制,能够比较客观地分析和反映各种情况和问题,具有相对的超脱性,得到了广大人民群众的信任和拥护。但民意的社会化表达,需要公正客观地对所收集的民意资料进行分析、提炼、整合、疏导,并与民意表达机制相沟通衔接,导入决策系统,为决策层关注、采纳,才能达成"民意实现"。遍布全国各层级的政协组织,数量巨大的各级政协委员,为政协构建一个民意舆情汇集、分析、表达的完备系统创造了条件。另外,政协汇聚了各方面人才,特别是有不少专家委员、学者委员,他们社会影响力大,能为党和

政府的决策提供许多真实的舆情信息。下一步,各级政协组织需要更加充分挖掘政协舆情表达优势,对这些相关舆情表达渠道和形式进行科学合理地整合,使之能发挥更大作用。

第三节　推进舆情表达融入
政协协商渠道的创新

舆情表达与人民政协协商民主具有紧密的联系,各级政协组织在积极推进舆情表达融入政协协商渠道,将社情民意的舆情表达功能放到政协工作的重要位置,加强协调配合,形成工作合力。人民政协要把社情民意工作作为"一把手"工程狠抓组织落实,加强人才队伍建设,增加反映社情民意信息工作的力量。要完善机构,在政协机关设立社情民意工作专职岗位,明确责任,专司社情民意工作的收集整理与反馈。政协社情民意的舆情表达工作,与党政处理社情民意工作部门,建立对口信息反馈制度,从而使政协所反映的舆情信息,能够及时地反馈到党政有关部门,起到协调党委政府推进公平正义、汇聚民心民智的作用。要加大理论研究和新闻宣传工作力度,营造重视和支持政协反映社情民意工作的良好氛围。

一、推进政协协商舆情表达方式的多样化

利益多元化、矛盾凸显期是当今社会的基本特征。一方面,改革正处于攻坚期,新情况、新矛盾、新问题的多出频出将成为经济社会活动中的新常态;另一方面,网络表达日盛,但汇集利益诉求和表达的常规性渠道明显不足。因此,政协协商舆情表达方式要与时俱进,

要多关注群众的民生议题,推进人民政协独特的、独有的、独到的协商民主形式,来容纳广大群众参与和表达的热情,处理好多元主体之间的互动就显得尤为重要。

（一）注重发挥界别作用,提升履职实效

政协委员是政协社会各界的代表人士,界别优势是政协重要特点之一,一个界别就是联系和服务群众的一条通道、一个平台。众多界别汇集在一起,就是一张服务民生的"大网络"。聚焦界别特色,需要了解各界别群众的意见,这样政协就能了解社会大多数人的意见;发挥界别优势,凝聚民众智慧,需要充分掌握界别群众的基本情况。界别委员履职的重要载体,是发挥委员主体作用的重要纽带,界别作用发挥得是否充分直接影响政协履职成效。为了将政协这一组织特色落到实处,使其真正发挥出应有的效用,在开展相关工作时,应积极调动各界别参政议政的热情,努力将其所代表的部分人民群众诉求充分反映出来,政协界别应认真帮助解决民众所反映的社情民意问题,将党和政府的方针政策及时传递给人民群众。政协要积极主动协助党委政府做好群众协调工作,做好群众思想沟通,协调各种关系、理顺群众思想情绪、努力化解群众矛盾、增进社会共识,积极主动引导群众以合理合法的形式表达自己的利益诉求。同时加强同党委政府联系,将了解到的群众意愿与诉求及时准确地反映给党委政府,为党委政府加强舆情形势的分析与研判,引导社会热点,及时化解各种群众矛盾提供有力帮助。

（二）注重畅通民意渠道,搭建沟通平台

1.搭建好"咨政建言"的平台,发挥群众与党委政府联系沟通的桥梁和纽带作用

人民政协要通过整合组织内各种政治资源,围绕经济社会发展

重大问题咨政建言,促进经济平稳健康发展。政协要充分发挥密切联系群众的特色,坚持深入基层、深入群众,切实解群众真实愿望与诉求、体察群众实际疾苦,要做到群众期盼什么、政协就反映什么,并积极主动进行咨询论证献计献策,凝心聚力促发展。促进广大群众的利益意愿与诉求,进入党和国家的决策程序,积极协助党委政府对舆情形势的分析、研判以及危机应对,努力化解矛盾与纠纷,保证群众合法权益,使党和国家的重大决策更符合最广大人民的根本利益。

2. 搭建好政治参与的桥梁和纽带,扩大群众有序参与

政协做好政治协商活动,需要扩大人民有序参与政治生活,这对于推进我国的民主化进程、保持社会稳定、维护最广大人民的根本利益等具有重要意义。要遵循坚持党的领导、依法有序、开放透明、与时俱进的基本原则,通过规范有序的政治协商,坚持拓展平台和畅通参与渠道相结合的方式,着力解决好人民群众最关心、最直接、最现实的利益问题。要积极探索拓展人民政治参与的途径和方式,提高各界群众对政协工作的积极性、主动性与创造性,把增强群众政治参与广度和参与质量结合起来,让各阶层群众都能够享有重大决策参与权、知情权与发言权。

3. 搭建好"利益协调"的桥梁和纽带

要充分发挥政协上下沟通、左右协调的桥梁作用,加深群众对改革措施的理解和支持,把国家利益、集体利益和个人利益统一起来,引导不同利益主体采取合法利益表达渠道,把各方面群众合理合法的利益诉求引导到协商民主与法治建设的轨道上来。政协要充分发挥广泛联系团结各界人士和各人民团体的特点,从政策上维护绝大多数的利益与兼顾不同阶层具体利益结合起来,共享改革发展的成果,巩固和谐稳定的群众基础。

(三)注重坚持协商民主,践行利民之举

本着"有事多商量、遇事多商量、做事多商量"的工作方法,针对各项政策的执行与实施情况,政协应充分发挥自身联系广泛的优势,积极履行民主监督的职能,真正走进人民群众,选择人民群众非常关心又反应强烈的焦点与热点问题进行督促办理,及时针对党和政府在决策中出现的问题与不足进行传达,努力将自身转变为人民群众对政府政策反馈的有效渠道,以此帮助党政部门进一步掌握舆情变化,了解人民群众的发展诉求,完善决策议程,提高决策民主化、科学化。列入政协协商计划的议题,不论是经改内容,还是民生举措,应抱着与群众多商量的态度,找准契合点,将协商程序落实到每一个相关领域、每一个阶段、每一个过程和环节,多层次、多方位地听取相关利益者的意见,特别要让群众维护自身合法权益的诉求尽情表达,并通过协商程序传达到相关决策层,具体地、现实地体现到相关决策方案里。要广开言路,博采众谋,通过协商互动,寻找绝大多数群众意愿和要求的最大公约数,动员大家一起来想,一起来干,用群众的智慧和力量汇集成推进决策方案落实的动力,努力让群众在每一次改革中都能分享到发展成果,在每一项发展中都能感受到公平正义,在每一个民生举措中都能体会到利益实惠。政协要积极拓展与党委、政府的理性对话渠道,建立起长效、动态、规范的互动关系,以此为基础,主动捍卫人民群众核心权益问题的知情权、参与权、表达权与监督权。对于党委、政府及相关职能部门的反馈信息,政协组织要通过适当的途径告知政协委员,从而使其认识到自身的有效作为在维护人民群众合法权益、彰显政协人民性方面的重要作用,增强政协委员继续履责的使命感,提高实施民主监督的主动性,从而在整体上带动人民政协民主监督水平的提升,进一步强化政协的人民性。

（四）改进方法，切实发挥政协协商利益表达功能

面对当前利益格局深刻调整、社会矛盾与冲突日益凸显的社会形势，需要政协进一步改进方法，有序扩大社会各界的政治参与度，切实发挥政协协商利益表达功能。一是积极拓宽畅通群众利益表达渠道，使各界群众的利益愿意与诉求，在政协协商民主的平台公开合理地表达出来。政协要改进工作作风，创新群众利益表达的载体，拓展利益诉求表达方式，不断提高社会利益表达的实效性。二是积极探索"请群众走进政协"和"让政协深入群众"的方式。积极稳妥地扩大人民群众依法有序的政治参与，让群众走进政协，旁听政协例会，让群众与政协委员、专家学者、职能部门一起交流沟通。大力组织政协委员进社区、服务企业促发展，努力掌握基层真实情况，把矛盾与问题解决在基层。三是积极探索利用互联网和现代化通信手段，收集社情民意的新方法与新途径，探索利用互联网开展社会利益表达的工作方法。积极鼓励委员亮明身份在网上开博客、写微博，顺民意、集民智、聚民力，关注民生问题，反映民众利益诉求，让政协工作更加深入基层、深入群众，切实提高新形势下社会利益表达的实效性。

二、加强政协协商舆情表达途径与方式创新

随着我国社会经济的快速发展，社会主义民主建设有序推进，公民参与政治的积极不断高涨，民众利益表达渠道日益增多，利益主体表达也呈现多元化状态，这种多元化不仅体现出横向的拓展，也体现出纵向的延伸。特别是随着现代传播技术的广泛应用，基层群众和新兴群体的民意诉求越来越强烈，给传统民意表达渠道和途径带来了巨大冲击。加强新时期政协协商舆情表达渠道和途径的创新势在必行，这也要求政协舆情表达积极拓展渠道，提高民意诉求表达渠道

的多元化和通畅性,以应对不同层级、不同群体的多元民意诉求,充分发挥人民政协作为协商民主专门机构和重要渠道的作用。

（一）推进政协协商舆情表达的机制创新

当前,面对错综复杂的国际环境,艰巨繁重的国内改革发展任务,我国的社会结构、利益格局和思想观念等多方面都在发生深刻的变化。人民政协要在关注民生反映民意上有新作为,始终把保障和改善民生作为政协工作的出发点和立足点,把各界群体的意见与诉求,及时准确地反映给党政有关部门,为党和政府科学决策提供更高水平的智力支持。各级人民政协自觉、主动、创造性地做好舆情表达工作,需要不断地创新履职方式,畅通和拓宽群众利益表达平台,搭建便利的表达平台,扩大政协协商民主的广泛性。

1.加强履职平台建设,创新工作形式

人民政协的政治协商会议、专题协商会、视察和提案等履职形式,仍有完善和发展的空间。在横向结构上,要不断拓宽公民有序政治参与的合法平台,一是"有序",即依法进行政治参与活动;二是"扩大",要完善现有的人民政治参与方式,不断探索拓宽新的参与方式与参与渠道。扩大人民有序的政治参与,需要推动人民政协从"精英聚会"模式转变过来,实行扩大直接参与和扩大间接参与并举,充分保障公民的知情权、参与权、表达权和监督权。要逐步改变政协活动多以政治精英和社会精英参与为主的现状,进一步拓展多层次、多形式的平台载体,探索通过网络或自愿报名等形式参与政协活动,扩大政协公众的有序参与,增强人民政协的"人民性"。同时,又要扩大人民有序的政治参与,实行拓展平台载体和畅通参与渠道并举,以拓展人民有序政治参与的广度与深度,体现协商民主的平等性,这有利于增强政协协商舆情表达针对性,提高政协履职的实效。

2. 推动民主协商触角向基层延伸,积极开辟新的协商平台

要积极推动民主协商触角深入基层深入群众一线,充分听取群众意见,积极拓宽政协工作的发展空间,推动基层群众利益意愿与诉求的有效表达。当前基层许多问题无法得到有效解决,直接影响了基层民主的发展,要加强政协工作与最基层群众的面对面联系,让协商民主接地气,拓宽社情民意信息来源。在乡镇、城市社区创新政治协商的例会形式,通过广泛的群众参与,采用多种民主协商方式,不断完善基层群众民意表达机制,畅通各界群众有序政治参与的渠道。实现和推进群众有序地政治参与,是政协协商民主向基层延伸的重点。政协要组织开展"议事进社区(乡镇)"活动,建立委员与基层群众直接联系作为重点,为普通公民参与政治提供更多的机会和平台等,推动委员主体作用更好发挥。

3. 转变政治发展理念,精心设计协商议题

由于独特的政治优势和组织优势,政协的协商民主和民主监督,是社会治理的重要组成部分。中国共产党提出的创新、协调、绿色、开放、共享的五大发展理念,是人民政协协商民主实践的聚集点。发展理念、发展方式的转变,使得协商民主在社会治理方面的作用日益凸显。说民生、看民主、想民权,是一个文明社会进步的三部曲。民生是国之根本,是人民的基本权益,民生问题也是人民群众最关心、最直接、最现实的利益问题。因此,人民政协要精心设计民生方面的协商议题,特别是要重点关注教育、医疗、社保、住房、就业、福利等与群众息息相关的民生问题,下基层进社区,开展专题协商或界别协商,把民生问题上升到民主层面,提升对党和政府政策制定和实施的影响力,使人民政协的工作更加解民情达民意暖民心。

4.创新工作方法,及时准确反映社情民意

一是要准确反映社情民意。了解和反映社情民意是人民政协独具特色的一项职能。人民政协的性质与地位,要求其在履职过程中必须摆正位置,找准角度、抓好选题、搞好谋划,既不越位,也不错位和缺位,要尽职尽责。反映社情民意信息工作,是党和政府进行社会舆情汇集和分析机制的重要组成部分。要全面准确地了解社会实际和群众生活,准确反映社会各界民众的意见建议和利益诉求。对群众的呼声,要积极提出建议和意见,协助党委、政府了解民情,体察民意,还要协助党委、政府为群众办实事、办好事、解民忧、暖民心。二是对社情民意的关注要深度挖掘。要充分发挥政协人才荟萃、智力密集的优势,把散落在民间的真知灼见和群众的首创经验集中起来反映上去。要充分发挥政协在汇集民智、凝聚力量方面的作用,积极推动协商民主广泛深入开展,为党政部门提供决策依据和参考。要深谋民生,对各项民生问题深入研究,广泛凝聚全社会推动改革发展的智慧和力量,提出前瞻性建议。深悟民意,深入基层一线倾听群众呼声,灵活选择反映渠道,提出社情民意调研报告,及时准确地给党和政府决策提供政策咨询和智力支持。三是应对网络民意等新兴事物要"灵"。高度重视和认真研究网络在表达和传递民意方面的效用,积极引导大众通过网络平台进行有序政治参与,通过网络征集民意、提案选题,在一个更大的范围内了解民意,使人民政协参政议政工作更加公开透明,协商于民、协商为民,监督更加有效,尽职不越位、切实不表面,使参政议政更加富有成果。

5.主动开辟政协民主协商的新渠道

现在互联网已经深入我们的生活,拓展了信息来源,许多民众通过互联网表达自己的意见,参与和影响政府决策,在网上揭露社会问

题,参与公共话题讨论,形成利益诉求的新落点、思想文化的集散地、社会舆论的放大器。网络政治参与是人民政协解放思想、锐意革新的巨大推动力。在汹涌澎湃的网络议政面前,人民政协要坚持民主精神,保证网络议政的依法有序进行,以平等开放的心态对待网络民意,积极主动开辟协商民主的新渠道。政协要通过自下而上地吸纳网民意见和建议,影响有关部门的决策和施政,使协商民主扎根于更加深厚的民意土壤。一要充分运用网络议政、网络直播、政务微博、微信公众平台、网络问卷调查等方式,收集网民的各种思想动态和不同的利益诉求;二要主动对接网络民主,实现网络政治与现实政治的无缝对接,与网民形成互信、互动、互补的沟通态势,保证公众知情权的充分行使和公民监督权的实现;三要注重引导网民理性议政,帮忙不添乱,到位不越位,增强网络舆情的建设性,消除其非理性和片面性。四是加强对网络舆情的分析、甄别和研判,并就社会热点、难点问题展开专题调研。

(二)畅通政协协商舆情表达渠道

进一步畅通和拓宽人民政协舆情表达渠道,推进协商民主,让群众有序参与政治生活,促进作风转变,推动党委、政府科学民主决策,是新形势下政协的重要工作,需要进行大胆探索和有益尝试。

1.完善制度,为畅通舆情表达渠道提供制度保障

要完善相关制度,通过政协这一平台反映不同党派、不同阶层、不同利益群体的诉求,通过协商对话取得谅解和达成共识,兼顾各利益主体的诉求,有效化解各种利益矛盾和冲突。一是在现有协商民主制度框架及相关规则的基础上,把协商纳入决策程序,对开展协商民主的各个环节作出明确具体的规定,包括对协商的主题、内容、形式、程序、原则、协商成果的转化运用等作出规范。二是完善健全政

协沟通与反馈环节机制,充分调动群众有序参与政治生活的热情,探索群众直接或间接有序参与政协工作的途径和方式,提高政协向社会的开放度,让更多的群众通过政协平台表达诉求。三是完善反映群众诉求的汇集制度,通过电子信箱、网络、电话、微博、微信等,及时、广泛地汇集来自各方面的群众诉求;完善群众诉求的跟踪反馈制度,及时解决群众的合理诉求;建立反映群众诉求的分析制度,分析群众诉求背后的成因,提出解决问题的办法;完善社情民意工作制度,形成社情民意的收集、报送、反馈、通报体系,不断提高反映社情民意的信息工作实效。

2.优化结构,发挥委员的主体作用

政协委员是政协工作的主体,是联系各界群众的桥梁和纽带,政协的优势在委员、实力在委员、活力在委员、潜力也在委员,一名委员就是一条群众诉求的反映渠道。一是要把各党派、各界别、各团体和基层群众中政治素质好、热心政协事业、有较强参政意识和议政能力的人士协商为委员。同时要根据社会阶层结构的变化特点与趋势,积极推荐选拔如律师、自由职业者、私营企业和外资企业管理人员等新的社会阶层代表担任政协委员,体现政协覆盖面和包容性。二是要通过委员全员学习培训、常委会专题学习讲座、组织外出学习等方式加强委员的学习工作,有效提升委员履职能力。三是要引导委员牢固树立群众观点,坚持群众路线,紧密围绕群众思想认识上的困惑点、现实矛盾的易发点和利益关系的交织点,坚决深入实际、深入基层、深入群众中了解民情社意,积极主动地反映群众的愿望和诉求。同时,利用政协委员的影响,引导群众以平等、协商的方式参与政治和社会事务的管理和治理,引导群众合法、理性、有序地表达自己的诉求和愿望。四是要建立委员联系群众制度,扩大政协委员了解群众诉求的来源。

3.适当调整界别构成,突出界别特色

界别构成是政协的显著特征和突出优势。每个界别都是实现群众利益诉求和政治诉求的重要表达渠道。随着经济社会的发展,各种利益群体及其愿望和诉求增多,要不断调整界别结构,增强代表性和包容性,把群众中分散的个别呼声与意见,汇聚成集中系统的提案与对策,及时准确地向党委、政府反映各界别群众的意见建议和愿望诉求。一是适时合理调整、优化界别设置,使政协界别设置既符合国家政治格局,又结合地方发展实际,畅通不同社会阶层群众诉求表达渠道。二是要完善界别召集人、界别联系、界别工作考核评价等制度,探索在界别内设立召集机构和活动管理机构,使各界别有一定的组织形式,协调界别委员,统一界别意志,发挥界别合力。三是要通过开展界别活动突出界别个性,积极搭建委员与界别群众沟通的平台,更多地了解和反映社会基层、弱势群体、困难群众等存在的问题,最大限度地吸纳和包容他们各种合理愿意与诉求。

4.拓宽渠道,延伸政协工作触角

拓宽渠道,延伸政协工作触角,特别是要延伸政协工作向基层向社区(乡镇)触角。一是广辟信息来源。充分发挥广大政协委员主体作用,是广辟信息来源的关键。政协委员要密切联系本界别的群众,广辟信息来源,特别是要倾听群众呼声,体察群众情绪,关心群众疾苦,反映群众愿望,维护群众利益作为自己的神圣职责和使命。要运用各种方式收集了解和反映社情民意的各种信息,使政协的各项工作、各种活动都含有反映社情民意的内容,及时准确地向政府有关部门反映。二是疏通各种渠道,使社情民意上通下达。政协反映社情民意,是人民政协一项经常性、基础性工作,也是广大政协委员履职尽责的一种重要途径。社情民意信息来源不足,现在是各级政协的通病,主要是反映社情民意的渠道不畅通,社情民意不能上通下达。其主要原因是:一些政协领导对社情民意信息工作重视不够,信息工作缺乏引领性的指导;上级政协与下级政协间的信息互通渠道不完善,不能共享,也没有形成上下联动;对社情民意的调研不够充分等。三是加强信息共享和交流。采取灵活多样的方式,通过网络媒体、传统媒体,进行部门联动和上下沟通来最大限度地挖掘信息资源,进一步推动了社情民意工作的开展。要积极创造条件,在政协之间逐步实现信息共享,情况互通机制,形成反应快捷、渠道畅通的政协信息网络。四是向基层倾斜,实现重心下移、阵地前移。把政协工作向农村和基层拓展延伸,能更好地发挥政协的优势,拓展政协工作覆盖面,扩大基层委员对政协工作的参与度,加深农村群众对政协工作的直观了解,增强政协工作的实效性,扩大政协影响力。同时,密切政协与基层各界别委员和群众的联系,积极搭建基层政协组织协商民主平台,为基层群众诉求提供新渠道。要逐步建立政协专委会联系群众制度,通过调研视察等,从基层掌握第一手的资料,及时调解矛盾纠纷,反映社情民意。

5.认真履职,积极反映和解决群众诉求

政协始终坚持履职为民的理念,高度关注实现包容性增长,着力促进社会公平正义,促进民生保障和改善。一是要密切关注劳动就业、城乡教育、食品安全、医疗卫生、社会保障、社会管理、文化体育等社会事业均衡发展问题,深入调查研究,提出对策建议,促进发展成果由人民共享。二是要正视经济发展和社会生活中矛盾多发和多样的特点,协助党委、政府建立健全利益协调、诉求表达、矛盾调处和权益保障机制,积极稳妥地把各界群众的意愿与诉求,纳入协商民主和法制建设的轨道,最大限度地创造一个和谐稳定的社会环境。三是要深入研究和把握新形势下群众工作的新特点新要求,充分发挥政协联系广泛、渠道畅通的特点和优势,积极协助党委、政府做好问政于民、问需于民、问计于民的工作,促使群众最盼望、最关心的问题进入党委政府的决策之中,解决在工作落实之中。四是要关心和帮助困难群众、弱势群体的生产生活,切实帮助解决群众反映强烈的焦点、热点与难点问题,组织委员下基层进社区广泛开展文化、教育、科技等方面的服务,鼓励政协委员中的非公有制经济人士积极承担社会责任,扶贫济困,回报社会,努力营造和衷共济、安定有序的社会发展环境。

畅通的舆情表达渠道既是社会必要的"安全阀",也是群众不满情绪及负能量的"泄洪口"。畅通群众诉求渠道,完善利益协商机制,对群众诉求进行广泛协商,才能有效避免冲突与对抗的发生。政协的独特政治优势,能够为群众诉求表达、利益协商调整提供平台。政协应发挥优势,多举措畅通群众诉求渠道,努力为经济发展和社会和谐稳定减少阻力、增加助力、形成合力多做贡献。

(三)完善政协界别的舆情表达功能,更好发挥履职"直通车"作用

加强政协界别建设,是党和政府密切联系群众的重要团结渠道,是党和政府决策广智民智的重要资政渠道,也是界别群众反映愿意与利益诉求的重要渠道。政协界别具有广泛性、包容性、平等性、专业性、拓展性的特征。界别在政协工作具有基础作用、主体作用和桥梁作用,其在舆情表达上以广泛性、包容性为基础。界别联系人民群众的范围越广,参加界别的主体越广泛,界别的舆情表达作用就越显著,就越能发挥界别的舆情表达功能。

舆情表达机制与人民政协协商民主建设

目前,政协界别在政协具体的工作实践中,还存在一些与舆情汇集与民意表达不相适应的问题。一是现有界别设置不够齐全,包容性欠缺,有些地方还存在精英化趋势,不能更好适应新时代舆情表达的需要。政协现有界别设置,没有能覆盖弱势群体、农民工等社会阶层,特别是一些如律师、自由职业者、私营企业与外资企业管理人员等新社会阶层在界别构成中没有体现。"特别邀请人士"界别特色不明显,界别设置滞后,界别边界不清,甚至出现交叉重叠现象。二是界别意识不强,不能适应舆情表达的需要。以界别为单位组织参政议政活动,界别整体优势发挥不够明显,界别代表的身份意识淡漠,履职活动多数以单位或个人名义出现,难以及时准确地表达界别群众利益与诉求。三是界别的代表性构成基本相近,界限比较模糊。一些行业的委员人数偏多,特别是社会精英、行业精英等上层较多,中下层人士代表较小,没有向经济社会发展中占有主导地位的行业和领域倾斜,界别没有成为各界别群众愿望表达和利益诉求的主渠道。四是界别活动弱化,形式单一。界别委员之间见面较少,一般在两会期间见面,以讨论组的形式出现。界别委员与本界别群众的联系沟通不够,对界别群众的利益诉求调查研究不够深入。经常出现"开全会有界别,会后界别无活动"的现象,这些都导致界别没有很好地发挥舆情表达的作用。针对政协界别存在的问题,建议采用以下措施:

1. 完善和优化政协界别科学设置

随着改革开放的深入进行,我国社会结构和社会阶层发生了巨大变化,政协界别委员的设置要适应这种变化。一是按照社会阶层变化适当增减界别。要新增农民工界别、法律界别等新社会阶层,凝聚不同的社会力量,满足各阶层群众的利益诉求表达的需求。二是按照人口规模和结构设置界别,使政协更具包容性和代表性,使政协界别设置覆盖社会更多阶层和更多群体。三是要适当调整部分界别设置。特别是要将一些界别性质相近,外延和内涵相似的界别进行调整或合并。四要优化界别的委员结构。要适当减少强势阶层在政协委员中的比例,增加弱势群体、困难群体委员名额,将群众基础广、社会影响大的群团组织负责人和中介组织负责人吸纳到政协组织中来。

2. 拓宽界别活动方法与途径

要充分发挥界别委员的主体作用,调动他们开展参政议政的活动积极性和主动性。充分利用现代化的通信手段带来的便利性,拓宽政协界别活动的方式和活动的内容,这是发挥政协舆情表达功能的有效途径。支持和鼓励政协委员围绕本界别的有关问题展开工作,积极引导他们以界别活动为载体,深入群众深入基层一线进行调研与视察。同时,发挥界别特点与优势,特别是界别专业性强的优势,将界别群众真实的社情民意信息反映上来。建立界别集体提案征集制度,汇聚界别委员智慧和力量,把集体提案作为选择重点提案的重要来源,提高界别在政协活动中的声音,及时上报界别反映的社情民意信息。建立界别委员联系(或活动)小组办法和工作细则,本着讲究实效的原则,确定界别活动召集人,负责界别组织活动的具体事务性工作,汇总反馈活动情况和社情民意,从而最大限度地提高委员的参与率,保障界别顺利开展活动,及时准确地把界别群众利益诉求以界别委员小组的名义提交。

3. 优化界别工作环节,丰富界别活动内容

界别要处理好活动组与政协机关的关系,加强政协各层面联系,保证联系畅通,优化界别工作环节,丰富界别活动的内容,强化界别

活动的可操作性与实效性。一是建立政协常委联系界别制度。政协常委要了解所联系的界别委员的思想动态和活动情况,组织各种以界别为名义的调研、视察、网络议政、民主评议等活动,帮助解决委员履行职责中遇到的困难和问题。二是建立专委会联系界别制度。由专委会主任负责总体统筹,探索专委会对界别活动的分类指导,建立起专委会办公室与界别联系人的直接沟通机制,主动搭建好界别委员与政府部门之间的沟通桥梁,提高界别活动质量,保证工作有抓手有实效。三是建立政府相关部门联系界别制度。与政协界别相对应的政府部门,在议定重大决策部署、重要工作措施、重大建设和改革项目、重大区域规划等重大事项之前,应向该界别委员通报情况,听取界别意见,以利于界别充分表达界别群众的利益诉求。

三、拓宽政协协商舆情表达的途径方式

1.坚持群众路线,推进工作向下延伸

坚持群众路线,深入群众深入基层,只有工作沉下去,民意才能浮上来,才能积极推动政协工作向基层拓展与延伸。扩大人民的有序政治参与,是政协协商民主、建言献策活动的前提和基础,是拓宽政协协商舆情表达的重要途径与方式。要积极组织政协委员深入基层,要眼光向下、重心下移,有效建立政协委员定点联系基层、帮扶困难群体制度,推进政协工作向基层延伸,促进政协工作接地气,把政协工作落实到位。要放下架子、俯下身子服务群众,汇聚民意民智,共谋发展大计,使人民政协的优势和作用得到进一步发挥。

2.促进工作有效对接,增强舆情表达的针对性

增强政协舆情汇集与表达工作的针对性和实效性,需要加强与党和政府有关部门的联系与沟通,要与党和政府同心同向同行,及时

了解党和政府政工作重心,建立信息沟通共享机制,与党政舆情无缝对接。习近平总书记要求政协充分发挥代表性强、联系面广、包容性大的优势,敢于讲真话、讲诤言,及时反映真实情况,勇于提出建议和批评。要通过政协提案、意见建议和社情民意等民主形式,代表群众对国家的大政方针、地方经济社会发展和群众生产生活的重要问题进行政治协商、民主监督和参政议政。同时,要围绕"增加协商密度,提高协商实效"的要求,为协商各方履职搭建更好平台,拓展民主参与形式,多发表建议性见解,多提供沟通对话的机会,畅通各界群众通过政协表达意见的渠道,推动意见反馈,跟踪协商成果落实。

3. 加快电子政务信息化建设,拓展舆情表达的互动性

要加速电子政务的发展,促进政务信息化建设,适应群众借助互联网表达自己的政治意愿和利益诉求的新情况。政协委员通过网络搜集来自基层的民意民智。要加快运用网络技术,加强电子政务信息化建设,探索会议网上直播、网上留言、网络调研、建立委员网上论坛等形式,建立网络交流互动平台,积极拓宽民意表达渠道,有效打通上情下达和下情上达的通道。

4. 主动作为化解民怨,增强舆情表达的效果

在当前全面深化改革、利益不断调整、观念变化较大的新形势下,人民内部矛盾和其他社会矛盾增加,维护和谐稳定成为各级党委、政府的任务之一。政协组织作为团结各方的政治机构,在宣传群众、团结群众、为党和政府分忧、为人民群众解愁上应该义不容辞、主动担责。习近平总书记明确要求,参加人民政协的各党派团体和各族各界人士要引导所联系成员和群众理解改革、支持改革、参与改革。2014 年全国两会期间,俞正声同志曾对政协委员提出:"正确对待改革涉及的利益格局的深刻调整,及时反映界别群众愿望诉求,切

实做好协调关系、化解矛盾、理顺情绪、解疑释惑的工作,更好引导所联系成员和群众理解改革、支持改革、参与改革,努力为全面深化改革营造良好环境。"政协组织和政协委员要以参与和支持深化改革、社会管理创新、推进依法治国等工作为重点,紧紧围绕党委、政府在推进工作中采取的各类重大举措开展调研视察,积极建言献策,提高社会治理体系和治理能力的现代化水平。在与群众的沟通交流过程中,要负责任地宣传国家和地方的方针政策及发展形势,引导群众正确认识发展中的困难和问题,合理表达利益诉求,把思想行动统一到党委政府的决策部署上来。要敢于担难,直面矛盾,走上信访维稳的第一线,通过政协领导信访包案和信访接待日、政协干部参与征地搬迁和防建控违工作、政协委员联系帮扶信访困难户等形式,化解矛盾和问题,协助基层组织做好沟通协调关系、增进和凝聚改革与发展的共识,消除隔阂理顺情绪化解矛盾,努力发挥政协组织在社会建设中的应有作用。

参考文献

一、中文著作

1. 包心鉴、李锦、刘玉、张新德主编:《大众政治参与和社会管理创新》,北京:人民出版社 2012 年版。

2. 毕宏音:《微博诉求表达与虚拟社会管理》,北京:中国社会科学出版社 2014 年版。

3. 陈家刚:《协商民主与当代中国政治》,北京:中国人民大学出版社 2009 年版。

4. 陈家刚主编:《协商民主与政治发展》,北京:社会科学文献出版社 2011 年版。

5. 陈家刚:《协商民主与国家治理:中国深化改革的新路向新解读》,北京:中央编译出版社 2014 年版。

6. 陈剩勇、[澳]何包钢主编:《协商民主的发展:协商民主理论与中国地方民主国际学术研讨会论文集》,北京:中国社会科学出版社 2006 年版。

7. 陈剩勇等:《让公民来当家:公民有序政治参与和制度创新的浙江经验研究》,北京:中国社会科学出版社 2008 年版。

8. 陈朋:《国家与社会合力互动下的乡村协商民主实践:温岭案例分析》,上海:上海人民出版社 2012 年版。

9. 陈月生主编:《社区居委会舆情疏导机制研究》,天津:天津社会科学院出版社 2007 年版。

10. 邓小平:《邓小平文选》(第一至三卷),北京:人民出版社 1994 年版。

11. 杜俊飞等:《政府网络危机》,北京:中国发展出版社 2011 年版。

12. 黄国华等:《中国社会主义协商民主思想史稿》,成都:西南交通大学出版社 2013 年版。

13. [澳]何包钢:《协商民主:理论、方法和实践》,北京:中国社会科学出版社 2008 年版。

14. 胡锦涛:《坚定不移沿着中国特色社会主义道路前进 为全面建成小康社会而奋斗——在中国共产党第十八次全国代表大会上的报告》,北京:人民出版社 2012 年版。

15. 胡筱秀:《人民政协制度功能变迁研究》,上海;上海人民出版社 2010 年版。

16. 李允熙:《从政治协商走向协商民主——中国人民政协制度的改革与发展研究》,北京:社会科学文献出版社 2012 年版。

17. 李永刚:《我们的防火墙:网络时代的表达与监管》,桂林:广西师范大学出版社 2009 年版。

18. 李仁彬等:《中国协商民主理论与实践探析》,成都:四川大学出版社 2011 年版。

19. 李强彬:《协商民主与公共政策前决策过程优化:中国的视角》,成都:四川大学出版社 2013 年版。

20. 李瑞环:《务实求理》(上),北京:中国人民大学出版社 2010 年版。

21. 林尚立主编:《中国共产党与人民政协》,上海:东方出版中心2011 年版。

22. 林尚立:《建构民主——中国的理论、战略与议程》,上海:复旦大学出版社 2012 年版。

23. 林尚立:《协商民主:中国的创造与实践》,重庆:重庆出版社2014 年版。

24. 中共中央毛泽东选集出版委员会:《毛泽东选集》(第一至四卷),北京:人民出版社 1991 年版。

25. 慕毅飞主编:《民主恳谈:温岭人的创造》,北京:中央编译出版社 2005 年版。

26. 马黎晖:《中国协商民主理论与实践》,北京:社会科学文献出版社 2013 年版。

27. 邱永文:《当代中国政治参与研究》,北京:中央党校出版社2009 年版。

28. 孙立平:《博弈:断裂社会的利益冲突与和谐》,北京:社会科学文献出版社 2006 年版。

29. 陶富源、王平:《中国特色协商民主论》,芜湖:安徽师范大学出版社 2011 年版。

30. 张小劲主编,景跃进、谈火生副主编,谈火生、霍伟岸、何包钢:《协商民主的技术》,北京:社会科学文献出版社 2014 年版。

31. 童兵主编:《突发公共事件新闻报道与大众传媒社会责任》,上海:复旦大学出版社 2012 年版。

32. 王锋:《表达自由及其界限》,北京:社会科学文献出版社 2006年版。

33. 王洪树:《协商合作视野下的民主政治研究》,北京:中国社会科学出版社 2011 年版。

34. 王来华主编:《舆情研究概论——理论、方法和现实热点》,天津:天津社会科学院出版社 2003 年版。

35. 王来华主编:《舆情支持与舆情危机》,天津:天津社会科学院出版社 2013 年版。

36. 王石番:《民意理论与实务》,台北:黎明文化事业公司 1995 年版。

37. 王晓晖:《舆情信息汇集分析机制研究》,北京:学习出版社 2006 年版。

38. 魏宏晋:《民意与舆论:解构与反思》,台北:台湾商务印书馆 2008 年版。

39. 萧超然主编:《中国政治发展与多党合作制度》,北京:北京大学出版社 1991 年版。

40. 萧超然主编、王桂玲等编写:《中国多党合作与政治协商制度专题资料汇编》,北京:华文出版社 1998 年版。

41. 徐勇主编:《中国农民的政治认知与参与》,北京:中国社会科学出版社 2012 年版。

42. 阎孟伟主编:《协商民主:当代民主政治发展的新路向》,北京:人民出版社 2014 年版。

43. 俞可平:《敬畏民意:中国的民主治理与政治改革》,北京:中央编译出版社 2012 年版。

44. 俞可平:《增量民主与善治:转变中的中国政治》,北京:社会科学文献出版社 2003 年版。

45. 余致力:《民意与公共政策——理论探讨与实证研究》,台北:五南图书出版股份有限公司 2002 年版。

46. 叶国平：《舆情制度建设论》，天津：天津人民出版社 2013 年版。

47. 叶国平主编：《舆情视角下的协商民主建设》，天津：天津社会科学院出版社 2015 年版。

48. 于家琦：《舆情调查与公共政策——评价、过程和议题》，天津：天津社会科学院出版社 2012 年版。

49. 喻国明、刘夏阳：《中国民意研究》，北京：中国人民大学出版社 1993 年版。

50. 喻国明：《解构民意：一个舆论学者的实证研究》，北京：华夏出版社 2001 年版。

51. 张梦涛：《中国特色协商民主发展研究》，北京：人民出版社 2016 年版。

52. 张扬金：《权利观与权力观重塑：哈贝马斯协商民主思想研究》，北京：中国社会科学出版社 2012 年版。

53. 张涛甫：《表达与引导》，桂林：漓江出版社 2012 年版。

54. 张涛甫：《大时代的旁白》，上海：复旦大学出版社 2013 年版。

55. 政协全国委员会办公厅、中共中央文献研究室编：《人民政协重要文献选编》(上中下)，北京：中央文献出版社、中国文史出版社 2009 年版。

56. 郑楚宣、伍俊斌主编：《协商民主与当代中国民主政治建设》，北京：人民出版社 2015 年版。

57. 朱光磊：《当代中国政府过程》，天津：天津人民出版社 1997 年版。

58. 中国人民政治协商会议全国委员会研究室、中共中央文献研究室第四编研部编：《老一代人民革命家论人民政协》，北京：中央文献出版社 1997 年版。

59. 选编组编《中国共产党章程汇编》(从一大至十六大),北京:中共中央党校出版社 2006 年版。

60. 中共中央文献研究室编:《十三大以来重要文献选编》(上册),北京:人民出版社 1991 年版。

二、汉译著作

1. [美]埃米·古特曼、丹尼斯·汤普森:《商议民主》,施能杰译,台北:智胜文化事业有限公司 2006 年版。

2. [美]阿米·古特曼、丹尼斯·汤普森:《民主与分歧》,杨立峰、葛水林、应奇译,北京:东方出版社 2007 年版。

3. [美]保罗·A. 萨巴蒂尔编:《政策过程理论》,彭宗超等译,北京:生活·读书·新知三联书店 2004 年版。

4. [美]詹姆斯·菲什金、[英]彼得·拉斯莱特主编:《协商民主论争》,张晓敏译,北京:中央编译出版社 2009 年版。

5. [德]哈贝马斯:《公共领域的结构转型》,曹卫东等译,上海:学林出版社 1999 年版。

6. [美]凯斯·桑斯坦:《网络共和国——网络社会中的民主问题》,黄维明译,上海:上海人民出版社 2003 年版。

7. [美]卡罗尔·佩特曼:《参与和民主理论》,陈尧译,上海:上海人民出版社 2006 年版。

8. [法]古斯塔夫·勒庞:《乌合之众:大众心理研究》,冯克利译,北京:中央编译出版社 2011 年版。

9. [美]罗伯特·A. 达尔:《多元主义民主的困境:自治与控制》,周军华译,长春:吉林人民出版社 2011 年版。

10.［美］罗伯特·A.达尔:《现代政治分析》,王沪宁、陈峰译,上海:上海译文出版社1987年版。

11.［美］L·科塞:《社会冲突的功能》,孙立平等译,北京:华夏出版社1989年版。

12.［南非］毛里西奥·帕瑟林·登特里维斯主编:《作为公共协商的民主:新的视角》,王英津等译,北京:中央编译出版社2006年版。

13.［美］塞拉·本哈比主编:《民主与差异:挑战政治的边界》,黄相怀等译,北京:中央编译出版社2009年版。

14.［澳］约翰·S.德雷泽克:《协商民主及其超越:自由与批判的视角》,丁开杰等译,北京:中央编译出版社2006年版。

15.［美］约·埃尔斯特主编:《协商民主:挑战与反思》,周艳辉译,北京:中央编译出版社2009年版。

16.［美］詹姆斯·博曼:《公共协商:多元主义、复杂性和民主》,黄相怀译,北京:中央编译出版社2006年版。

17.［美］詹姆斯·博曼、威廉·雷吉主编:《协商民主:论理性与政治》,陈家刚等译,北京:中央编译出版社2006年版。

三、报刊论文

1.包心鉴:《论协商民主的现实政治价值和制度化构建》,《中共天津市委党校学报》2013年第1期。

2.包心鉴:《协商民主制度化与国家治理现代化》,《学习与实践》2014年第3期。

3.包心鉴:《把党的政治优势转化为民主协商共建共享的社会优势——关于基层协商民主的调研与思考》,《中共天津市委党校学报》2017年第4期。

4. 毕宏音:《重大突发公共事件中的新媒体传播》,《重庆社会科学》2013 年第 4 期。

5. 毕宏音:《试论诉求表达机制的完善路径》,《天津社会科学》2009 年第 4 期。

6. 陈炳辉:《20 世纪西方民主理论的演化》,《厦门大学学报(哲学社会科学版)》1999 年第 3 期。

7. 陈家刚:《温岭改革:开启基层协商民主新路径》,《学习时报》2012 年 11 月 26 日。

8. 陈家刚:《当代中国的协商民主:比较的视野》,《新疆师范大学学报(哲学社会科学版)》2014 年第 1 期。

9. 陈家刚:《当代中国的协商民主:实践探索与理论思考》,《马克思主义与现实》2014 年第 4 期。

10. 陈家刚:《基层协商民主的实践路径与前景》,《河南社会科学》2017 年第 8 期。

11. 陈立明:《参政党参与协商民主的制度设计与运行机制》,《湖南社会主义学院学报》2014 年第 3 期。

12. 陈剩勇、吴兴智:《公民参与与地方公共政策的制定——以浙江省温岭市民恳谈会为例》,《学术界》2007 年第 5 期。

13. 陈剩勇:《协商民主理论与中国》,《浙江社会科学》2005 年第 1 期。

14. 陈水秘:《政府回应的理论分析及启迪》,《地方政府管理》2000 年第 11 期。

15. 陈尧:《从参与到协商:协商民主对参与式民主的批判与深化》,《社会科学》2013 年第 12 期。

16. 陈叶军:《以协商民主制度化推进国家治理现代化》,《中国社会科学报》2014 年 2 月 28 日。

17. 蔡旭:《网络协商民主与社会管理创新》,《上海市社会主义学院学报》2014 年第 1 期。

18. 董石桃、何值民:《协商民主和公民参与领域的扩展》,《理论与改革》2014 年第 1 期。

19. 高建:《两种不同的协商民主》,《山东社会科学》2014 年第 2 期。

20. 韩福国:《作为嵌入性治理资源的协商民主——现代城市治理中的政府与社会互动规则》,《复旦学报(社会科学版)》2013 年第 3 期。

21. 韩福国:《"开放式党建":基于群众路线与协商民主的融合》,《中共浙江省委党校学报》2013 年第 4 期。

22. 何包钢:《从协商民主看政治协商会议》,《学习时报》2009 年 10 月 19 日。

23. 何祖坤:《关注政府回应》,《中国行政管理》2000 年第 7 期。

24. 黄俊尧:《协商民主与基层实践:对"民主恳谈"模式的再思考》,《中国政治》2008 年第 2 期。

25. 黄国华:《社会主义协商民主若干基本问题辨析——兼及十八大后社会主义协商民主一些新认识》,《中国政协理论研究》2014 年第 1 期。

26. 黄杰:《社会协商对话:中国共产党沟通和回归社会的有效机制》,《甘肃理论学刊》2013 年第 5 期。

27. 胡锦涛:《坚定不移走中国特色社会主义伟大道路为夺取全面建设小康社会新胜利而奋斗》,《今日中国论坛》2007 年第 7 期。

28. 胡锦涛:《在庆祝中国人民政治协商会议成立 60 周年大会上的讲话》,http://cpc.people.com.cn/GB/64093/64094/10084346.html.

29. 胡正荣：《权利表达与协商民主：辨析新媒体时代的公民网络社会参与》，《郑州大学学报（哲学社会科学版）》2012 年第 6 期。

30. 贾庆林：《健全社会主义协商民主制度 为全面建成小康社会广泛凝聚智慧和力量》，《求是》2012 年第 23 期。

31. 蒋田鹏：《人民政协的制度创新尝试：协商论坛》，《理论月刊》2014 年第 2 期。

32. 李铁鹰、田林：《加强政党协商保障机制建设的荆门实践——基于民主党派视角的观察与思考》，《湖北省社会主义学院学报》2016 年第 1 期。

33. 林尚立：《公民协商与中国基层民主发展》，《学术月刊》2007 年第 9 期。

34. 林尚立：《中国民主的政治逻辑：以人民政协为中心的考察》，《中国政协理论研究》2012 年第 1 期。

35. 林尚立：《协商民主制度：中国民主发展的新境界》，《人民政协报》2012 年 12 月 26 日。

36. 林尚立：《协商民主是中国发展的动力》，《联合时报》2013 年 5 月 28 日。

37. 林雪霏：《当地方治理体制遇到协商民主——基于温岭"民主恳谈"制度的长时段演化研究》，《公共管理学报》2017 年第 1 期。

38. 刘国军：《有效推进网络舆论监督制度化建设》，《中国发展观察》2010 年第 11 期。

39. 刘佳义：《人民政协与协商民主》，《人民政协报》2014 年 9 月 22 日第 6 版。

40. 刘俊杰：《发展社会主义协商民主需要正确认识和处理的五大关系》，《中州学刊》2015 年第 1 期。

41. 刘娜:《网络空间的话语抗争与议题协商——以网络事件中公民权利议题的讨论为例》,《新闻大学》2012 年第 3 期。

42. 刘学军:《推进政治协商制度建设问题研究》,《新视野》2011 年第 1 期。

43. 刘在銮:《提高质量增强实效是推进协商民主本质要求》,《人民政协报》2013 年 5 月 15 日。

44. 刘智城、秦韩生、朱春艳:《论政府回应机制建设的历程、问题及改进思路》,《法制与社会》2010 年第 10 期。

45. 卢瑾:《当代西方协商民主理论研究:现状与启示》,《政治学研究》2008 年第 5 期。

46. 吕庆春、伍爱华:《协商民主:创新中的运行困境》,《理论探讨》2009 年第 4 期。

47. 马奔:《公民参与公共决策:协商民主的视角》,《中共福建省委党校学报》2006 年第 8 期。

48. 马奔:《协商式民意调查:协商民主的一种制度设计》,《学习与探索》2008 年第 3 期。

49. 梅景辉、叶昌友:《"中国特色社会主义协商民主"学术研讨会综述》,《政治学研究》2014 年第 1 期。

50. 莫岳云:《推进政协协商民主制度化建设的几点思考》,《广州社会主义学院学报》2015 年第 1 期。

51. 宁有才、王彩云:《推进基层协商民主的动力分析》,《山东社会科学》2013 年第 10 期。

52. 齐卫平、陈朋:《中国协商民主 60 年:国家与社会的共同实践》,《中国延安干部学院学报》2009 年第 5 期。

53. 齐卫平、陈朋:《网络公共论坛:虚拟空间中的协商民主实践》,《理论探讨》2010 年第 5 期。

54. 齐立广、范应力:《政府回应机制缺乏的体制因素分析》,《经济与社会发展》2009 年第 2 期。

55. 申建林、蒋田鹏:《中国民主政治发展的"协商"与"选举"之辩——兼评"协商民主优先论"》,《武汉大学学报(哲学社会科学版)》2014 年第 1 期。

56. 师泽生、李猛:《参与民主:中国的实践》,《探索》2011 年第 5 期。

57. 陶根苗、杨挺:《公共行政视野下我国民意表达机制的重构》,《理论导刊》2010 年第 11 期。

58. 谈火生、于晓虹:《社会组织协商的内涵、特点和类型》,《学海》2016 年第 2 期。

59. 谈火生、于晓虹:《中国协商民主的制度化:议题与挑战》,《华中师范大学学报(人文社会科学版)》2017 年第 6 期。

60. 魏晓文、郭一宁:《论政党协商与政协协商的互动关系》,《社会主义研究》2015 年第 5 期。

61. 王来华:《"舆情雪球"现象:新媒体对民意诉求的强化》,《理论与现代化》2013 年第 3 期。

62. 王来华:《略述民意研究、民意测验的沿革及其在中国大陆的发展》,《理论与现代化》2009 年第 4 期。

63. 王艳萍、朱缘:《村民自治视阈下的协商民主及其发展研究》,《长春理工大学学报(社会科学版)》2014 年第 5 期。

64. 王永生:《论利益集团对中国公共政策的影响》,《贵州社会科学》2007 年第 7 期。

65. 王庸金:《试论建设社会主义政治文明》,《郑州大学学报(哲学社会科学版》2002 年第 6 期。

66. 吴明扬:《广州"公咨委":城市治理能力现代化的积极探索》,《广东行政学院学报》2015 年第 1 期。

67. 习近平:《在全国政协新年茶话会上的讲话》,《人民日报》2014 年 1 月 1 日。

68. 习近平:《在庆祝中国人民政治协商会议成立 65 周年大会上的讲话》,《人民日报》2014 年 9 月 22 日。

69. 习近平:《完善和发展中国特色社会主义制度　推进国家治理体系和治理能力现代化》,《人民日报》2014 年 2 月 18 日。

70. 夏金梅:《群体性事件与协商民主》,《唯实》2011 年第 2 期。

71. 谢静、曾娇丽:《网络论坛:社区治理的媒介"官民合作"网络运作模式的初步探索》,《新闻大学》2009 年第 4 期。

72. 谢庆奎、李允熙:《走向决策的协商民主》,《云南行政学院学报》2008 年第 3 期。

73. 辛方坤:《中国城市社区协商民主的有效路径研究——基于"百姓畅言堂"的案例》,《理论月刊》2014 年第 3 期。

74. 邢彦辉、闵然:《公共政策合法性的民意表达:网络公共舆论与协商民主》,《云梦学刊》2011 年第 4 期。

75. 徐锋:《刍议政党协商与中国式协商民主》,《中央社会主义学院学报》2013 年第 3 期。

76. 余华:《基层协商民主的现状分析与发展对策——以浙江省为例》,《观察与思考》2015 年第 3 期。

77. 于家琦:《寻找政策与民意之间的互动》,《中国社会科学报》2011 年 8 月 11 日。

78. 袁光锋:《协商民主语境的阶层关系及媒体建构》,《重庆社会科学》2012年第1期。

79.阳安江:《论社会主义的两种民主形式:选举民主和协商民主》,《马克思主义与现实》2009年第6期。

80.杨小云:《创新和完善协商民主的实现机制》,《人民日报》2014年2月9日。

81.杨卫敏:《从"温岭模式"到浙江特色——浙江省各地探索基层协商民主的实践及启示》,《观察与思考》2016年第7期。

82.姚俭建:《政协专题协商方式的探索与启示》,《人民政协报》2014年4月23日。

83.姚远、任羽中:《"激活"与"吸纳"的互动——走向协商民主的中国社会治理模式》,《北京大学学报(哲学社会科学版)》2013年第2期。

84.叶娟丽:《协商民主在中国:从理论走向实践》,《武汉大学学报(哲学社会科学版)》2013年第2期。

85.叶国平:《从网络舆情的影响看群体性事件的疏导与化解》,《理论与现代化》2012年第4期。

86.叶国平:《舆情内涵发展演变探析》,《理论与现代化》2013年第4期。

87.叶国平:《从民主发展的视角看舆情制度建设的实践价值与发展要求》,《天津社会科学》2013年第6期。

88.叶国平:《舆情表达与回应机制视阈下的协商民主建设》,《理论与现代化》2014年第5期。

89.叶小文、张峰:《协商民主与现代国家治理的高度契合》,《中国政协理论研究》2014年第3期。

90.俞正声:《着力推进执政方式现代化》,《唯实(现代管理)》2012年第9期。

91. 俞可平:《中国特色协商民主的几个问题》,《理论学习——山东干部函授大学学报》2014 年第 2 期。

92. 虞崇胜、张继兰:《人民政协:社会主义协商民主的重要载体》,《探索》2013 年第 6 期。

93. 张爱军、高勇泽:《协商民主的内在关联性及其定位——基于中西方协商民主发展的环境视角分析》,《中央社会主义学院学报》2008 年第 5 期。

94. 张爱军、高勇泽:《西方国家执政党协商民主的演进及其对我党的启示》,《云南行政学院学报》2009 年第 2 期。

95. 张国献、李玉华:《乡村协商民主的现实困境与化解路径》,《中州学刊》2014 年第 3 期。

96. 张康之、张乾友:《现代民主理论的兴起及其演进历程——从人民主权到表达民主再到协商民主》,《中国人民大学学报》2011 年第 5 期。

97. 张康之:《论社会治理从民主到合作的转型》,《学习论坛》2016 年第 1 期。

98. 张紧跟:《从维权抗争到协商对话:当代中国民主建设新思路》,《华中师范大学学报(人文社会科学版)》2011 年第 2 期。

99. 张敏、韩志明:《基层协商民主的扩散瓶颈分析——基于政策执行结构的视角》,《探索》2017 年第 3 期。

100. 张燕红:《关于协商民主理论与实践的几个问题》,《贵州社会主义学院学报》2013 年第 2 期。

101. 张艳辉:《浅论网络公共领域与公共政策合法性》,《黑龙江教育学院学报》2010 年第 1 期。

102. 郑文靖:《民意表达机制:存在问题与完善途径》,《理论探索》2010 年第 3 期。